AF484654

اندیشه‌های پراکنده (۳)

اندیشه‌های پراکنده (۳)

دکتر ابراهیم بی‌پروا

اندیشه‌های پراکنده (جلد ۳)

نوشتهٔ دکتر ابراهیم بی‌پروا

سیاست/فرهنگ/اخلاق/اجتماعی/ رهبری/مدیریت/فلسفه/تاریخ.

ناشر: اِس-أند-اِل بوکز (S & L Books)

چاپ نخست: ۲۰۲۴ /۱۴۰۳

کلیهٔ حقوق این کتاب متعلق به نویسنده است.

شماره کاتالوگ کتابخانهٔ ملی آمریکا:

ISBN: 979 8 21855 549 8

این کتاب در همهٔ کتاب فروشی‌های آنلاین از جمله آمازون (آمریکا، اروپا، استرالیا) و Barnes & Nobel قابل خریداری است.

برای همه‌گونه امور ماشین‌نویسی، حروف‌چینی، صفحه‌آرایی، طراحی جلد شمیز یا گالینگور، و امور چاپ و انتشار و توزیع آنلاین کتاب با ناشر اِس-اند-اِل بوکز تماس بگیرید: S_L_Books@yahoo.com

کاغذ مورد استفاده در چاپ این کتاب مطابق ضوابط ایالات متحده برای چاپ کتاب‌های حوزهٔ اطلاعات عمومی است.

تقدیم به پدران و مادرانی که کودکان و نوجوانانشان
قربانی بیدادگری حکومت کودک کش شدند.

فهرست مطالب

بجای دیباچه

در جلد ۳ کتاب «اندیشه‌های پراکنده» بر آن شدم که به جای دیباچه از نقد و واکنشهای شما خوانندگان گرامی استفاده کنم و چون فضای کتاب امکان نمی‌دهد که همه‌ی نقدها و نظریات مورد استفاده قرار گیرند بناچار به نقدهای متعدد یک خواننده پراکنده‌گویی‌های پایان هفته اکتفا می‌کنم. و در سخن پایانی کتاب نیز تعدادی از واکنشهای مختصرتر و موجز را اضافه کرده‌ام. در همین جا از همه خوانندگانی که پراکنده گویی‌های هفتگی را مطالعه و نقد کردند، و پیشنهاد دادند، سپاسگزارم. پوزش مرا از اینکه امکان درج همه واکنشها و پیام های انگیزه بخش شما عزیزان خواننده امکان پذیر نبود پذیرا باشید.

جای‌گزین دیباچه اختصاص دارد به دوستی مقیم ایران که بطور مرتب نوشته ها را هر هفته دنبال و نقد کرده است که با اجازه از پیش نامش ذکر می‌شود ولی از ذکر نام دیگر خوانندگان گرامی ساکن ایران به دلایل امنیتی پرهیز می‌کنم هر چند واکنشهای مثبتی از بسیاری از آنها دریافت کردم.

دکتر مهندس شاهرخ نیکنام می‌نویسد:

موارد برجسته شماره ۴۷ بندهای ۳، ۴، و ۱۵ است.

بند۳- در سیستم آموزشی کشور به ویژه در سطوح ابتدایی و دبیرستان یک فاجعه تمام عیار رخ داده است. ساختار فقهی حکومت عینا همین چارچوب را به نظام آموزشی تحمیل کرده است. از حذف تاریخ باستانی ایران تا توهم علوم انسانی اسلامی! از جذب رو به گسترش طلبه‌های حوزه های علمیه برای تدریس در

الف

مدارس ابتدایی(امسال ۳۰ هزار نفر)، یکی از اثار مغز شویی کودکان این است که بسیاری دانش آموزان مقطع ابتدایی تا کلاس ششم، هنوز سواد خواندن و نوشتن ندارند؛ اهمیت زبان فارسی و ادبیات در این سیستم آموزشی عامدانه مغفول واقع می شود؛ وسعت آثار این فاجعه آموزشی بطور قطع در سالهای آینده بیشتر و بیشتر خواهد شد.

بند۴- این بند مبتلابه جامعه ایرانی است. ویروس بی اعتمادی در همه سطوح و لایه های اجتماعی در حال گسترش و مانند خوره به جان انسجام اجتماعی در جامعه مدنی افتاده است. ویروس بی اعتمادی می رود تا به یک فرو پاشی کامل اجتماعی منتج شود. بذر اعتماد در زیر خروارها خاک خفته است.

بند ۱۵- در اشاره درست شما به عوامل موثر در انحطاط یک جامعه که هر کدام نیازمند بررسی های عمیق تری است، خود نظام حکمرانی و مدیریت پخمگان خودی در نهادها، سازمان ها و موسسات ریز و درشت و مدل اجرایی آنها در عمل و در بخشهای مختلف سیاسی، اقتصادی، اجتماعی، و فرهنگی نیز از ارکان و عوامل اساسی انحطاط و بحران مشروعیت تلقی می شود.

قصه پایانی یادداشت از کلیله و دمنه نیز تصویری دقیق از رفتارشناسی اقوام مختلف ایرانی در حال حاضر است.

شماره ۴۸:

ملاحظات زیر درباره بندهایی از یادداشت شما قابل ذکر است:

بند ۸- سخن دقیقی است. تلاش مستمر جامعه مدنی ایران برای دمساز کردن خود با تغییرات و تحولات جهانی در همه ابعاد به ویژه بعد از انقلاب عصر اطلاعات و رشد اگاهی اکثریت مردم از طریق شبکه اینترنت از یک سو و تلاش مذبوحانه حکومت ایران برای ایجاد سد در مقابل سیل فزاینده مطالبات ناشی از تحولات اجتماعی از سوی دیگر، به وضوح زیر پوست جامعه قابل مشاهده است، فرجام این هماوردی نیز جز شکست و خذلان برای صاحبان تفکر سرکوب، و تغییر و پیروزی شیرین تغییرات برای جنبش تغییرات به حکم دیالکتیک تاریخ نخواهد بود.

بند ۱۱- «نبود اندیشه سیاسی معتبر» فقط بخشی از آن است، بلکه وجود یک اندیشه سیاسی معتبر و فراگیر که ظرفیت گفتمان سازی غالب و ایجاد یک موج سیاسی را داشته باشد، یک ضرورت تام و تمام است. بنگرید به روند تکاملی

ب

اندیشه معتبر سیاسی در جنبش استقلال طلبی آمریکا، که از اعتراضات به پادشاه انگستان برای وضع مالیاتهای غیر عادلانه در مستعمرات شرق آغاز و به اندیشه معتبر و فراگیر استقلال کامل از انگلستان ارتقاء می یابد.

اندیشه معتبر سیاسی فراگیر که ظرفیت لازم را برای تبدیل شدن به یک گفتمان ملی را داشته باشد، یک ضرورت انکارناپذیر برای پایین کشیدن خودکامگان در تمام عصرها و نسل ها است.

شماره ۴۶:

بند ۱۷ یادداشت عالی است. بیایید مسیری برای رمزگشایی این معما طراحی کنیم. نگاه بسیاری از اندیشمندان ایرانی در حال حاضر فقط معطوف به تحلیل و نقد بخش حکمرانی (نقد قدرت سیاسی مستقر) با تمام ویژگی های آن است. به نظرم دو بخش اساسی دیگر از تیغ تیز نقد و تحلیل در امان مانده و بندرت اندیشمندان ایرانی آن هم در تعداد انگشتان یک دست، به یکی از این دو بخش یعنی مردم و جامعه مدنی متشکل از آنها پرداخته اند. بخش بسیار مهم دیگر عبارت است از ظرفیت، کفایت و بلوغ سازمان ها، موسسات، وزارتخانه ها، دانشگاه‌ها و سایر نهادهای حکمرانی که در عمل بستر لازم را برای اداره امور کشور بر عهده دارند. این بخش نیز هیچگاه مورد نقد و ارزیابی و ارایه راهکار برای تقویت و فزونی ظرفیت و کفایت جهت حل اساسی مسایل کشور قرار نمی گیرد.

بنابراین، سه بخش حکمرانی(Governance)، سازمان ها، موسسات و نهادها (Institutions)، و مردم و جامعه مدنی (people and civil society) باید بطور مستمر مورد تحلیل، نقد و ارزیابی قرار گیرند.

کشوری پیشرفته است که عناصر سه گانه فوق بطور مستمر در یک تعامل پویا با یکدیگر قرار داشته و با تأثیر متقابل پذیرفتن از یکدیگر در حل بحرانهای جامعه مشارکت داشته و با هم کار کنند.

چرا در تاریخ اندیشه ورزی و روشنفکری ما، همواره نقد و تحلیل بخش حکمرانی(نقد قدرت سیاسی مستقر) در دستور کار بوده و ان دو بخش دیگر مورد غفلت قرار گرفته اند؟

شاید حل این معما به پرسش بنیادی شما در بند ۱۷ شماره ۴۶ پاسخی هر چند ناچیز باشد.

پ

شماره ۲۹:

شالوده یک حکمرانی مطلوب، اندیشه است و نه عقیده، عالی بود.

شماره ۳۹:

شایان ذکر است مروری کوتاه در تاریخ سرزمین کهن نشان می دهد که رمز بقا و پایداری ایران در تندبادهای سهمگین حملات اقوام مهاجم از یونان، امپراتوری روم، اعراب، مغول و تاتار، شورش افغان، روس و انگلیس عناصری است که زوال ناپذیرند از جمله زبان پارسی و تمدن ایرانشهری.

به نظرم برای توسعه و ابادی ایران طرحی نو باید در انداخت و این رسالت بزرگ در عصر اطلاعات و اگاهی بر عهده نسلی استکه در دوران اینترنت و انقلاب اطلاعات پا به عرصه حیات گذاشته است.

شماره ۴۵:

بسیار عالی، امید است توصیه ها و حقایق مسلم فوق در دستور کار افراد از اقشار مختلف و به ویژه جوانان قرار گیرد.

شماره ۴۰:

نکاتی که به ذهن من رسید، به ترتیب یادداشت شما؛

۱- کاملا موافقم، حال باید چه کرد؟ طرح جامعه مورد نظر شما چه عناصر و چارچوبی دارد؟

۳- رسالت نشر اطلاعات موثر و آگاهی بخش، بطور قطع ماموریت خطیری است برای همه.

۴- پیشنهاد وجوه سه گانه چرخه زندگی شامل زندگی، تعامل هوشمند، بهبود مستمر(مثلث مورد نظر من)

۷- کاملا موافقم.

۹- کاملا موافقم.

۱۵- کاملا موافقم.

۱۹- صد در صد موافقم.

ت

با آرزوی ایرانی مبتنی بر حکومت قانون، آباد و توسعه یافته و سرانجام دارای ساختاری دمکراتیک و دمکراسی سکولار.

شماره ۲۸:
یادداشت این هفته به ویژه بند های اولیه ان بسیار نکات ارزشمند و کاربردی داشت. بطور مثال، هزینه های استمرار یک رژیم خودکامه در مقایسه با هزینه های مقابله با آن.

شماره ۴۲:
یادداشت های پراکنده این شماره را حاوی توصیه های عملی و ارزشمند برای حصول سعادت و موفقیت فردی یافتم.

شماره ۲۲:
بند ۱۱ را باید چند بار خواند تا دلایل کلیدی و اصلی ناکامی ایرانیان طی بیش از یکصد و بیست سال اخیر برای کسب حقوق اساسی، حکمرانی بر اساس دمکراسی، حاکمیت قانون و حقوق بشر معلوم شود. شایان ذکر است مثال نمونه روسی شبه دمکراسی در بند فوق نیز به جامعیت آن می افزاید.

شماره ۲۴:
در سخن پایانی از اندیشمند و اقتصاددان معاصر فردریک هایک در خصوص حکمرانی فاسد، این روند رشد سریعتری در دولت سیزدهم پیرامون غارت منابع مالی پیدا کرده است. بخشی از کارگزاران دولت اقلیت رئیسی برای اکثریت مردم ایران در حال تدوین انواع مقررات مالیاتی و عوارض گوناگون برای زدن جیب آنها، مشغول کارند و بخشی دیگر از حکمرانی سرگرم توزیع رانت ها و امتیازات به حامیان خود هستند.

ث

در شماره ۱۸ منتقد ما بر بندهای ۱۴ با محوریت «اپوزیسیون»، ۱۶ با محوریت «جنبش بیندیش» و ۱۷ با محوریت بررسی و تحلیل نقش «عوامل متعدد» بیش از طی یک قرن اخیر در ظهور ایران امروز ، می نویسد ظرفیتهای مهمی برای بسط بیشتر انواع نظریه ها را دارند. منتقد می افزاید یک بررسی ساده در حیات و بازتاب جهانی مرگ الکسی ناوالنی به عنوان سرسخت ترین مخالف پوتین و رویکرد تشکیلاتی او در مقابله با رژیم سرکوبگر و فاسد پوتین می تواند درسهای مهم و جدیدی داشته باشد.

منتقد در شماره ای که در شب ۱۱ فوریه پخش شد تاکید دارد که همزمانی پخش این شماره با چهل و چهارمین سالگرد گرفتار شدن ایران در چنگال «رهبرانی با مغزهای منجمد و یخ زده» بسیار پر معناست.

منتقد در نقد خود بر یکی دیگر از پراکنده گویی های پایان هفته می نویسد می توان عنوان این شماره را «ویژه نامه اندیشه» نامید و می افزاید عبارت «جهان دمکراتیک سوداگر» هم در نوع خود جالب بود. ابراز امیدواری می کند که برآیند اندیشه های ملی و بین المللی چه در سطح دول غربی و چه از سوی مبارزان و دمکراسی خواهان در مورد سرنوشت مردمان این سرزمین کهن، سرانجام به یک راه حل عملی رسیده و مسیری را گشوده و موجب یک تحول بنیادین در روزها و ماههای در پیش باشد. امید به پایان فصل سخت و دشوار کنونی، و گشایشی تاریخ ساز در کار فروبسته این سرزمین کهن دارد.

منتقد ما با واژه ها و عبارات مهرانگیز و انگیزه بخش در شماره های مختلف پراکنده گوییها موجب ادامه کاری که در پیش گرفته ام می شود. مثلا از واژه الهام بخش، اندیشه های ناب و کاربردی در زمانی مناسب بویژه در شرایطی که ملت ایران مصمم است که حقوق ملی پایمال شده خود را استیفا کند یا مثلا یادداشتهایی با نگرش امیدبخشی و افق گشایی، و یا متمرکز بر جدیت و هدفمند در مسیر مبارزه برای دستیابی متعالی در واکنش به شماره‌های متعدد استفاده کرده است.

منتقد پراکنده گویی های هفتگی ام تاکید دارد این سخنان دیگر نمی تواند صفت «پراکنده گویی» داشته باشد بلکه بسیار دقیق، منسجم و معطوف به سمت تعالی است، و آرزو می کند این نوشته ها بگفته منتقد جهت گسترش دانایی با

ج

هدف افزایش هارمونی و توازن در اندیشه انسان ایرانی مؤثر واقع شود. منتقد باور دارد که تشتت فکری ایرانیان گهگاهی هم سر به نوعی آشفتگی فکری می زند که برآیند اجتماعی بسیار شکننده ای در طی عصرها و نسلها ببار آورده است. این شلختگی اندیشه به عنوان جدی ترین تهدید آینده ایران، طی چهار دهه اخیر نیز شدت و حدت بیشتری به ویژه در درون کشور پیدا کرده است. برای این چالش باید راه کار اساسی یافت.

بستر اینترنت و دسترسی بیش از ۷۰ میلیون ایرانی می تواند آوردگاه مناسبی برای اندیشمندان ایرانی برای تحقق رسالت فوق باشد.

ابراهیم بی پروا
پوتومک، مریلند
دی ۱۴۰۳/ دسامبر ۲۰۲۴

اندیشه‌های پراکنده

- یک -

۱- زمان‌هایی است که راه حل‌ها مشکل می‌آفرینند و راه حل‌های خطرناک مشکلات را چند برابر می‌کنند. مثلا راه حل مشکل مشروبات الکلی در آمریکا به تصویب قانون ممنوعیت مشروبات الکلی منجر شد که در سال‌های ۱۹۲۰ تا ۱۹۳۳ اجرا شد ولی همین قانون به توسعه‌ی جرایم سازمان یافته کمک کرد. یا رویداد ۱۳۵۷ ایران که عده‌ای برای کسب قدرت با شعار پوچ و توخالی و بدون پشتوانه، شمار دیگری را به طور مستقیم یا غیرمستقیم به خود جذب کردند و مدینه‌ی فاضله‌ی ولایت فقیه را سرانجام به آنها تحمیل کردند تحت عنوان راه حل فقدان آزادی ولی نه تنها شرایط را درایران بهتر نکرد بلکه به مثابه از چاله درآمدن و وارد چاه ظلمات شدن بود.

۲- منفی بودن مسیر پیروزی را مسدود می‌کند، انگیزه را می‌کشد، انرژی را ازبین می‌برد، شادی را محدود می‌کند، یادگیری را متوقف می‌کند، فضا را آلوده می‌کند، پتانسیل را به حداقل می‌رساند، بر روابط تاثیر منفی می‌گذارد، مبارزه را مختل می‌کند، و زندگی را تیره و تار می‌کند.

۳- کسانی که از آخوندیسم حمایت می‌کنند و خود را طرفدار دمکراسی می‌دانند باید تحویل بیمارستان‌های روانی داده شوند تا درمان یابند.

حضور آزاد آنها در بیرون از مراکز درمان بیماری‌های روانی برای جامعه زیان‌های نامحدود خواهد داشت.

۴- بیاییم نقد و نفی عملکرد ناشایست شخصیتها را بر پایه‌ی انصاف و درک درست شرایط و با توجه به عوامل زمان و مکان یاد بگیریم و همزمان نام و یاد کسانی که برای استقلال و آزادی ایران، حفظ تمامیت ارضی، سربلندی ایران و ایرانی، شکوفایی فرهنگ، و ادب و هنر ایران، برای همزیستی مسالمت‌آمیز همه‌ی ایرانیان از مذاهب، اقوام، گروهها، و طبقات مختلف میهنمان تلاش کرده و می‌کنند را پیوسته گرامی بداریم.

۵- بیاییم با اندیشه، تدبیر، گفت و گو بر اختلاف‌نظرها پایان دهیم و راهی به آینده درخشان باز کنیم و نه با خشونت، شمشیر، درگیری، تهمت، فحاشی و تخریب نابجای چهره‌ها به فلسفه‌ی آخوندیسم و خرافات و رژیم برخاسته از آنها جانی تازه بخشیده و بقای آن را تضمین کنیم.

۶- پرواز کردن را یاد بگیریم تا هر زمان که نیاز بود بتوانیم پرواز کنیم. پرواز از هر رابطه تبعیض‌آمیز و تحقیرآمیز، پرواز از شرایطی که راهمان را به آینده دلخواهمان می‌بندد، پرواز از نادانی و ناآگاهی و بی‌شعوری و ناتوانی، پرواز از هر نوع محدودیت، پرواز از هر نوع قفسی که جنایتکاران برایمان ساخته‌اند، پرواز از افکار پوسیده، پرواز از باورهای کهنه و زیانبار، پرواز از هر آنچه که روانمان را بیازارد و به جسم‌مان آسیب رساند، با مبارزه‌ی واقعی و مقاومت خستگی‌ناپذیر پیروزی.

۷- شهد خرد خود را به دیگران بچشانیم تا از خرافات رهایی یابیم و جامعه‌ای خردگرا شکل گیرد تا دیگر در هیچ مکانی و هیچ زمانی بیخردان زمام امور را درکنترل خود نگیرند که حاصل آن جامعه‌ای ویرانه و درمانده و سرخورده است.

۸- انکار حقایق و واقعیت‌های تاریخی، انکار وجود خود است. باید زبان تلخ تاریخ را یاد گرفت تا دیگر نگوییم گول خوردیم، تا دیگر نگوییم آگاهی نداشتیم، تا دیگر نگوییم شناخت نداشتیم، تا دیگر نگوییم امکانات نبود،

تا دیگر نگوییم خواسته‌های ما به انحراف کشیده شد، تا دیگر پشیمان نشویم، تا دیگر احساس سرافکندگی نکنیم. در تاریخ درس‌های آشکار و پنهان زیادی وجود دارد که یادگرفتنش می‌تواند رهایی‌بخش باشد.

۹- جامعه‌ای که ملایان بر آن حکومت کنند باید به سلامت فکری روشنفکران، کنشگران مدنی، و باصطلاح نخبگان سیاسی آن مشکوک بود چون هر دانش‌آموز دبستانی هم می‌داند جای ملایان باید در مسجد و منبر باشد و نه در قدرت سیاسی و فرمانروایی کشور، به ویژه جامعه‌ای که رؤیای برپایی یک سیستم سیاسی دمکراتیک را در سر دارد.

۱۰- از افرادی که تحت هیچ شرایطی نمی‌پذیرند اشتباه می‌کنند و باور یقین دارند که همیشه هرکاری که می‌کنند درست و عاری از خطاست دوری بجوییم زیرا این افراد همان‌هایی هستند که هر کار غلطی را انجام می‌دهند، هر جنایتی را مرتکب می‌شوند و هر فرمان بیخردانه و ابلهانه‌ای صادر می‌کنند ولی مسئولیتی نمی‌پذیرند و پاسخگو نیستند چون باور راسخ دارند که اشتباه نمی‌کنند.

۱۱- اعتقاد باعث کج فهمی، کم فهمی و نفهمی می‌شود؛ فقط بستگی به میزان اعتقاد دارد تا یکی از این سه حالت را تجربه کنیم.

۱۲- در یک جامعه‌ی بسته یا غیر آزاد اگر از نتیجه انتخابات انتظار تغییرات بنیادی دارید لطفا به روانشناس برای درمان مراجعه کنید. شرکت در انتخابات چنین جامعه‌ای تایید حکومت خودکامه است.

۱۳- یکی از واقعیت‌های جهان هستی و جوامع بشری تفاوتهاست که بطور مکرر با سوءاستفاده از سوی گروهی علیه گروه دیگری بکار گرفته شده و به عنوان معیاری برای تجاوز به حقوق میلیاردها انسان در همه‌ی نقاط مختلف جهان بکار رفته، و باعث ویرانی‌ها، کشتارها، جنایت‌ها،... شده و به درگیری‌ها و جنگ‌ها در درون یک جامعه و بین گروهها و همچنین بین ملل جهان دامن زده، و از پیشرفت و رشد جوامع در زمانهای مختلف جلوگیری کرده، جان میلیونها انسان را گرفته و هنوز ادامه دارد. درمان سوءاستفاده از

تفاوت‌ها، تفاهم و تحمل تفاوت‌هاست. بنابراین، تحمل یا پذیرش معقولانه تفاوت‌ها را در سرلوحه‌ی کارهای‌مان قرار دهیم و از آن برای توسعه و پیشرفت انسانها و جوامع، و نه دشمنی، تبعیض، تحقیر، توهین و جنایات علیه دیگری بهره گیریم.

۱۴- اگر حرکت کنیم، مبارزه کنیم، تلاش کنیم،... شکست خوردن طبیعی است اما مهم تسلیم نشدن است؛ اگر راه برویم زمین خوردن محتمل است اما مهم بلندشدن پس از هر زمین خوردنی است.

۱۵- راز موفقیت رهبران در کمک به دیگران در کسب آنچه می‌خواهند است. ما هم می‌توانیم همین الگو را درپیش گیریم زیرا پیروزی ما در رسیدن به خواسته‌های‌مان مشروط به کمک به دیگران در رسیدن به خواسته‌هایشان است.

۱۶- یکی از روش‌هایی که دیگران را می‌توانیم به خود جذب کنیم تا به ما اعتماد کنند اطمینان داشتن به نظرها و دیدگاه‌های خودمان است. به عبارت دیگر، مادام که خود به نظراتمان تردید داشته باشیم کسی به ما اعتماد نخواهد کرد.

۱۷- اگر تصور می‌کنیم باتخریب دیگران می‌توانیم جایگاه خود را تحکیم و دیدگاه خود را تقویت کنیم سخت در اشتباهیم. برای بالا رفتن نیازی به پایین کشیدن دیگری نیست.

۱۸- رویکرد «گام بعدی» را پیش گیریم. به توانایی‌های‌مان فکر کنیم، انرژی‌مان را وارد عمل کنیم. مرحله بعدی را مجسم کنیم، منفعل نشویم بلکه فقط لازم است گام بعدی را برداریم تا شاهد پیروزی باشیم.

۱۹- بسیاری از افراد موفق دستاوردهای خود را در پی بسیاری از تلاش‌های ناموفق کسب کردند. ما می‌توانیم از رویکردهای انها در هنگام رویارویی با ناکامیهای خود یاد بگیریم. با تامل در راههایی که با مشکلی روبرو می‌شویم، می‌توانیم یاد بگیریم که چگونه در تلاش‌های بعدی خود از

هرگونه دام احتمالی دوری کنیم. حتی ممکن است متوجه شویم چیزی که برای آن مبارزه می‌کردیم در وهله نخست برای ما مناسب نبود.

۲۰- ما باید بپذیریم همیشه تصمیمات درست نمی‌گیریم، همیشه گزینش‌های‌مان سنجیده نیست، گاهی اشتباه می‌کنیم و در مسیر انحرافی گام بر می‌داریم و به مانع بر می‌خوریم و در اکثر مواقع هم دیگران را مسئول می‌دانیم. برغم نقش دیگران در پیروزی‌ها و شکست‌هایمان نباید نقش خود را انکار کنیم بلکه باید مسئولیت‌پذیر باشیم.

~~~

آدم بودن عبارت قشنگی است زیرا فرقی بین زن و مرد نمی‌گذارد. قلب و مغز آدم‌ها جنسیت ندارد.

—اوریانا فالاچی، نویسنده و روزنامه‌نگار ایتالیایی، *نامه به کودکی که هرگز زاده نشد*
~~~

- دو -

۱- نتایج مبارزات از پیش معلوم نیست ولی اگر در ذهنت به شکست فکر کنی خطر شکست را افزایش می‌دهی. با خود پیمان ببند که وقتی وارد میدان مبارزه شدی بجز پیروزی به چیز دیگری فکر نکنی و راضی نشوی.

۲- در مبارزات خودزنی یا خودتخریبی را فراموش کنیم. با خود زنی مبارزات به پیروزی نمی‌رسد. زمینه‌ای فراهم کنیم که رقیب یا دشمن به خودزنی و خودتخریبی روی آورد و بدین ترتیب پیروزی خود را تضمین کنیم.

۳- تعهد فردی در یک حرکت جمعی از اهمیت ویژه‌ای برخوردارست. چنین تعهدی عاملی است برای کار موثرِ گروهی که به آن تعلق داریم، شرکتی که در آن کار می‌کنیم، جامعه‌ای که عضو آن هستیم، جنبشی سیاسی و اجتماعی که به آن پیوستیم، خانواده‌ای که در آن زاده شدیم و پرورش یافتیم و زندگی می‌کنیم، فرهنگی که خود را بخشی از آن می‌دانیم، انقلابی که ارزو داریم پیروز شود، تمدنی که میخواهیم بقا یابد، و دولتی که آن را از خود می‌دانیم.

۴- یکی از مشکلات جوامعی مثل ایران اینستکه افرادی بر آنها حکومت می‌کنند که با معیار جهان مدرن زیر خط فهم و شعور قرار دارند و بخش عمده‌ای از جمعیت جامعه را به زیر خط فقر می‌برند.

۵- کسانی که به افکار و باورهای شما احترام نمی‌گذارند شما را در شرایطی قرار می‌دهند که شما هم به آنها احترام نگذاری و افکار و باورهایشان را بی ارزش بدانی.

۶- کسانی که راه و روش و سبک زندگی‌شان را با افکار و باورهای ۱۴۰۰ سال پیش هماهنگ می‌کنند اصل تغییر ناپذیر تغییر را یا ساده می‌گیرند یا ساده هستند یا به روانپزشک نیاز دارند.

۷- آنچه می‌گویید مطمئن باشید که مخاطب شما دقیقا گفته شما را درک می‌کند و نه اینکه برداشت و تعبیری متفاوت از آنچه قصد شما بوده، داشته باشد. اگر مخاطب سخن شما را با برداشت خود تفسیر کند و نه آنچه مقصود شما بوده به سو تفاهم منجر می‌شود و می‌تواند موجب کینه، تفرقه، مناقشه، تنفر و دستکم دلگیری شنونده از گوینده را در پی داشته باشد. بنابراین، در گفتار بسیار دقیق باشید بویژه وقتی مسئولیتی هم داری شفافیت و صراحت در بیان مانع بسیاری از سوتفاهمات می‌شود که امروز در رابطه بین مخالفان رژیم اسلامی می‌بینیم.

۸- پیش از اینکه در مورد موضوعی حرفی بزنید درباره‌اش تحقیق کنید تا آنچه می‌گویید مستند باشد و از هر نوع سو تفاهم پیشگیری شود. ناآگاهانه سخن نگویید که بر روابط شما با دیگران تاثیرات منفی خواهد گذاشت و به اعتبار شما آسیب می‌رساند بویژه در فعالیتهای جمعی و مبارزات سیاسی- اجتماعی، و شما را از رسیدن به هدف باز می‌دارد یا دستکم پیروزی را به تاخیر می‌اندازد.

۹- بعضی اندیشه‌ها شما را به انسانیت نزدیک ولی برخی اندیشه‌های دیگر شما را از انسانیت دور و حتی گرایش ضد انسانیت را در شما تقویت می‌کند. اندیشه‌ای را دنبال کنید که شما را در مسیر انسانیت قرار می‌دهد و از شما یک انسان واقعی می‌سازد که هدف شماره یک شما چیزی جز تلاش و مبارزه برای خوشبختی همه انسانها نمی‌تواند باشد.

۱۰- یکی از بدترین پدیده‌ها برای جامعه فرار مغزهاست ولی بدتر از فرار مغزها زندگی کردن در جامعه‌ای است که بی مغزها بر آن حکومت می‌کنند.

۱۱- همه ما می‌خواهیم راجع به آینده بدانیم از آینده زندگی شخصی‌مان مثل چه شغلی خواهیم داشت، چه نوع خانواده‌ای تشکیل خواهیم داد، موقعیت اجتماعی‌مان چه خواهد بود، ... تا آینده یک جامعه یا یک گروهی که بدان تعلق داریم می‌خواهیم بدانیم مثلا چه نوع سیستم سیاسی در ایران جایگزین رژیم اسلامی بعد از سرنگونی آن برقرار خواهد شد یا اینکه چه زمانی در منطقه خاورمیانه صلح برقرار خواهد شد.... پاسخ به هر یک از

این پرسشها بستگی دارد که چه می‌خواهیم، و چقدر برایش تلاش و مبارزه می‌کنیم و چه هزینه‌ای را تحمل می‌کنیم و آماده پرداخت آن هستیم. آینده را ما می‌سازیم؛ فقط باید خود را برای ساختنش آماده کنیم و هزینه‌ی لازم را بپذیریم.

۱۲- جهل و خرافات هر دو از بیماری‌های بسیار خطرناک هستند که معمولا حکومت‌های خودکامه و ادیان مروج و حامی آنها هستند. هر دو علل عقب افتادگی جوامع و بسیاری دیگر از بیماری‌های اجتماعی هستند. درمان این بیماری‌ها به پزشکان اجتماعی دلسوز و دانا نیاز است که حکومت‌های خودکامه اجازه شکوفایی آنها را نمی‌دهند. پس، باید در سرنگونی حکومت‌های خودکامه مبارزه‌ای خستگی ناپذیر را دنبال کرد و از ادیان دوری گزید و نسلهای بعدی را طوری آموزش داد که به حکومت‌های خودکامه تن در ندهند و در حد امکان از دین فاصله گیرند

۱۳- اگر خواهان براندازی رژیم اسلامی حاکم بر ایران هستید با هر شیوه‌ای در مبارزه برای این هدف شرکت کنید، چه با قلم یا قدم، چه با شمشیر یا با تدبیر، چه بطور شخصی و چه جمعی، چه در دانشگاه‌ها و چه در خیابانها، چه در کارخانه‌ها و چه در شالیزارها، چه در مساجد و چه در بارها و سینماها، چه در سواحل دریاها و چه در کوهها، چه در شهرها و چه در روستاها، چه در رستوران‌ها و چه در مهمانیها، چه در عزاداری‌ها و چه در عروسیها،... مبارزه را در هیچ شرایطی ازیاد نبرید و در حد توان خود ولو ناچیز در مبارزه تاریخی ملت ایران برای سرنگونی حکومت وحشتناک مذهبی شرکت کنید و از هر وسیله ممکن برای دفاع از خود و پیشبرد هدف سرنگونی ملاهای فاشیست بهره گیرید. این روزها خیابانها و میدان‌ها و کوچه‌های همه شهرهای ایران را با حضورتان پر کنید و ایرانیان برونمرزی شهرهای بزرگ دنیا، سفارتخانه‌ها، کنسولگری‌ها، مراکز اسلامی متعلق به رژیم ملاهای تهران و هر نهاد وابسته به رژیم اسلامی حاکم برایران را اشغال کنید. و به انتظار بیگانگان ننشینید بلکه با مبارزه خود بیگانگان را به زانو در آورید و تسلیم خواسته‌های خود کنید.

۱۴- تلاش برای اتحاد در برابر ستمگران و جنایتکاران و خودکامگان یک رسالت ملی و انسانی است و کسانی که به دلایل ناموجه از پیوستن با هم و تشکیل نیرویی قوی‌تر از رژیم اسلامی طفره می‌روند خود آگاهانه یا ناآگاهانه در خدمت ستمگران و جنایتکاران هستند.

۱۵- مرگ پدیده وحشتناکیست بویژه برای نزدیکان شخص درگذشته ولی همزمان به گونه‌ای در بسیاری موارد موجب اتحاد، ولو موقت، بین اعضای خانواده و نزدیکان شخص درگذشته هم می‌شود. آیا فکر می‌کنید بین نزدیکان و هواداران خامنه‌ای پس از مرگ او چنین اتحادی شکل گیرد یا اختلاف و تفرقه و جنگ قدرت؟ در هرحال مخالفان رژیم باید برای هر سناریویی آماده باشند تا از شرایط پیش آمده بهترین استفاده را بکنند و این ممکن نیست مگر اتحادی ولو موقتی.

۱۶- نیندیشیده تعهدی نکنید و مسئولیتی نپذیرید که مبادا نتوانی به تعهد و مسئولیت خود عمل کنی و فاجعه ببار آوری که قربانیان بیشماری بر جای گذارد.

۱۷- انسانها متفاوت هستند و از هر کسی می‌توان آموخت. از افراد نادان، بیشعور، فاسد، جنایتکار، خاین، فقیر، ثروتمند، پرکار، بیکار، زیرک، تنبل، کودک کارتن خواب تا کاخ نشین... از همه! مهم اینست که بخواهیم یاد بگیریم. هنوز کسانی حتی در میان روشنفکران و فرهیختگان ۵۷ که با خمینی بیعت کردند می‌گویند که چون سانسور بود ما اخوند را نشناخته بودیم و فریب خوردیم. اگر شما گول اخوند را خوردی پس باید به اندیشه و دانش شمای روشنفکر، استاد دانشگاه، فرد فرهیخته،... تردید کرد. سانسور بود ولی بینایی و شنوایی ات را که از دست نداده بودی، توضیح المسایل اخوندها که سانسور نبود، اخوند که دیده بودی و احتمالا پای حرفهای خرافی اخوندها در مساجد نشسته بودی، ... چرا نمی‌گویی اشتباه کردم و با خود تعهد می‌کنم که دیگر اشتباه نکنم، چرا پس از ۴۵ سال هنوز بیدار نشده‌ای و چشمانت را بروی تمامی جنایات رژیم ملایان بسته‌ای؟

۱۸- قرارنیست هرچه که می‌خوانی، می‌بینی، می‌شنوی را بپذیری. بهترست آنچه می‌خوانی، می‌بینی و می‌شنوی درباره‌اش اندیشه کنی و بهترین‌ها را برگزینی و راهنمای زندگیت در شرایط مختلف قرار دهی تا پیروزی و نیکبختی خود و دیگران را تضمین کنی.

۱۹- آیا جالب نیست وقتی می‌بینید در حکومت آخوندها بسیاری آماده مرگ هستند، بسیاری آماده زندان رفتن هستند، بسیاری خودتبعیدی می‌شوند، و بسیاری هر خطری و هر هزینه‌ای را پذیرا میشوند ولی تسلیم سرکوب، سبعیت، ارعاب، شکنجه، بیدادگری و خرافات نمی‌شوند و مبارزه خستگی ناپذیر، وقفه ناپذیر و شکست ناپذیری را تا پیروزی کامل بر آخوندهای فاشیست ادامه می‌دهند؟

۲۰- اگر بهشتی که آخوندها تصویر می‌کنند وجود می‌داشت خود از داوطلبان و پیشکسوتان ورود به آن می‌شدند. لطفا کمی بیندیشید و به خرافاتی که آخوندها تبلیغ می‌کنند باور نکنید و در آگاهی بخشی علیه خرافات کوشا باشید.

~~~

هیچ‌کدامتان جرأت نداشتید همرنگ جماعت نشوید! برای گذراندن یک روز چقدر زوال روح لازم داشتید؛ چقدر دروغ، دولا-راست شدن، و نوکرمآبی؟

—ویرجینیا وولف، موج‌ها
~~~

- سه -

۱- اگر فقط در مورد اهداف و رویاهای‌مان حرف بزنیم هرگز ره به جایی نخواهیم برد بلکه عمل بر پایه اهداف و رویاهاست که ما را به سوی پیروزی و تحقق رویاها سوق می‌دهد. هرچند شعارهای سنجیده و دقیق و کاربرد آنها در زمان و مکان مناسب می‌توانند در مسیر تحقق اهداف کمک کننده باشند ولی اگر استمرار نداشته باشند، طرح و برنامه عملی وجود نداشته باشد و در حد شعار باشد، گام بعدی مشخص نباشد، هماهنگی نباشد، شعارها بی مایه و نسنجیده باشند، پیگیری قاطعانه هدف وجود نداشته باشد، فحاشی بر فکر و اندیشه ترجیح داده شود، طرحی برای ادامه راه در صورت شکست نداشته باشیم،... پیروزی و تحقق رویاها توهمی بیش نیست که شوربختانه شمار متوهمان نه تنها کمتر نمی‌شود بلکه بیش و بیشتر می‌شوند. عمل تنها سندی است که شما برای اثبات توانایی خود می‌توانید ارایه دهید.

۲- پیگیری علایق یکی از راههای اطمینان از پیروزی در زندگی است. شور و شوق به پیروزی موتور محرکه پیروزی است، به ما امکان گذر از فراز و نشیب‌ها میدهد، به زندگی معنا می‌بخشد. پیگیری با شور و شوقِ اکثر ایرانیانِ خواهان سرنگونی رژیمِ اسلامی موتورِ سرنگونی رژیم خواهد بود و تضمین کننده پیروزی ایرانیان.

۳- همانطوریکه هیچ تضمینی نیست که مدعیان رهبری به حرفهای زیبا و مردمی‌شان پس از پیروزی عمل کنند (در اکثر موارد عملی نمی‌شود) نیات خوب رهبران هم لزوما تضمینی برای نتایج مثبت نیست. این بر شماست که حرفها و نیات مدعیان رهبری را به دقت مورد بررسی قرار دهید و تصمیمی بگیرید که در آینده پشیمان نشوید و نگویید گول خوردیم.

۴- به گونه‌ای بیندیشید که هر کاری که می‌کنید بیش از آنچه بنظرتان می‌اید تاثیرگذار باشد، و طوری رفتار کنید که تفاوت و تغییر ایجاد کنید.

۵- زمانیکه یک فرد خود را بی اهمیت می‌داند یا فراموش می‌کند که اهمیت دارد به روشهای مخرب اهمیت می‌دهد و با اقدامات عملی بر آن اساس فاجعه می‌آفریند.

۶- افرادی که با یکدیگر متحد می‌شوند با همکاری با هم می‌توانند شگفتیها بیافرینند، هریک از اعضای اتحاد یا تیم یا گروه به چالشها و فرصتهای جدیدی دست می‌یابند که به تنهایی امکان دسترسی به چنین فرصتهایی نیست. همکاری مهارتهای بین گروهی را تقویت و تحکیم می‌کند. اعضای گروه روابط معناداری با هم برقرار می‌کنند که با هم فراز و نشیبها را تحمل می‌کنند، پیروزی‌های مشترک را جشن می‌گیرند و از باختها و شکستها درس می‌گیرند و به کار گروهی برای هدف مشترک ادامه می‌دهند.

۷- غالبا در طول تاریخ کسانی بیشترین موفقیت را کسب کرده اند که به اهمیت کار گروهی و اتحاد به بهترین شیوه پی برده اند. در اکثر مواقع اتحاد و همکاری بود که امکان پیروزی و غلبه را بر حریف و دشمن تضمین کرد.ا

۸- درمورد رخدادهای مهم به نتایج سریع رسیدن نشانه خردمندی نیست. کسانی که می‌گفتند جنگ اوکراین به پیروزی سریع پوتین منجر خواهد شد، خیزش سراسری ایران رژیم اسلامی را در چند هفته سرنگون خواهد کرد، آمریکا و ایران خیلی سریع درباره برجام ۲ به توافق می‌رسند،... امروز چه می‌گویند؟ نتیجه گیری سریع نشانه بیخردی است و شوربختانه گمراه کننده، و به نا امیدی و دلسردی دامن می‌زند، و گوینده را بی اعتبارتر می‌کند.

۹- کسانی که در پی پیش‌بینی آینده هستند، زیاد وقت تلف نکنند؛ بهترست که آینده را بسازند. آینده‌ای را بسازید که می‌خواهید، آینده‌ای را بسازید که رؤیاهایتان در آن تحقق یابد.

۱۰- پیش شرط مدیریت یک جامعه یا سازمان یا تعدادی افراد پیش از هر چیز به ارزیابی و سنجش آنها نیاز دارد. اگر نتوانید ارزیابی درست و دقیقی

از آنها بکنید با ضعف مدیریت روبرو می‌شوید که به جامعه، سازمان و افراد آسیب می‌رسد.

۱۱- تصمیم‌گیری خوب و سنجیده یکی از مهمترین و اساسی‌ترین بخش زندگیست که به مهارتهای اساسی نیاز است؛ تصمیم‌گیری در تمامی ابعاد، موضوعات و سطوح. تصمیم‌گیری نسنجیده و نادرست می‌تواند فاجعه‌آمیز باشد پس در تصمیم‌گیری‌ها دقت لازم را بکار برید.

۱۲- هر شرایطی اعم از موفقیت، شکست، اشتباه، دشواری‌ها، فقر، بیماری، جنگ، مرگ، ... می‌تواند عامل فرصتهای تازه باشد و سرآغاز فصل نوینی در زندگی شخص و جامعه مشروط بر اینکه در هر شرایطی در جستجوی فرصتهای تازه‌ای باشیم.

۱۳- هرکسی، هر نهادی، هرسیستمی و هر جامعه‌ای اگر خود را باشرایط هماهنگ نکند، انعطاف ناپذیر باشد، و به استقبال تغییرات نرود محکوم به فناست و از نابودی خود خبر می‌دهد.

۱۴- اگر پاسخگو نیستی، اگر ریسک پذیر نیستی، اگر از مسئولیت می‌گریزی، اگر قانون شکنی می‌کنی، اگر نمی‌توانی تصمیم دقیق و سنجیده و به هنگام در شرایط متفاوت / عادی، بحرانی.../ بگیری، و اگر با مردم نتوانی رابطه برقرار کنی، ... در فکر رهبری نباش

۱۵- اگر چیزهای تازه می‌خواهی باید روش‌ها و ابزارهای کهنه رابه دور اندازی و از تازه‌ترین ابزارها و روش‌ها برای خواسته‌هایت استفاده کنی زیرا روش‌های قدیمی پاسخ خواسته‌های امروز نیست.

۱۶- اگر چیزی را که شنیده‌ای، دیده‌ای یا مطلبی را خوانده‌ای و نمی‌توانی برای دیگران بطور دقیق و جامع توضیح دهی که هر شنونده‌ای در هر سنی و با هر قدر دانش و تجربه نتواند بفهمد که چه می‌گویی مطمئن باش که خود شما آنچه را که دیدی، شنیدی و خواندی درک نکردی. نفهمی، کج فهمی، مصلحتی نفهمیدن، و تظاهر به نفهمیدن اعضای یک جامعه همه

بیماری‌هایی هستند که جامعه را در مسیر سراشیبی و سقوط هدایت می‌کنند.

۱۷- فروتن باشید، دوستان خود را از افراد فروتن برگزینید، دیگران را به فروتنی دعوت کنید، فروتنی و فواید آن را به کودکان کودکستان و دبستان بیاموزید، رهبران تان را از میان افراد فروتن برگزینید زیرا که رهبری که فروتن نباشد متکبر، خودخواه، خودپسند و خودشیفته است/ می‌شود و چنین فردی در مسند قدرت به خودکامگی کشیده می‌شود.

۱۸- به عنوان انسان، بیشتر ما خواهان ثبات هستیم که البته دلایل تکاملی، تاریخی، و بهداشتی دارد. ثبات سطح استرس را کاهش می‌دهد و به راحتی و آرامش کمک می‌کند اما ثبات بیش از حد زیان‌های بیشماری دارد که از نظر علمی ثابت شده است. ثبات بیش از حد در تضاد با رشد، یادگیری و تغییرات لازم است، ثبات برای‌تان محدودیت ایجاد می‌کند، مانع جهش و پرواز شما می‌شود. برای ایرانیان خاموش و بی‌تفاوتی که همیشه می‌خواستند منطقه امن و آسایش و راحتی خود را حفظ کنند و ترک آن را دشوار و غیر ممکن می‌دیدند، زمان آن رسیده که از منطقه آسایش خارج شوید، جهش کنید، از بی تفاوتی دست بکشید، به مبارزان علیه رژیم اسلامی به پیوندید، پذیرای تغییرات باشید و نقش خود را به شایستگی در برابر ملت و در مقابل چشمان جهانیان به بهترین شیوه ممکن در دگرگونی بنیادی در ایران ایفا کنید. زمان آسایش و بی تفاوتی نیست بلکه زمان مبارزه و ایجاد تغییرات است. اساس هستی بر تغییر استوار است و در ثبات ابدی گیر کردن نشانه بیخردی و درک نادرست از هستی است.

۱۹- از پرندگان یاد بگیریم که در لانه‌های خود نسبتا امن هستند ولی بال‌هایشان به آنها می‌گوید که من برای ماندن در لانه و قفس زاده نشدم بلکه کار من پرواز است. خرد و اندیشه انسانها هم به ما می‌گوید خواهان ماندن در کنج دنج و زندگی در جایی محصور و دور از دیگران نیستم بلکه برای سیر و سیاحت به عمق اقیانوس‌ها، پرواز به آسمان و کرات دیگر، کشف

ناشناخته‌ها در هستی، ایجاد تغییرات لازم و بنیادی با تو هستم، مرا در قفس محصور نکن. من محدودیت ناپذیر هستم.

۲۰- تاریخ به یاد ندارد که کسی در انزوا توانسته باشد بر رخدادهای ناگوار و بحران‌ها و فجایع غلبه یابد. مقابله با اینگونه رخدادهای طبیعی و غیر طبیعی کاری است دستجمعی و نیاز به همکاری همگان است. اگر تصور می‌کنید که در سرنگونی رژیم اسلامی حاکم بر ایران به تنهایی چه بصورت فردی و چه تنها از طریق گروهی که آن تعلق دارید پیروز می‌شوید در توهم بسر می‌برید. فاجعه حاکمیت اسلامی بر ایران فقط با هشیاری و همکاری همه ایرانیان و گروه‌های مخالف رژیم حاکم عملی است و بس ! واقع بین باشید، به اطراف خود بنگرید هیچ گروه چپ و راست و ملی مخالف رژیم دیده نمی‌شود که به تنهایی بتواند رژیم اسلامی را از صحنه جهان خارج کند.

~~~

همیشه فکر می‌کردم که همه‌ی انسانها مخالف جنگ‌اند تا آن که دریافتم کسانی هم هستند که با آن موافق‌اند. بخصوص کسانی که خود مجبور به شرکت در جنگ نیستند.»

—اریش ماریا رمارک، نویسنده‌ی آلمانی که عمده‌ی شهرتش بخاطر رمان ضد جنگ است
~~~

- چهار-

۱- هنگامی که کارهایی انجام می‌دهید که نیازی به انجام آنها نیست فشار بی‌دلیل و دوچندان به خود وارد می‌کنید، انرژی‌ای که صرف می‌کنید می‌توانید برای کارهای لازم زندگی به کار برید. انجام کارهای ضروری، احتمال زندگی باکیفیت بالا را کاهش می‌دهد. همچنین به‌خاطر فشار کار زیاد، غیرضروری و صرف ساعات طولانی برای تکمیل آن کارها، ریسک آسیب‌پذیری تن و جان خود، رابطه با اعضای خانواده و بستگان و دوستان و همکاران، و همچنین نتیجه کار باکیفیت پایین را بالا می‌برید. بر کارهای ضروری، حیاتی و اثربخش تمرکز کنید و به زندگی خود بر اساس آن ادامه دهید.

۲- یاد بگیرید که امور، افراد و نهادهایی هستند که اصلاح‌ناپذیرند، به‌عبارت‌دیگر ظرفیت و پتانسیل اصلاح‌پذیری ندارند و هر گونه تلاش برای اصلاح آنها هدردادن زمان است، و ریشه در نادانی و ناآگاهی دارد.

۳- هرگز فکر نکنید همه حرف‌هایی که می‌زنید منطقی و سنجیده است، همه تصمیماتی که می‌گیرید درست است، همه اقداماتی که می‌کنید به نتایج مثبت منجر می‌شوند، همه روابط و مناسباتی که برقرار می‌کنید خالی از ایراد و انتقاد و اشکال است، و همه افراد را می‌توانید خشنود نگهدارید. خلاف این فکرکردن ریشه در خودخواهی دارد و خودفریبی است.

۴- هرگز وانمود نکنید که همه چیز را می‌دانید وقتی که می‌دانید که نمی‌دانید. هرگز درباره امور مهم زندگی بدون مشورت با افراد کاردان، دلسوز، درستکار، و مسئولیت‌پذیر تصمیم نگیرید. هرگز نیازها و نظرات کسانی که با شما در ارتباط هستند را نادیده نگیرید.

۵- تجربیات شخصی و جمعی در زندگی می‌توانند راهنمایان دانایی برایتان باشند که بتوانید تا حدودی آینده را پیش‌بینی کنید، چالش‌های آینده را

ببینید و خود را برای چنان آینده‌ای آماده کنید. دیگران را در برخورد با چالش‌های زندگی کمک باشید. پس بیایید نه‌تنها با چالش‌های حال برخورد معقولانه داشته باشید؛ بلکه با چالش‌هایی که قرار است در آینده روبرو شوید آماده شویم. آماده‌شدن برای چالش‌هایی که در انتظارش هستیم به زندگی‌مان معنا می‌بخشد.

۶- مسئولیت‌پذیری مشترک رمز همکاری است. از افراد مسئولیت‌پذیر و پاسخگو برای همکاری دعوت کنید.

۷- پذیرش بازخورد، مسئولیت‌پذیری را ممکن می‌سازد. پس از بازخورد استقبال کنید و آن را جدی بگیرید.

۸- برای رسیدن به هدف تعیین شده از خود بپرسید چه چیزهایی باید تغییر کند. مسئولیت تغییر همان چیزها را به عهده بگیرید.

۹- از کاربرد واژه‌ها و عباراتی چون شاید، احتمالاً، محال، تقریباً، فقط، حدس می‌زنم، غیرممکن، احساس می‌کنم، مطمئن نیستم، مگر نه...؟ فکر نمی‌کنی؟... حتی‌المقدور خودداری کنید. کاربرد این‌گونه واژه‌ها و عبارات نشانه ضعف است و شنونده به توانایی‌های شما تردید می‌کند.

۱۰- در ارائه پیشنهادها مراقب باشید که کار دیگران را سخت‌تر و پیچیده‌تر نکنید.

۱۱- به دیگران در کاری که به آن‌ها سپرده شده می‌توانید مشاوره دهید، کمک کنید؛ ولی هرگز کار آن‌ها را برایشان انجام ندهید. این بدترین و خطرناک‌ترین کاری است که برای دیگری می‌کنید.

۱۲- ایجاد و گسترش روابط را با علاقه و جدیت پیگیری کنید. روابط می‌توانند خصمانه، رقابت مخرب، رقابت سازنده، همکاری،... باشند. در برقراری روابط رقابت‌آمیز سازنده و همچنین پیوند همکاری واقعی تمرکز کنید تا بتوانید در جهان چالش‌برانگیز امروز پیروزی خود را تضمین کنید. به روابط عالی بیندیش و در تحقق آن کوشا باش که رشد را میسر می‌کند.

۱۳- چندان نگران گفتن حرف درست نباش، هر چه در دل و ذهن داری بر زبان‌آور و با دیگران در میان بگذار؛ ولی از گفتن حرف‌های احمقانه واقعاً خودداری کن.

۱۴- ایده‌های نو را مورد بررسی قرار دهید و همه ابعاد آن، عملی‌بودن آن، جزئیات و اهمیت احتمالی آن را زیر ذره‌بین بگذارید، و بعد نسبت به پذیرش یا رد آن و موافقت یا مخالفت با آن تصمیم بگیرید. به یاد داشته باشید موافقت با هر ایده‌ای توهین به خود و تحقیر خود است و از ارزش خود کم می‌کنید.

۱۵- شادی و خوشبختی را در یک زندگی معنادار جستجو کنید، و زندگی معنادار در همکاری با هم، کمک به هم، حمایت از هم، همبستگی با هم و مبارزه مستمر علیه هر نوع شر تعریف می‌شود. زندگی معنادار در مشارکت و کاری که برای دیگران و جامعه می‌کنی و بر زندگی دیگران تأثیر مثبت می‌گذاری، خلاصه می‌شود.

۱۶- هیچ کاری بدون انرژی نمی‌توان انجام داد. انرژی می‌تواند معیاری برای تفکیک رهبران مردمی و ضدمردمی باشد. رهبرانی که انرژی‌بخش هستند و به انرژی شهروندان می‌افزایند رهبرانی مردمی و شایسته حمایت و احترام هستند؛ ولی به‌عکس، رهبرانی که انرژی شهروندان را می‌مکند رهبرانی شرور، ویرانگر، ضد مردم، جنایت‌کار و بی‌خرد هستند.

۱۷- کسانی که به دیگران کمک می‌کنند احساس مهم بودن و مفیدبودن می‌کنند؛ بنابراین، حتی زمانی که نیازی به کمک ندارید از افراد کمک بطلبید تا احساس کنند که شما برای آنها ارزش قایلید و این می‌تواند آغاز نوعی همکاری و رابطه پایدار باشد. هرگز به کسی نگویید که به کمک او نیازی ندارید؛ چون چنین جمله‌ای دارای پیامی نهفته است بدین مضمون «شما اهمیتی ندارید» و اگر به مردم بگویید به شما نیازی نیست؛ یعنی اهمیتی برای مردم قایل نیستید و این همان رفتاری است که دیکتاتورها و رهبران مستبد با شهروندان خود دارند که مردم را به هیچ می‌انگارند.

۱۸- اگر به دیگران احساس قدرت دهید یا اگر مسئولیتی به آنها دهید که احساس قدرت کنند؛ اگر امکانات پیشرفت دیگران را فراهم کنید؛ اگر افراد را تأیید کنید و سپس آنها را به چالش گیرید به آنها انرژی می‌بخشید و شایسته رهبری هستید.

۱۹- یک زندگی تأثیرگذار برای خود ترسیم کنید وگرنه درگیر کارهای بی‌اهمیت می‌شوید و به آن دل‌خوش می‌کنید. هدف ویژه‌ای را برگزینید که برایتان ارزشمند و معنادار است و تلاش کنید به آن هدف برسید تا تأثیرگذار باشید. اگر نتایج کارتان قابل‌مشاهده، مفید و مثبت برای شما و جامعه باشد شما یک انسان تأثیرگذار خواهید بود.

۲۰- هر روز کاری کنید که نشان‌دهنده تعهد شما به رشد شخصی باشد. از دیگران انتظار نداشته باشید برای شما رشد کنند؛ چون چنین چیزی عملی نیست؛ ولی برای رشد نیاز به برقراری رابطه با دیگران دارید. از افراد باتجربه بپرسید چگونه رشد کردند، چگونه در جایگاه کنونی قرار گرفته‌اند، چه استراتژی‌ای برای رشد برگزیده‌اند، چه نگرشی در پیش گرفته‌اند، چگونه از شکست آموختند.

<div align="center">~~~</div>

زندگی عمر کردن نیست، بلکه «رشد» کردن است. عمر کردن کاری است که از همه حیوانات بر می‌آید. اما رشد کردن هدف والای انسان است که عده معدودی میتوانند ادعایش را داشته باشند.

—جرج برنارد شاو، نمایشنامه نویس ایرلندی

- پنج -

۱- ترس از هرکس و هر چیزی یعنی خودسانسوری، محدودیت برای خود، ایجاد مانع برای رشد و پیشرفت، خشنود کردن کسانی که می‌خواهند شما بترسید، توهین به خود و به خرد خود، آغاز واپس‌گرایی، مرگ تدریجی، سکوت در برابر جنایات، ...

۲- با واژه‌ها بازی نکنید، قدرت و تأثیر واژه‌ها را جدی بگیرید، از کاربرد واژه‌ها و مفاهیمی که معانی آنها را نمی‌دانید خودداری کنید. معانی واژه‌ها را به میل خود و برای منافع خود تغییر ندهید. زمان و مکان کاربرد هر واژه‌ای را بسنجید. واژه‌ها ارزشمندترین یافته انسان هستند؛ زیرا که نه‌تنها پیوند بین ما را ممکن می‌کنند بلکه در سطوحی پیوند را ممکن می‌کنند که هیچ‌چیز دیگری از چنان ظرفیتی برخوردار نیست.

۳- جهل سوزاننده‌ترین پدیده هستی است که نه‌تنها شخص جاهل را می‌سوزاند و نابود می‌کند؛ بلکه سوزاننده کل نظام هستی است. پیکار با جهل یک رسالت انسانی است که غفلت از آن، شرایط را برای جنایت‌کاران برای ارتکاب هر نوع جنایتی هموارتر می‌کند.

۴- کسانی که در برابر ستم ستمکاران، جنایت جنایت‌کاران، زورگویی اقتدارگرایان، قساوت و بی‌رحمی جلادان، تزویر و ریای ریاکاران، و متجاوزان به حقوق انسان سکوت می‌کنند، مبارزه نمی‌کنند، با هم متحد نمی‌شوند، خرد جمعی را به کار نمی‌گیرند، و منافع همگانی را فراموش می‌کنند بی‌تردید خود نخستین قربانیان ستم، تجاوز، تزویر، جنایت و قساوت خواهند بود.

۵- رشد و پیشرفت یک ضرورت انکارناپذیر و ثابت شده در زندگی انسان است وگرنه همچنان در حد انسان‌های اولیه باقی می‌ماند. رشد انسان در زمینه‌های مختلف در طول زندگی او روی می‌دهد و از فرد، انسانی متفاوت

می‌سازد. هم‌زمان، کسانی هم در زندگی هر یک از ما ممکن است پیدا شوند که به‌عنوان ترمزی در مسیر رشد عمل کنند و با ترفندهای مختلف می‌خواهند ما را از رشد بازدارند. نه‌تنها فریب این افراد را نباید خورد؛ بلکه باید مبارزه‌ای خستگی‌ناپذیر را با آنان در پیش گرفت. در مسیر رشد علاوه بر این نیروهای بازدارنده با عوامل بازدارنده‌ی دیگری هم برخورد خواهیم کرد؛ ولی هرگز تسلیم هیچ عامل بازدارنده نشویم و هرچند کند و آهسته ولی پیوسته به رشد به‌سوی آینده ادامه دهیم.

۶- از افراد دگماتیست دوری جویید؛ زیرا به این باور غلط رسیده‌اند که هر چه خودشان فکر می‌کنند درست است و حق، و هر چه دیگران می‌اندیشند نادرست است و باطل. چنین افرادی را نه‌تنها می‌توان در میان پیروان مذاهب مختلف یافت؛ بلکه کم نیستند کسانی که در دانشگاه‌های معتبر جهان دوره‌دیده‌اند، خود را روشنفکر می‌دانند، مدعی رهبری دیگران هستند؛ ولی همچنان جزم‌گرا هستند. اینان افراد خطرناک و زیان‌باری هستند و تماس با آنها خطرناک‌تر چون با هیچ منطق و تفکر و اندیشه‌ای ذره‌ای سر سازگاری ندارند مگر آنچه خود فکر می‌کنند.

۷- امروز، ایران بیش از هر زمان دیگری به رهبری یا رهبرانی با ویژگی‌های خاصی نیاز دارد تا از بحران‌های همه‌جانبه‌ای که در سطح گسترده با آنها روبروست به‌سلامت گذر کند و به بحران‌ها پایان دهد. از جمله این ویژگی‌ها و مهارت‌ها می‌توان دوری‌جستن از هر چاپلوس و متملق، رایزنی و مشاوره با شهروندان و کارشناسان، دوراندیشی و آینده‌نگری، شفافیت و نقدپذیری، برنامه‌ریزی، دوری از افراط‌گرایی و گرایش به میانه‌روی و واقع‌بینی، پاسخگویی و مسئولیت‌پذیری، فرهنگ‌سازی در راستای نهادینه‌کردن آزادی، عدالت اجتماعی، توسعه در ابعاد گوناگون، رعایت حقوق بشر، خردگرایی، شایسته‌سالاری؛ پایبندی به اصول تفکیک قوا، جدایی دین و دولت، و پاسداری از تمامیت ارضی کشور؛ رد بی‌چون و چرای هر نوع تبعیض، طرف‌دار روابط مسالمت‌آمیز با دیگر کشورهای جهان، احترام نهادن به شرف و حیثیت انسانی، خشونت - پرهیزی، و باورمند به حکومت قانون و حاکمیت ملی.

۸- سعدی می‌گوید: «گر از بسیط زمین عقل منعدم گردد / به خود گمان نبرد هیچ کس که نادانم.»

ودکارت می‌گوید: «ظاهراً چیزی که در دنیا عادلانه تقسیم شده است، عقل است؛ زیرا کسی اعتراض نمی‌کند که مال من کم است.»

اما آنچه را که امروز در جهان شاهد هستیم نبود عقل به‌ویژه در میان رهبران و بازیگران سیاسی است وگرنه این‌گونه جهان را به خاک و خون نمی‌کشیدند. دقیقاً آنچه سعدی ۸۰۰ سال پیش گفته در بسیط زمین عقل منعدم شده ولی همه ادعای دانایی می‌کنند.

۹- مردان بزرگ در سرزمین زنان آزاده ظهور می‌کنند. اگر در جامعه‌ای شمار مردان بزرگ محدود باشد مطمئناً شمار زنان آزاده نیز محدود است.

۱۰- موارد ده‌گانه زیر را در رده ارجحیت‌های زندگی‌تان قرار دهید:

- مبارزه و پیکار و نبرد علیه هرآنچه که به انسان، دیگر موجودات زنده، طبیعت و محیط‌زیست آسیب می‌رساند.
- بهره‌برداری از هر فرصتی برای انجام کارهای مثبت، مفید، نیک و سازنده
- تلاش برای تأثیرگذاری ماندگار و سازنده بر زندگی دیگران، و تأمین خوشبختی انسان
- ریسک‌پذیری
- معاشرت با افراد داناتر از خود
- یادگیری مستمر از منابع مختلف
- کم‌گویی ولی سنجیده گویی
- زندگی هدفمند و بامعنا
- امیدوار بودن و امید دادن، شاد بودن و شاد کردن، انگیزه داشتن و انگیزه بخشیدن، زندگی کردن و بگذارید زندگی کنند، آزاد زیستن و آزادی‌بخش بودن
- پیرو آیین انسانیت بودن

۱۱- الهام‌بخش و الهام‌گیرنده باشیم. از افرادی که در زندگی به موفقیت‌های شگرفی رسیدند الهام بگیریم تا موفقیت خود را تضمین کنیم. از دیگران نمی‌توانیم الهام بگیریم مگر اینکه از داستان زندگی آن افراد موفق آگاهی یابیم. یک هنرمند نامدار، یک رهبر خردمند، یک مدیر مدبر و توانا، یک پژوهشگر بی‌غرض، یک روزنامه‌نگار متعهد، یک آموزگار دلسوز، یک کارگر مبارز، یک دانشجوی مدافع حقوق بشر، یک انسان خلاق و مبتکر، یک مادر عاشق و آگاه، یک پدر فداکار، یک دهقان زحمت‌کش، یک ثروتمند خیرخواه،... همه انسان‌های موفقی هستند که مطالعه داستان زندگی هر یک از آنها الهام‌بخش ما خواهد بود، و ما نیز پتانسیل آن را داریم که الهام‌بخش دیگران باشیم.

۱۲- عده‌ای گمان می‌کنند انجام‌دادن کار مهم است؛ اما مهم‌تر انست که بدانیم چگونه، و با چه هزینه‌ای آن کار انجام‌گرفته، و ار این هم مهم‌تر اینکه کار انجام شده چه تأثیری بر زندگی‌ها گذاشته است. معیار ارزیابی یک کار تأثیری است که بر زندگی شما و من و کل جامعه می‌گذارد، و اهمیت ما هم در تأثیرگذار بودن ما خواهد بود، اگر مؤثر نباشیم اهمیت و ارزشی هم نخواهیم داشت.

۱۳- چسبیدن به باورهای محدودکننده اقدام علیه خود است مثلاً «من به‌اندازه کافی باهوش نیستم»، «می‌ترسم شکست بخورم»، «می‌ترسم محبوب نباشم»، «خیلی پیرم یا شروع این کار در سن من دیگر دیر است»، «ازآنچه دیگران نسبت به من فکر می‌کنند، می‌ترسم»، «امکانات لازم برای ایجاد تغییر ندارم»، «موانع رسیدن به هدفم زیاد است»، «برای این مشکل هیچ راه‌حلی متصور نیست»، «من توانایی هیچ نوع کمکی به کسی را ندارم»، «من تأثیری نمی‌توانم بر جامعه بگذارم»، «من چیزی از سیاست نمی‌فهمم و برایم مهم نیست»، «قدرت دشمنان من از من بیشتر است؛ بنابراین بهتر است هر کاری می‌خواهند بکنند، من در مخالفت و مبارزه با آنها مغلوب می‌شوم»،.... همه این جملات مثال‌های باورهای محدودکننده هستند که مسیر رشد و پیشرفت و پیروزی ما را محدود یا به‌طورکلی مسدود می‌کنند.

۱۴- در ۱۲ سپتامبر ۱۹۶۲، رئیس‌جمهوری وقت آمریکا جان اف کندی در سخنرانی در دانشگاه رایس در شهر هوستون در ایالت تگزاس گفت این انتخاب ماست که پیش از پایان این دهه به کره ماه برویم (البته تحقق یافت) و کارهای دیگری انجام دهیم نه به دلیل اینکه انجام این کارها آسان است؛ بلکه به‌عکس به‌خاطر اینکه کارهای سخت و دشواری هستند. مردم ایران هم مبارزه با رژیم ملایان را تا سرنگونی آن انتخاب کرده‌اند نه به دلیل اینکه کار آسانی است؛ بلکه اتفاقاً چون کار بسیار سختی است؛ ولی همان‌طوری که آمریکایی‌ها کمتر از ۷ سال پس از سخنرانی کندی گام به کره ما گذاشتند شهروندان ایرانی هم نه در زمانی چندان طولانی سرنگونی رژیم آخوندها را جشن خواهند گرفت. انتخاب آزادانه، اراده قاطع، و اقدام پیگیر سه کلید اصلی موفقیت و پیروزی است.

۱۵- نلسون ماندلا، نخستین رئیس‌جمهوری سیاه‌پوست آفریقای جنوبی، در ۱۹۶۴ در دادگاه رژیم آپارتاید در دفاع از خود در یک سخنرانی سه‌ساعته با شجاعت از بی‌عدالتی و آپارتاید انتقاد کرد، و گفت من آرمان یک جامعه دمکراتیک و آزاد را که در آن همه افراد در هماهنگی و با فرصت‌های برابر با هم زندگی می‌کنند را گرامی می‌دارم. این کمال مطلوبی است که امیدوارم برای آن زندگی کنم و به آن برسم. اما اگر لازم باشد، کمال مطلوبی است که برای آن آماده مرگ هستم. دادگاه حکومت سفیدپوست او را مجرم شناخت و ۲۷ سال را در زندان گذراند تا سرانجام آزاد و به رئیس‌جمهوری کشورش برگزیده شد. برای ما ایرانیان که حکومت دینی بر اساس آپارتاید دینی و جنسیتی بر ما حاکم است و آرمانی شبیه آرمان ماندلا داریم راه ماندلا یکی از راه‌های امیدبخش و راهگشا برای تشکیل حکومت موردنظرمان و داشتن جامعه‌ای که خواهان آن هستیم می‌باشد.

۱۶- از اهمیت برداشتن یک گام کوچک و هر چقدر دشوار برای رسیدن به یک هدف بزرگ غافل نشوید هر چند ممکن است راهی طولانی در پیش داشته باشید.

۱۷- اگر امروز به قدرت مغز خود، به انرژی خود، به بینش ژرف خود، و به توان تأثیرگذاری‌ات بر دیگران تردید کنی بی‌تردید فردایی تیره‌وتار در انتظار توست.

۱۸- نه وحشت، نه شر، نه زشتی، نه ناتوانی، نه انرژی منفی، نه ندانستن هیچ‌یک علی‌رغم منفی بودن قدرت تخریب و نابودی بی‌تفاوتی را ندارند.

۱۹- یکی از رویکردها برای مقابله با حاکمان مستبد آغاز مبارزه‌ای پیگیر با ارزیابی محدودیت‌ها و امکانات خود و مقایسه‌ی آن با مستبدان است، تلاش برای رفع کاستی‌ها و محدودیت‌های خود، و افزایش امکانات از ضروریات است. در روند مبارزه به طور مستمر عملکرد خود و هم‌رزمانت را ارزیابی کن، از اشتباهات خود، هم‌رزمانت و همچنین مستبدان بیاموز. مهم نیست که چه اتفاقی می‌افتد؛ بلکه مهم آن است که از هر رویدادی فرصت بسازی برای پیشبرد مبارزه و رسیدن به هدف.

۲۰- یک فکر مثبت می‌تواند کل زندگی ما را تغییر دهد. افکار مثبت و سازنده را جایگزین افکار منفی و مخرب کنیم تا نتایج مثبت از مبارزات و کوشش‌هایمان کسب کنیم. مثبت‌اندیشی راه را هموار و روشن می‌کند، ما را از تونل وحشت نجات می‌دهد و سرانجام آنچه در آغاز غیرممکن به نظر می‌رسید را ممکن می‌سازد.

~~~

صرف نبود جنگ، صلح نیست. صرف نبود رکود، رشد نیست. ما شروع کرده‌ایم، اما تازه اول کار هستیم.

—جان اف کندی، ۳۵مین رئیس جمهوری ایالات متحده
~~~

- شش-

۱- قانون شماره یک ارتباطات رهبری این است: فقط زمانی دهانت را باز
کن که چیزی را بهتر کنی.

۲- هر رهبری که دربارهی همه چیز ابراز نظر قطعی کند احمقی بیش
نیست.

۳- رهبری به اندازه کافی استرس زا و چالش برانگیز است. بنابراین یک رهبر
نباید کارهایی که نیازی به انجام آنها نیست را بکند تا هم استرس ایجاد کند
و هم سطح رضایت را کاهش دهد یا حتی اکثریت را ناراضی کند.

۴- رهبری به معنای دخالت تصمیمگیری در همه امور، چسبیدن به اقتدار،
مدیریت خرد، نادیده گرفتن نظرات و نیازهای شهروندان، احساس برتری به
دیگران، نادیده گرفتن بازخورد، سرزنش کردن، مخفی نگهداشتن همه
اطلاعات، داشتن عنوان و مقام،... نیست.

۵- مهمترین، اساسیترین، فوریترین، ارزشمندترین، سنجیدهترین و
معقولانهترین پرسشی که حق هر شهروندی است تا از رهبر بپرسد در این
جمله خلاصه میشود «برای ما، دیگران، جامعه، و همه افراد تحت رهبری
ات چه می کنی»؟

۶- هر کسی از جمله رهبرانی که یادگیری را متوقف میکنند، در برابر
یادگیری مقاومت میکنند، از یادگیری غفلت میورزند مسیر حماقت را
میپیمایند و سرانجام احمق میشوند.

۷- رهبرانی که از تعامل با شهروندان طفره میروند مسیر سقوط خود را
هموار می کنند.

۸- هر رهبری باید انتظار انتقاد، پرسش، و چالش از سوی شهروندان را داشته باشد و آماده پاسخگویی. رهبرانی که از پاسخگویی طفره می‌روند سرانجامی جز کناره گیری یا برکناری نباید انتظار داشته باشند.

۹- رهبرانیکه ناتوان از دادن پاسخ مقبول به پرسشها و خواسته‌های شهروندان باشند به راههای متعدد براساس شرایط اقدام می‌کنند. از ترویج خرافات تا شستشوی مغزی توسط رسانه‌ها برای کنترل اندیشه‌ها، یا ساختن دشمن فرضی یا دادن وعده‌های پوچ و توخالی و غیر عملی، و ایجاد ترس و رعب و وحشت،...

۱۰- رهبرانی که خرافات را ترویج می‌کنند هدفی جز ایجاد ترس در ما و بقای خود و عقب نگهداشتن جامعه ندارند. برماست با هر نوع خرافه، و خرافه پرستی و مروجان خرافه مبارره کنیم.

۱۱- در برابر رهبرانی که با تصمیمات نسنجیده و اقدامات فاجعه‌آمیز خود جامعه را بسوی نابودی کشانده اند و پاسخ شهروندان معترض را با تبعیض و تحقیر و توسل به ارعاب و سرکوب و شکنجه و زندان و اعدام می‌دهند و از هرگونه مسئولیت پذیری طفره می‌روند تنها راه ممکن برای شهروندان مبارزه با هر روش و هر وسیله علیه این رهبران تا سرنگونی است. این حق مسلم هر شهروند است.

۱۲- رهبرانی که راه گفتگو را می‌بندند راه خشونت را باز و هموار می‌کنند. به شهروندانی که برای دفاع از حقوق‌شان اجازه گفتگو با رهبران داده نشود رهبران باید منتظر خشونت شهروندان برای کسب حقوق‌شان باشند.

۱۳- ملتی که منتظر رهبری نشسته که مانند قهرمانی به نجاتش اید چنین ملتی در جستجوی یک عوامفریب یا دیکتاتور است و قدرت و توان خود را نادیده می‌گیرد. چنین ملتی بازنده بازی است.

۱۴- هر رهبری پیش از آنکه موضوعی را به کسی بفهماند خود نیاز به فهمیدن آن موضوع دارد. راهکار پیشنهاد دادن، سیاست‌گذاری،

تصمیم‌گیری، برقراری ارتباط موثر و سازنده، و توصیه کردن به درک درست و فهم دقیق رهبران از خواست و نگرش شهروندان دارد و این ممکن نیست مگر اینکه رهبران بیاموزند که فعالانه به شهروندان گوش دهند.

۱۵- رهبرانی که از اندیشه و نگرش برد- برد در رابطه با شهروندان خود و رهبران دیگر کشورها محروم باشند محکوم به شکست هستند چون بدون همکاری شهروندان با رهبران و رابطه با رهبران دیگر کشورها بر اساس منافع و مصالح مشترک هیچ رهبری نمی‌تواند مزه پیروزی را بچشد.

۱۶- رهبرانی که اولویت‌ها را تشخیص نمی‌دهند، اهمیت آنها را درک نمی‌کنند، و در برنامه ریزیها و اجرای طرحها در نظر نمی‌گیرند رهیرانی هستند که از باخت و شکست استقبال می‌کنند.

۱۷- رهبرانی که در پی برتری‌جویی، سلطه‌جویی، و ارضای امیال شخصی خود هستند افراد ضعیف‌تر، کم هوش‌تر، ناتوان‌تر، نادان‌تر، ناآگاه‌تر، و چاپلوس را به معاونت، مشاورت و مدیریت بر می‌گزینند تا خوی سلطه‌جویی خود را با آنها ارضا کند. به عکس رهبران توانمند، مطمئن، آینده‌نگر و تاثیرگذار در گزینش مدیران و مشاوران خود سعی می‌کنند از بهترین‌هایی که وجود دارند برای همکاری دعوت کنند. رهبران سلطه جو سازمان و جامعه تحت رهبری خود را ضعیف‌تر و ناکاراتر و از هدف دورتر می‌کنند و احتمالا سرانجام به نابودی سازمان و جامعه با گماشتن افراد نادان و ناتوان در مصادر امور کمک می‌کنند و بالعکس، رهبران آینده نگر و تاثیرگذار با گزینش بهترین‌ها به بقا و بالا بردن کیفیت عملکرد سازمان و جامعه کمک می‌کنند.

۱۸- بک رهبر واقع بین و تاثیر گذار شیوه مدیریت ناکامیها، بحران‌ها، و مشکلات را بخوبی می‌داند. چنین رهبری در درک شرایط متفاوت، اتخاذ تصمیمات سنجیده با شرایط و موضعگیری مناسب یک الگوست. رهبران واقع بین و تاثیر گذار نه تنها سازمان یا جامعه تحت رهبری‌شان را در سخت‌ترین شرایط به درستی هدایت می‌کنند بلکه برای آینده سازمان و جامعه رهبرانی را آموزش می‌دهند که چه بسا بهتر از خودشان باشند.

۱۹- مدیریت و رهبری به سبک شیخ محمد بن راشد ال مکتوم، امیر دوبی، نوشته دکتر یاسر جرار، خلاصه شده توسط گاهنامه مدیر، و این هم خلاصه‌ای از خلاصه:

الف- فرصت اشتباه کردن دادیم، انسان‌ها‌بزرگ‌ترین سرمایه یک جامعه هستند که باید برای تربیت آنها هزینه کرد و اجازه داد تا اشتباه کنند.

ب- از فساد اداری غفلت نکردیم. ما معتقدیم فقدان فساد دولتیان عوامل عمده جذب سرمایه و فعالیت شرکت‌های خارجی است.

پ- به همه فرصت رقابت دادیم، به جای پول مردم از ظرفیت و توانایی‌های آنها‌استفاده کردیم. رهبر وظیفه دارد تا به نحو مطلوب از ظرفیت مردم خود استفاده کند و کشور را به توسعه برساند وگرنه عملش بیحاصل است.

ت- برای سرمایه گذاران خارجی معافیت تعیین کردیم و امنیت ایجاد کردیم.

ث- از نفت فروشی به تجارت روی اوردیم و امروز دیگر نفت در اقتصاد ما نقش کلیدی ندارد.

ج- مسأله ما توسعه بود و نه تنبیه مردم. مهمترین مسأله رهبر، توسعه کشور است و مهم‌ترین بخش توسعه، توسعه اقتصادی است.

چ- پیروز صلح بودیم و نه جنگ. فقدان هدف منجر به بی انگیزشی می‌شود. ما معتقدیم باید تمام اختلافات خود را با صلح و دوستی حل کنیم زیرا در جنگ برنده واقعی وجود ندارد و بازنده جنگ، در تلافی، جنگ دیگری راه می‌اندازد.

ح- از مدلهای اقتصادی موفق جهان الگو برداری کردیم، بر علم و دانش و تکنولوژی و مدیریت و رشد اقتصادی تاکید ویژه گذاشتیم زیرا زمانیکه فرد بخواهد پروژه‌ای را اجرا کند نیاز به پول دارد. باید با تمام دنیا مبادلات اقتصادی داشت اما لازم نیست مدلهای سیاسی یا حتی حکومت دمکراتیک آنها را الگوبرداری کنیم زیرا هر ملتی ارزش‌های خاص خود را دارد.

۲۰- خلیل ملکی از رهبران حزب نیروی سوم درباره رهبر واقع بین چنین می‌گوید:

الف- رهبری زمانی واقع بین است که تابع احساسات نباشد، نیروی فعال و ذخیره خود را خوب حساب و برآورد کند، و نیروهای رقیب یا دشمن را انطوریکه هست به حساب آورد و هیچ اقدام بیموردی که نتیجه‌اش حتماً شکست است بعمل نیاورد.

ب- رهبری واقع بین نباید خواسته‌ها و تقاضاهایش را بر اساس آخرین و بالاترین امال و آرزوهایش بلکه متناسب با نیروی خویش و نیروی دشمن در دستور روز قرار دهد.

پ- رهبری واقعی در هدف و اصول نباید سازشکار باشد اما در سیاست روز برای رسیدن به برخی هدفهای اعلام شده نه تنها سازشکاری مجاز بلکه ضروری است.

ت- دور ریختن شعار همه چیز یا هیچ چیز ضروری است. دنیای ما دنیای نسبی است باید در چند مرحله به هدف نزدیک شد. به امید ایدال همه چیز یا هیچ چیز، همه چیز را از دست دادن اگرهم ارزش اخلاقی داشته باشد ارزش سیاسی و اجتماعی ندارد.

~~~

اصول و باورهای تعصب‌آمیز گذشته برای رویارویی با اوضاع آشفته و طوفانی حال کافی نیستند؛ نمی‌توانیم از تاریخ بگریزیم.

—آبراهایم لینکلن، ۱۶مین رئیس جمهوری ایالات متحده
~~~

- هفت -

۱- بدبخت‌ترین، ناتوان‌ترین، ترسوترین، بیمایه‌ترین، مفلوک‌ترین، تنبل‌ترین و خطرناک‌ترین مردم کسانی هستند که نقشی در سرنوشت خود بعهده نمی‌گیرند و به هر خفت و فلاکتی تن می‌دهند تا دیگران برایشان سرنوشت تعیین کنند، منتظر می‌مانند تا دیگران بنا به مصالح خود تغییرشان دهند و هرگز به تغییر نمی‌اندیشند، و دایم دیگران را مسئول مشکلات، گرفتاری‌ها، شکست‌ها و فلاکت‌های خود می‌دانند.

۲- واقعیت همیشه آن چیزی نیست که بنظر ما می‌آید پس در داوری، تصمیم‌گیری، برنامه‌ریزی، و اقدامات عملی عجله نکنیم و شتابزده نباشیم بلکه پس از بررسی دیدگاه خودمان و دیگران تصمیم بگیریم.

۳- رهبرانی که اشتباه می‌کنند به صلاح ملک و ملت نیست که در مسند قدرت باقی بمانند زیرا اشتباهات‌شان مرگبار است، و به جامعه و اعضای آن و چه بسا جهانیان آسیب‌های جبران ناپذیر وارد می‌شود.

۴- رهبران تصمیم گیرنده‌ای که بخواهند تاثیرگذار باشند باید از دانش و تجربه لازم برخوردار باشند تا بتوانند در شرایط حساس و خطرناک و بحرانی بهترین و موجه‌ترین و تاثیر گذارترین تصمیمات را بگیرند.

۵- وقتی به دانایی تظاهر میکنیم مروج و تقویت کننده نادانی و جهل هستیم که خود بگونه‌ای جرم محسوب می‌شود. پنهان کردن نادانی ترمزی است در برابر یادگیری و قاتل انگیزه برای آموختن که به کاهش سطح دانایی عمومی در یک جامعه منجر می‌شود و عواقب آشکار و پنهان آن جز واپسگرایی جامعه چیز دیگری نیست. پنهان کردن جهل، نشانه خودخواهی است و همزمان نشانه بلاهت و حماقت.

۶- اهمیت درس‌های شکست به اندازه پیروزی‌هاست. به همین جهت همه ما بویژه رهبران سیاسی، فرهنگی، فکری، علمی،... جامعه باید مدام در حال یادگیری از اشتباهات و شکستهایمان باشیم.

۷- بهترین روشی که می‌توانیم خردمندانه بیندیشیم دوری از احمق‌ها و رفتارهای احمقانه انهاست ولی همزمان یادگیری و تحلیل همان رفتارهای احمقانه هم به خردورزی و خردگرایی کمک می‌کند.

۸- کشور و جامعه‌ای که رهبرانش فاقد وسعت اندیشه و ناتوان از برنامه ریزیهای درازمدت باشند امکان رشد و موفقیت چنان کشور و جامعه‌ای اگر منفی نباشد محدود است.

۹- تعهد رهبران برای کیفیت بالا، ایمنی، و مدیریت بحران‌ها از عواملی هستند که مجریان بهتر آماده پذیرش و انجام کارهای سخت و دشوار، و پر فشار و استرس زا می‌شوند. نتیجه آنکه رهبرانیکه توجهی به کیفیت کار، ایمنی شهروندان ندارند و فاقد مهارتها و دانش لازم برای مدیریت و مقابله با بحران‌ها هستند از خود جامعه‌ای ویران به ارث می‌گذارند.

۱۰- رهبرانی که تصور می‌کنند در دراز مدت از ترس و ارعاب و سرکوب برای مدیریت جامعه می‌توانند استفاده کنند سخت در اشتباه هستند و با چنین روش و برداشتی پایه‌های قدرت خود را لرزان و بی ثبات می‌کنند و به استقبال سقوط خود می‌روند.

۱۱- مهم در انجام مسئولیت برای رسیدن به هدف و پیروزی است، و نه شهرت و افتخار....رهبرانی که فقط به شهرت می‌اندیشند و از مسئولیت اصلی خود در رسیدن به هدف غافل می‌شوند نه تنها به جامعه آسیب می‌رسانند بلکه خود نیز به بی لیاقتی، خودخواهی، عوامفریبی و مسئولیت ناپذیری شهرت می‌یابند، و سرانجام ناکام و درمانده بناچار عرصه سیاست را ترک می‌کنند یا به کنار گذاشته می‌شوند.

۱۲- اشتباهات اجتناب ناپذیر هستند، اما استثناياتی هم هست که برخی از آنها قابل اجتناب هستند. بدترین اشتباهات آنهایی هستند که نیازی به انجام آن‌ها نداشتید یعنی کاری کردید که اصلا نیازی به انجام آن کار نبود و در حین انجام آن اشتباه هم کردید یعنی اشتباه در اشتباه.

۱۳- به مشوق‌ها بیندیشید، قدرت مشوق‌ها را از یاد نبرید و دستکم نگیرید، یک رهبر باید بداند چه چیزی موجب ترغیب و ایجاد انگیزه در دیگران می‌شود، بر آن پافشاری کند و به آن پایبند باشد.

۱۴- اگر افراد تیم یا اعضای جامعه را دوست نداشته باشید انتظار فداکاری از آنها بیهوده است، و اگر آنها را دوست دارید باید مطمین شوید که آنان بدانند که مورد مهر و تفقد شما هستند، باید مطمین باشند که در صورت لزوم شما هم برایشان فداکاری می‌کنید. رهبرانی که انتظار فداکاری دارند ولی خود از دادن هر نوع امتیاز و پاداشی خودداری می‌کنند، و سیاست توهین، تهدید، تحقیر، تهمت و تجاوز پیشه می‌کنند به فنای خود کمک می‌کنند.

۱۵- هیچ رهبری نمی‌تواند و نباید فرصت یابد که ادعای رهبری بزرگ و برجسته کند مگر اینکه کارهای سخت و مهم و مثبت را با موفقیت کامل انجام داده باشد، بر بحران‌ها به بهترین شیوه و با کمترین هزینه فایق آمده باشد، رهبرانی بهتر و باکفایت‌تر از خود برای جایگزینی در سطح جامعه آموزش داده باشد، و بتواند جامعه‌ای بهتر، آبادتر، توسعه یافته‌تر از گذشته برای نسلهای آینده به یادگار بگذارد، و در برابر حوادث متعدد و بزنگاههای تاریخی موضع درست برگزیده باشد.

۱۶- رهبران تاثیرگذار مسئولیت پذیرند، اهداف را می‌شناسند، بر اساس اهداف برنامه ریزی می‌کنند، با ابزار کار کاملا آشنا هستند، پذیرای ایده‌ها هستند، از مشارکت عمومی در اداره امور جامعه استقبال می‌کنند، توان پیش بینی خطرات غیر منتظره را دارند و تجهیزات و امکانات لازم برای مقابله با آنها را آماده می‌کنند، و می‌دانند که پیروزی در انجام مسئولیت و هدف تعیین شده حاصل مجموعه‌ای/ ترکیبی از ایده‌های رهبری/

مدیریتی، تعهد کاری، مشارکت و ایجاد انگیزه، شجاعت و رویا پردازی است، و باور دارند اینها لازم و ملزوم یکدیگرند بدون یکی از آنها انتظار پیروزی عبث است.

۱۷- مدارک تحصیلی لزوما شخص را روشنفکر نمی‌کند، فرد را رهبر فکری نمی‌کند، دارنده مدرک را یک عضو آگاه سیاسی جامعه نمی‌کند، او را دارای شعور اجتماعی و سواد سیاسی نمی‌کند، و لزوما از او یک عضو سازنده جامعه نمی‌سازد.

۱۸- یکی از تفاوت‌های عمده بین یک انسان خردمند و یک فرد احمق در اینستکه خردمند کاملا آگاهست که همه چیز را نمی‌داند در حالیکه احمق مدعی دانستن همه چیز است.

۱۹- در جوامعی که نادانان قدرت را قبضه کرده اند دانایی جرم است.

۲۰- اگر بپذیریم و باور داشته باشیم که رژیم حاکم بر ایران رژیمی است ستمگر و برای تغییر آن برنامه‌ای نداشته باشیم بلکه در تخریب مخالفان آن هم مهارت داشته باشیم دیر یا زود هر یک از ما خود را در زندان‌ها و شکنجه گاههای رژیم خواهیم یافت.

~~~

من کاملاً طرفدار جدائی دین از دولت هستم چون این دو نهاد هرکدام به تنهائی و به اندازه‌ی کافی بر ما ستم روا می‌دارند، پس اگر متحد نشویم ودر کنار هم قرار نگیریم، مرگ ما حتمی است.

—جرج کارلین، اسندآپ کمدین، منتقد اجتماعی، بازیگر و نویسنده آمریکایی
~~~

۱- رفتارهای خود تخریبی در مبارزات علیه حکومت‌های نامردمی نوعی خودکشی است و ادامه مبارزه را متوقف و پیروزی را دست نایافتنی می‌کند.

۲- سپردن اختیارات نامحدود به یک فرد هر چقدر هم که کاردان و دلسوز، مدیر و مدبر، باهوش و دانا، پرکار و با دانش، و با تجربه و آگاه باشد در هر جامعه‌ای به فساد و خودکامگی و خود- محوری آن فرد منجر می‌شود.

۳- جامعه‌ای که با یک بحران مواجه شود احتمالا گروه حاکمه بتواند با آن مقابله کند و راه حلی بیابد ولی اگر همزمان با بحران‌های متعدد روبرو شود، حاصل سیاستهای گروه حاکمه غیر مسئول، ناتوان، مشکل افرین، ناکارآمد، و بی توجه به خواسته‌های اعضای جامعه است. روش موثر و کارساز برای برخورد با بحران‌های همزمان تعویض گروه حاکمه است که هرچند در کوتاه مدت ممکنست مشکلات خاصی در جامعه ایجاد کند ولی در درازمدت اگر گروه حاکمه تازه بر اساس قوانین و اصول دمکراتیک با درنظر گرفتن شایستگی، قدرت درک شرایط و تحلیل آن، تجربه و تخصص لازم برگزیده شود جامعه در مسیر مناسبتری قرار می‌گیرد.

۴- بسیاری از ما در قضاوتهای‌مان و در گزینشهای‌مان ظاهر و قیافه افراد، شعارها و حرفهای‌شان را معیار قرار می‌دهیم تا اینکه توانایی‌های فکری و علمی، شعور و بینش، دانش و وسعت اندیشه افراد را مد نظر و معیار قرار دهیم و همین نقطه آغاز فاجعه و انفجار است.

۵- تاثیر کار داوطلبانه بیش از تاثیر کار بر اساس وظیفه و دریافت مزد است.

۶- معمولا ما اعضای یک جامعه کسی/کسانی که مرتکب جرم/ جنایتی می‌شوند را محاکمه و مجازات می‌کنیم در حالیکه کسانی که شرایط ارتکاب جرم/جنایت را در جامعه بوجود آورده اند یا نمی‌بینیم یا اینکه تحت پیگرد

قانونی و مجازات قرار نمی‌دهیم و این خود یکی از دلایل عمده ادامه جرم/جنایت در جامعه است.

۷- کودکان و نسلهای بعدی را با عشق و مهر بی قید و شرط، بدون تنبیه و خشونت، با انضباط یکنواخت و قاطعیت، با پرسش و چالش و نقد، و در محیطی آرام و دور از جنگ و جدال ببار آوریم تا جوامعی با اعضایی چالشگر، نقاد، خشونت- پرهیز، روادار، قاطع، منظم، مسئول، پرسشگر، مبتکر، و سازنده بنا گذاریم.

۸- زباله‌های مادی خطرناک و زیانبار هستند و البته تهدیدی برای محیط طبیعی ولی زباله‌های فکری و ذهنی بسی خطرناک‌تر. حاملان زباله‌های فکری از قدرتی بی‌نظیر برخوردارند که می‌توانند با افکار و گفتار و رفتار خود زیان‌های جبران‌ناپذیری به جوامع انسانی وارد کنند و در مواردی حتی باعث نابودی جامعه شوند.

۹- مبارزه با فساد اعم از فساد اخلاقی، سیاسی، مالی یا هر نوع دیگری از فساد را به عنوان یک رسالت ملی باید اعلام کرد زیرا بسیاری از بیماری‌های اجتماعی ریشه در فساد دارند. گام اول در مبارزه علیه فساد این است که خود فاسد نباشی و هیچ نیرو و عاملی نتواند ترا به فساد بکشاند. گام دوم در مبارزه با فساد جلوگیری از انتخاب هر عنصر فاسدی به هر منصب ومقامی در جامعه است و اگر کسی بعد از انتخاب و کسب مقام به فساد کشیده شد عزل و برکناری بیدرنگ او ضرورتی انکارناپذیر است.

۱۰- بارها در پراکنده‌گویی‌هایم اشاره کردم که لازمه یک زندگی موفقیت‌آمیز یادگیری «نه» گفتن در جایی که لازم است ولی همزمان ضروری است که یاد بگیریم و آماده «نه» شنیدن هم باشیم. افراد ضعیف، متعصب، ناموفق، فاقد اعتماد بنفس، متکبر، بی تدبیر، و پرتوقع یا هرگز هیچیک از این دو را نمی‌آموزند یا دستکم در یادگیری «نه» گفتن یا «نه» شنیدن مشکل دارند.

۱۱- وقتی با بحران روبرو می‌شویم شاید مشکل اصلی خود بحران نباشد بلکه شیوه مقابله با بحران باشد. بسیاری از ما برای حل بحران به منطق پیش از بحران متوسل می‌شویم در حالیکه هر دوره‌ای از جمله دوره بحران منطق ویژه‌ی خود را دارد و برای حل بحران منطق زمان بحران را باید بکار گرفت و نه منطق پیش از بحران که شرایط را بحرانی‌تر می‌کند.

۱۲- کسانی که از نقد بویژه در عرصه سیاست هراس دارند سودای خودکامگی در سر دارند.

۱۳- رهبری با کمی خودباوری شروع می‌شود، شک و تردید به خود را از خود دور کنید. باور کنید هر فردی بالقوه یک رهبر است اگر به خود باوری برسد.

۱۴- برای باور داشتن به خود از عبارات و جملات زیر استفاده نکنید:

- این کار برایم خیلی دیر شده است.
- موفقیت برای افراد عادی‌ای مثل من نیست.
- من شایسته نیستم که به پیروزی دست یابم.
- در این کار ریسک نکن.
- این کار من نیست، من نمی‌توانم.
- آنچه برای انجام موفقیت‌آمیز این کار لازم است من ندارم.
- دارم وقتم رو توی این کار به هدر میدهم.
- مردم مرا مورد قضاوت قرار می‌دهند.
- هیچکس به کاری که من می‌کنم اهمیتی نمی‌دهد.
- من به اندازه کافی خوب نیستم.
- من باهوش نیستم.
- و شما هم می‌توانید به این لیست اضافه کنید.

۱۵- تعهد به یادگیری مستمر و گسترده عامل پیروزی‌مان است. آنچه یاد می‌گیرید آینده تان را رقم می‌زند.

۱۶- همیشه گفته شد ندانستن عیب نیست. پرسش اینستکه برای دانستن چه می‌توان کرد؟

- دوستی و رابطه با افراد داناتر و باهوش‌تر از خود
- پرسش درباره مفروضات
- حذف «کمال» از فرهنگ لغات خود
- صرف زمان بیشتری برای به چالش کشیدن ایده‌های خود بجای دفاع از آن
- اعتراف به اشتباهات خود، و بی‌وقفه به خود بگویید ممکنست اشتباه کنم
- در جستجوی بازخورد
- یادگیری بی‌وقفه، یادگیری گسترده، یادگیری بی‌قید و شرط

۱۷- اگر اشتباهات‌مان را بپذیریم می‌توانند سودمند باشند. اگر در گذشته تسلیم جو غالب و احساسات شدیم حالا و آینده نشویم. «نفرت» از حکومت اسلامی یک مسأله جدی است ولی نباید ما را نابینا کند تا شیبهای تند، پرتگاههای خطرناک، دره‌های هولناک و کوهستانهای سرد و یخبندان رانبینیم...و جایگزین‌ها را نسنجیم و ارزیابی نکنیم و اندیشه، اهداف، و پیشینه مدعیان آزادی، دمکراسی، عدالت اجتماعی و حقوق بشر را دقیقا مورد بررسی قرار ندهیم.

۱۸- یکی از تفاوت‌های اساسی علم و مذهب شیوه‌ی برخورد با اشتباه است. علم اشتباه خود را می‌پذیرد و به اصلاح آن می‌پردازد ولی مذهب هرگز نمی‌پذیرد که اشتباه می‌کند و حاضر است دست به هر جنایتی بزند تا به توی مخاطب بفهماند که اشتباه نمی‌کند.

۱۹- یکی از ابزارهای مذاهب در ایجاد ترس درمردم و کنترل آنها ترویج خرافات است.

۲۰- به یاد داشته باشیم که در حل مشکلات و تصمیم‌گیری اهداف و اصول را قربانی نکنیم.

~~~

از تاریخ باید درس گرفت. تاریخ را نباید دست کاری کرد، نباید چیزی از رویدادهای آن را پنهان کرد. همه‌ی آنها را بی کم و کاست باید آموزش داد. همه‌ی آنها را باید منتقل کرد. از تاریخ، برای آینده‌ای که پیوسته روز آمد می‌شود باید درس گرفت.

—دکترعبدالحسین نیک‌گهر، جامعه‌شناس، استاد پیشین دانشگاه تهران
~~~

- نه -

۱- یکی از عوامل اصلی عقب ماندگی یک ملت باورمندی به خرافات است و مادام که اندیشه و خرد و علم بر خرافات غالب نشود انتظار توسعه، رهایی و آزادی چنان جامعه‌ای عبث است. گریز و گذر از خرافات سرچشمه و آغاز پیشرفت و رشد است.

۲- یکی از خطرناک‌ترین، و شایع‌ترین بیماری‌های اجتماعی ترس از تغییر است که عاملی بازدارنده در مسیر رسیدن به هدف است.

۳- کارل پوپر می‌گوید: دو چیز انسانیت را در وجود انسانها ازبین می‌برد؛ فریاد وقتی باید سکوت کرد، سکوت وقتی باید فریاد کرد.

سعدی قرنها پیش از پوپر گفت دو چیز طیره عقل است: دم فرو بستن به وقت گفتن، و گفتن به وقت خاموشی.

براستی هر دو زیبا گفتند اما کو گوش شنوا!

۴- بسیاری از افراد از ترس اینکه هدف انتقاد قرار گیرند می‌ترسند و برای گریز از آن ترجیح می‌دهند نه تصمیمی بگیرند، نه مسئولیتی بپذیرند، نه اقدامی کنند، نه حرفی بزنند، نه چیزی بنویسند و نه در مکان عمومی حضور یابند. انتقاد ناپذیری و ترس از انتقاد هر دو زیانبار و خطرناک هستند ولی خطرناک‌تر خود سانسوری این افراد از ترس از انتقاد است که میدان را برای تاخت و تاز بی مایگان، اراذل، ابلهان و متوهمان خالی می کنند .

۵- رژیم اسلامی ایران این گفته جوزف گوبلز را یا هرگز یاد نگرفته یا فراموش کرده که گفت: هیچگاه مردم کشورت را عناصر دشمن نخوان، زیرا دوحالت دارد یا آنقدر ظالم بوده‌ای که مردمان دشمنت شدند، و یا آنقدر ضعیف

بوده‌ای که دشمنانت مردمت را کنترل می‌کنند. بنظرم رژیم حاکم بر ایران هم ظالم است و هم ضعیف.

۶- هر چقدر بدانی، هر چقدر کتاب خوانده باشی و بخوانی، هر چقدر دیده و شنیده و یاد گرفته باشی مادام که برای تغییرات بنیادی در خود، تلاش برای پاکسازی ذهن خود از آموزه‌های مضر و غیر مفید و بیهوده و خرافات، و مبارزه و پیکار برای تغییرات همه جانبه و ریشه‌ای در جامعه و نهادهای منفی و ویرانگر و زیانبار آن مبارزه خستگی ناپذیر در پیش نگیری، نادان هستی. دانایی در تلاش و مبارزه برای تغییرات ضروری خلاصه می‌شود. اما این را هم همینجا اضافه کنیم که دانستن و کتاب خواندن و دیدن و شنیدن یادگیری مهمتر از مدارک تحصیلی است .

۷- تا حصارها و دیوارهای دور فکرت را فرو نریزی انتظار آزادی، آرامش خیال، و اندیشه پیشرو و منسجم توهمی بیش نیست.

۸- اگر ارزش‌هایت، خواسته‌هایت، رویاهایت، اهدافت، و آرمان‌هایت به زندگیت معنا نمی‌بخشد بهترست در آنها تجدید نظر کنی.

۹- بکوش شرافت را از راه برتری دادن منافع عمومی بر منافع خصوصی ات، تلاش و مبارزه برای خوشبختی انسان، و گزینش مرام انسانیت و ترویج آن کسب کنی تا ماندگار باشی.

۱۰- اگر ارزشمندی خود را منوط به نظر دیگران بدانی مطمین باش به کژ راهه می‌روی و باید در افکار خود تجدید نظر کنی.

۱۱- اگر زمانی را که صرف کارهای غیر ضروری یا بیهوده و صرف نق زدن، شایعه پردازی، غیبت کردن، تهمت زدن، و تخریب کردن دیگران می‌کنی صرف فرهنگ سازی، آگاهی بخشی، و سازندگی کنی یقینا زندگی یی آرام تر و جامعه‌ای سالمتر خواهی داشت.

۱۲- رهبران و مدیرانی که از تفویض اختیار به اعضای تیم‌شان خودداری می‌کنند، و همچنین به رویکرد مدیریت و رهبری جزنگر/خرد روی می‌آورند

بسوی خودکامگی پیش می‌روند؛ به اعضای تیم خود اعتماد ندارند؛ از رشد فکری، حرفه‌ای، اجتماعی، ... اعضای تیم جلوگیری می‌کنند؛ عمدتا جانشینان‌شان ناتوان، ناآگاه، بی تدبیر، ... هستند؛ و جامعه و سازمانی ناکارآمد، شکست خورده، و دارای مشکلات گوناگون اگر نه بحرانی یا پر هرج و مرج از خود بجا می‌گذارند.

۱۳- اندیشمندان علم سیاست رژیم‌های تیوکراتیک (تحت حاکمیت روحانیون)، نظامی/میلیتاریستی، رییس جمهوری/دیکتاتوری مادام العمر، کمونیستی(استالینیستی، مایوییستی، مارکسیستی،لنینیستی،...)، سلطنتی سنتی(و نه مدرن و مشروطه)، و فاشیستی از جمله نازیسم و فالانژ را رژیم‌های سیاسی غیر دمکراتیک می‌دانند. تاسف اینکه در حال حاضر هواداران همین گرایشات و رژیم‌های سیاسی خود را پرچمداران آزادی و دمکراسی می‌دانند، و هر آنکه مانند انها نیندیشد در کنار رژیم آخوندیسم و همراه آن مورد بدترین اتهامات قرار می‌گیرند، و این منادیان دمکراسی(که اکثریت‌شان حتی با اصول دمکراسی بیگانه هستند و سر ستیز دارند) چنان فضای مسمومی در رسانه‌های اجتماعی بوجود آورده اند و طوری عمل می‌کنند که به جز خودشان انگار کسی دیگر حق استفاده از رسانه‌های اجتماعی را ندارند و در تلاشند تادگراندیشان به خودسانسوری روی اورند و خود هر نوع که بخواهند در فضای مجازی تاخت و تاز کنند.

۱۴- قضاوت آسان‌تر از فکر کردن است و دقیقا به همین جهت بیشتر ما پیش از فکر کردن به قضاوت می‌نشینیم، پیش از تجزیه و تحلیل به قضاوت می‌نشینیم، پیش از بررسی و واکاوی به قضاوت می‌نشینیم،... و بیشتر مواقع هم قضاوتهای نادرست درباره دیگران، درباره اعضای خانواده، دوستان، بستگان، همسایگان، همکاران تا چهره‌های هنری، فرهنگی، ورزشی، رسانه‌ای، سیاسی، علمی، اجتماعی،... میکنیم. خوانندگان این پراکنده گویی‌ها و بویژه این بند درباره هیچکسی و هیچ رویدادی قضاوت بدون شناخت، عجولانه و بی اندیشه نکنید.

۱۵- تا از خود شناخت کامل نداریم، تا عملکرد و دستاوردهای خود را ارزیابی دقیق نکردیم، تا از اهداف خود بطور شفاف حرف نزدیم، تا مسئولیت نتایج تصمیمات نادرست و نسنجیده خود را نپذیرفتیم،... و بخواهیم به قضاوت درباره دیگران بپردازیم قصدی جز توهین به شعور، فهم و درک، استعداد، و دستاوردهای دیگران نداریم.

۱۶- کودکان، نوجوانان و جوانان امروز ایران رهبران و مدیران و گردانندگان ایران فردا هستند. حاصل کمترین کوتاهی در آموزش و پرورش آنها خسارات جبران ناپذیری است بر کل پیکر ایران فردا. در این روند همه نهادهای دولتی، خصوصی، مدنی، اجتماعی، آموزشی، فرهنگی، و تک تک شهروندان ایران نقش دارند و هر نوع سهل انگاری و تصمیمات نسنجیده نابخشودنی است.

۱۷- حافظ می‌گوید «رهرو آن نیست گهی تند و گهی خسته رود/ رهرو آنست که آهسته و پیوسته رود». در روند رشد و پیشرفت آنچه که مهمتر است پیوستگی است و نه سرعت. می‌توانیم کند و آهسته و بطئی برویم ولی نایستیم و به رفتن ادامه دهیم. رمز رشد، پیروزی، و تحقق هدف در حرکت پیوسته است .

۱۸- در روند مبارزه بایستی آگاهانه، فعالانه، نقادانه، واقعبینانه، با ذهنی باز و مجراهای مختلف، گوشهای شنوا و آینده نگری با طرز تفکرات مختلف، گرایشهای متفاوت، و موانع و توطئه‌ها و کارشکنی‌های دوستان و رقیبان و دشمنان برخورد کرد. هر نوع اشتباه و تصمیم نادرستی ممکنست مسیر مبارزه را به کژراهه بکشاند.

۱۹- راه پیروزی با کاربرد منطق مورچگان: هرگز تسلیم نشو، آینده را ببین، به آینده بیندیش، آینده نگر باش، مثبت بمان، مثبت اندیش باش، چیزهای مثبت را ببین، همه تلاشت را بکن، از همه نیروها و امکانات خود استفاده کن. همکاری، نوع‌دوستی، انعطاف‌پذیری، خودمدیریتی و ازخودگذشتگی و قربانی کردن خود را بیاموز.

۲۰- حتی رژیم‌های دیکتاتوری و خودکامگان از دمکراسی می‌گویند، ما هم در پی دستیابی به حکومت دمکراسی هستیم و بسیاری از ما از دمکراسی رای اکثریت را مد نظر داریم. چقدر زیباست عبارت مشارکت حداکثری در یک حرکت سیاسی یا حتی غیر سیاسی. اما کمتر گفته شده که لزوما هر اکثریتی درست نمی‌گوید و حق با هر اکثریتی نیست. توجه داشته باشید که رای اکثریت نخستین گام دمکراسی است بقیه گام‌ها یادتان نرود تا مجبور نشوید بگویید فریب خوردیم!

~~~

بدترین بلایی که ممکنست گریبان یک ملت را بگیرد، این است که فاسدترین قشر اراذل و اوباش جامعه، به حکومت برسند.

—آرتور شوپنهاور؛ فیلسوف آلمانی و یکی از بزرگترین فلاسفه‌ی اروپا در حوزه‌ی اخلاق، هنر، ادبیات معاصر و روان‌شناسی مدرن
~~~

۱- برای تحقق اهداف آرمانی در کنار عوامل مختلف، نظم و انضباط یک ضرورت انکارناپذیر است.

۲- بسیاری از اعضای جامعه انسانی فکر می‌کنند تا زمانی که اتفاقی نیفتاده مطمئنا فاجعه هم رخ نمی‌دهد، در حالیکه فجایع عمده‌تر زمانی اتفاق می‌افتند که هیچ حرکتی صورت نمی‌گیرد، هیچ جنبشی شکل نمی‌گیرد، هیچ تغییری پیش نمی‌آید و همه چیز ثابت است و در سکون. در چنین حالتی ما با فاجعه روبروییم. حکومت‌های توتالیتر بخودی خود یک فاجعه هستند زیرا مانع حرکت، جنبش و تغییرات هستئند، این حکومت‌ها فاجعه‌ای برای کل بشریت هستند.

۳- مهم نیست که دیگران چگونه مغرضانه یا منصفانه ما را مورد داوری و قضاوت قرار می‌دهند بلکه مهم انستکه ما خود در خلوت خود چگونه منصفانه خود را داوری می‌کنیم.

۴- از نفهمیدن مطلبی/چیزی/پدیده‌ای نگران و هراسان نشویم بلکه به تلاش برای فهم آن ادامه دهیم تا بفهمیم. اگر مطلبی می‌خوانیم و نمی‌فهمیم ناامید نشویم، فکر نکنیم که توان فهم آن را نداریم بلکه باید دوباره، سه باره،... بخوانیم، باید بر خواندن تمرکز بیشتری کرد و دقت بیشتری بکار برد. تمرکز بیشتر، تکرار، تفحص، تامل، تعقل، تفکر، تدقیق، و تمایل و تلاش به فهمیدن رموز پایان بخشیدن به نفهمیدن هستند.

۵- توهم و متوهم خطرناک‌اند. شخص متوهم خود را بزرگ‌تر از انی که هست می‌بیند، داناتر از آنچه هست می‌داند، تواناتر از توان واقعی‌اش خود را نشان می‌دهد،... و این خطرناک است. افراد متوهم عمدتا راه یادگیری، اصلاحات،... را می‌بندند؛ از مقایسه، نقد، رقابت،... هراس دارند.

۶- زندگی‌مان از اندیشه‌های‌مان جدا نیست. اگر خواهان تغییر در زندگی‌مان هستیم با تغییر اندیشه‌هایمان شروع کنیم و نه با تغییر کفشها و لباسها و جواهرات‌مان.

۷- برای یک جامعه و برای نسل امروز و فردای آن بلایی بس بزرگ خواهد بود که آموزش دهندگان کودکان و نوجوانان آموزش ندیده‌ها باشند.

۸- از قول زرتشت گفته شده که «برحذر باشید که مبادا نادان‌ها دنیا را در سیطره قدرت خود بگیرند و دانایی جرم تلقی شود.» ازاین گفته دستکم ۳ هزار سال می‌گذرد ولی هنوز با گسترش دانش بشری حتی بسیاری از کسانی که دانا هستند یا تظاهر به دانایی می‌کنند زمام امور خود را به همان نادان‌هایی می‌سپارند که زرتشت نگران آن بود، و شگفتا که امروز همان نادان‌ها دانایی را جرم می‌دانند و برایش مجازات در نظر می‌گیرند!

۹- با هر عقیده، تفکر، ایدیولوژی و دینی که خود را کامل بداند و هیچگونه انتقادی را پذیرا نباشد و حتی منتقدین خود را به روش‌های مختلف مورد ایذا و آزار قرار دهد مبارزه‌ای پیگیر با هدف محو آن امری ضروری و یک رسالت انسانی است.

۱۰- خود را برای پیروزی آماده کنیم. اگر برای پیروزی آمادگی نداشته باشیم وقتی فرصت واقعی برای پیروزی امکان می‌یابد به آسانی آن فرصت را از دست می‌دهیم.

۱۱- مهم‌ترین چیزهای زندگی‌مان راتعیین کنیم و اولویت‌ها را به آنها بدهیم. اگر در تعیین اولویت‌ها کوتاهی کنیم بعید است که به پیروزی برسیم.

۱۲- برای تصمیم‌گیری به آنچه که در گذشته باید می‌کردیم و فرصت و امکانات انجامش را داشتیم و نکردیم، و همچنین آنچه که کردیم ولی نسنجیده و بدون برنامه‌ریزی کردیم و نتیجه مطلوب حاصل نشد را باید مد نظر قرار داد. دانستن چرایی نکردن با وجود داشتن امکانات و فرصت، و

چرایی نسنجیده عمل کردن و نتیجه مطلوب نگرفتن هر دو در تصمیم‌گیری‌ها مهم هستند.

۱۳- دیکتاتورها و آنچه که می‌کنند، و آنچه برای زندگی مردم لازم است و نمی‌کنند وحشتناک و دردناک هستند ولی فراموش نشود که سرتاسر وجود هر دیکتاتوری از شما اگر آگاه باشید هراسان است. برای مبارزه با دیکتاتور و دیکتاتوری هیچ حربه‌ای کاراتر و موثرتر از آگاه بودن نیست. پس در مبارزه با دیکتاتور و دیکتاتوری بی‌وقفه به آگاهی خود کمک کنید و آن را افزایش دهید و در آگاه کردن دیگران و پخش آگاهی سخاوتمندانه و صادقانه عمل کنید.

۱۴- دروغگویی در هر شکل آن محکوم است و دروغگو یک مجرم است و باید در قوانین کشورها دروغ به عنوان جرم در نظر گرفته شود. ما هم که دروغ را می‌شنویم و کاملا می‌دانیم که دروغ است و آن را می‌پذیریم یا سکوت میکنیم و دروغگو را به چالش نمی‌گیریم، از او انتقاد نمیکنیم و به نحوی دروغگو و دروغ را تایید می‌کنیم هم شریک جرم هستیم، و هم به راهی می‌رویم که در نقطه پایانی‌اش و اگر نه زودتر یک دروغگو می‌شویم. دروغگویی ابزاری است که مخصوصا دیکتاتورها بطور مستمر از آن استفاده می‌کنند. پس بیاییم آنها را از استفاده ازاین ابزار با افشاگری دروغ‌های‌شان محروم کنیم.

۱۵- هر تلاشی، هر مبارزه‌ای، و هر تصمیم و اقدامی که با هدف خوشبختی انسان صورت نگیرد بی ارزش است همانطور که هر مدال افتخار، هر جایزه‌ای، هر مدرک تحصیلی، و هر پاداشی که نتیجه تلاش یا انگیزه مبارزه یا هر دو برای خوشبختی انسان و ترویج مرام انسانیت نباشد فاقد ارزش است و باید دور ریخته شود.

۱۶- سطح انتظارات خود را همیشه بالاتر ببریم تا در واقعیت به آنچه دست یابیم که حق خود و خود را شایسته آن می‌دانیم. مثلا در مبارزات ضد دیکتاتوری اگر به حداقل رضایت دهیم همیشه سایه دیکتاتوری بر سرمان

باقی خواهد ماند. در مدرسه همیشه انتظارات‌مان را در حد کسب عالیترین نمره نگهداریم تا نمره‌ای را که سزاوار آن هستیم بتوانیم کسب کنیم.

۱۷- در جامعه دیکتاتوری انتخاب بین بد و بدتر، اصولگرا و اصلاح طلب، و تندرو و میانه رو خودفریبی و توهین به شعور خود و مردم آن جامعه است.

۱۸- شرکت در «انتخابات» نمایشی، مهندسی شده و فرمایشی یعنی رای دادن به نقض حقوق بشر، یعنی رای (ولو رای سفید)به بقای رژیم جهل و جنون و جفا و جنایت، یعنی تایید تبعیض، تروریسم، تهدیدات متعدد، تحقیر و توهین، یعنی طرفداری از رژیم خودکامه، یعنی حمایت از عامل ویرانی ایران و سرافکندگی ایرانی در جهان، یعنی پذیرش فساد، یعنی توهین به شعور خود و مردم ایران...

۱۹- اگر رویایی داریم در تحقق آن سخت کوشا باشیم وگرنه مزدور دیکتاتورها و خودکامگانی خواهیم شد تا رویاهای آنها را تحقق بخشیم. اگر ایده‌ای داریم در پیاده کردن آن کوشا باشیم تا مجبور نشویم تسلیم دیکتاتورها برای اجرای منویات آنها شویم.

۲۰- بیش از چهل و پنج سال گذشته در «انتخابات» مختلف با وعده و وعیدهای دروغین غارتگران، مفسدین و جنایتکارانی را انتخاب کردیم. آیا چیزی در جامعه ایران تغییر مثبت کرده؟ آیا چیزی روبه بهبودی رفته؟ آیا بیکاری کاهش یافته؟ آیا ماجراجویی کم شده؟ آیا فساد مهار شده؟ آیا وضعیت معیشت عامه مردم بهتر شده؟ آیا ارعاب و سرکوب و خشونت ازبین رفته؟ آیا ابعاد نقض حقوق بشر کاسته شده؟ ایا چیزی اصلاح شده؟ ...آیا از خود پرسیدیم چرا باید رای دهیم؟ رای دادن در یک جامعه دیکتاتوری نه تنها چیزی را تغییر نمی‌دهد بلکه تضمینی است برای بقای رژیمی که مشروعیت خود را ازدست داده است. با خود عهد کنیم از رای دادن خودداری کنیم تا جامعه جهانی عملا بفهمد که رژیم اسلامی فاقد هر نوع مشروعیتی از دید ملت بزرگ ایران است.

۲۱- به راستی در مورد یک رژیم سیاسی که فرزند وزیر اطلاعاتش، برادر معاون اول رئیس جمهورش، فرزندان رئیس مجمع تشخیص مصلحتش، نوه بنیانگذارش، فرزند تئوریسینش (مطهری)، نمایندگان چند دوره مجلسش، بسیاری از مدیران چند ماه قبل و سابقش، نخبگان و دانشگاهیانش، وووووو صلاحیت ورود به مجلسش را ندارند، دیگران چه قضاوتی میکنند؟ آیا هنوز نمیخواهیم به پند تاریخ گوش دهیم و آن را راهنمای خود قرار دهیم؟ آیا هنوز به سارقان آرا مردم دلبسته‌ایم؟ آیا هنوز تصور میکنیم چنین رژیمی اصلاح پذیر است؟ آیا هنوز فکر می‌کنیم چنین رژیم حکومتی با اتخاذ تصمیماتی، تدوین قوانینی و اعمال سیاستهایی به نفع مردم اقدام می‌کند؟ اگر چنین فکر می‌کنیم برای خودمان و ملت ایران متاسفم!

~~~

کسی که بسیار می‌خواند و می‌داند ولی به هر دلیلی وارد مبارزه برای «تغییر» نمی‌شود، مثل فروشگاهی است که بر در ورودی آن نوشته‌اند: «تعطیل است!»

—آبراهام لینکلن، ۱۶مین رئیس جمهوری آمریکا
~~~

- یازده -

۱- بسیاری از ما به بلای بسیار بزرگی دچار هستیم یعنی 'ترس از تغییر'، و بسیاری دیگر که در برابر هر تغییری ایستادگی می‌کنند با تبلیغات پر هزینه بر ترس ما می‌افزایند ولی واقعیت اینستکه 'رهایی از ترس' به معنای آزادی گام برداشتن به جلو است. انانیکه تلاش می‌کنند ترس ما را تقویت کنند با آزادی و حرکت ما به پیش وحشت دارند. پس بر ماست که فریب تبلیغات دروغین آنها را نخوریم و بعکس وحشت و هراس آنها را با رهایی خود از ترس و آزادی حرکت و مبارزه برای تغییر صدچندان کنیم.

۲- کاری را بدون درنظر گرفتن پایان آن آغاز نکنیم، راهی را بدون دانستن انتهای آن شروع نکنیم، مبارزه‌ای را بدون هدف و داشتن نقشه راه رسیدن به هدف آغاز نکنیم. بهترین زمان شروع هر کاری زمانی است که توجه دقیق به پایانش داشته باشیم.

۳- تا از دلبستگی‌ها خود را رها نکنیم آزادی عمل ما محدود خواهد بود. رهایی از دلبستگیهاست که آزادی دامنه اقدامات ما را گسترش می‌دهد و با ذهن ازاد و اندیشه مستقل می‌توانیم مبارزه ی خستگی ناپذیر برای رسیدن به اهداف‌مان را پیگیری کنیم.

۴- اگر خواهان تغییر هر چیزی هستی نقطه آغاز تغییرات مورد نظرت تغییر طرز تفکر خود است تا نتوانی به این مهم بیندیشی و افکار خود را تغییر دهی نه تنها تغییر مثبت و رشد و پیشرفتی را تجربه نخواهی کرد بلکه مسیری را در پیش گرفته‌ای که نتیجه‌ای جز فرسودگی، ایستایی، پوسیدگی، و نابودی نخواهد داشت.

۵- یکی از اصول انکار ناپذیر هستی تغییر است. البته که هر تغییری مثبت نیست و چه بسا ویرانگر و فاجعه‌آمیز هم باشد ولی ایستایی، تغییر ناپذیری، و مقاومت در برابر تغییرات مثبت هم بسی خطرناک است. این برماست که

روش مقابله با تغییرات منفی و ویرانگر را یاد بگیریم و کوشش کنیم که حتی از تغییرات منفی به عنوان فرصت برای سازندگی، آفرینش، پیروزی، و رشد و پیشرفت بهره گیریم.

۶- با استعداد و با هوش بودن از مزیت‌های خوب است که شاید بسیاری از افراد جامعه از آن بی بهره باشند اما مهم‌تر از آن هنر داشتن «توانایی عمل کردن» است. شما شاید از استعداد و هوش عادی برخوردار باشید ولی اگر هنر داشتن «توانایی عمل کردن» بهره‌مند باشید فرد موفقی خواهید شد ولی اگر از هوش و استعداد بالا برخوردار باشید بدون هنر «توانایی عمل کردن» هیچ تضمینی برای موفق شدن و پیروزی نیست.

۷- زنده بودن، زندگی کردن، انسانی زندگی کردن سه مقوله جدا از هم است. در جهان ما آنچه فراوان است زنده‌ها هستند و آنچه کمبودش محسوس است زندگی انسانی کردن است و همین کمبود شاید یکی از منابع اصلی بسیاری از مشکلات و مسایل جهان ماست.

۸- ما می‌توانیم استاد دانشگاه باشیم، سیاستمدار باشیم، مدارک بالای دانشگاهی داشته باشیم، پزشک باشیم، هنرمند باشیم، ورزشکار باشیم، وکیل مجالس قانونگذاری باشیم، شاعر باشیم، حقوقدان باشیم، مهندس باشیم، ادعای رهبری داشته باشیم، ... ولی بیشعور باشیم، انسانی زندگی نکنیم، پیرو مرام و آیین انسانیت نباشیم. شعور داشتن، انسانی زیستن و بر اساس آیین انسانیت عمل کردن بدون مسئولیت پذیری امکان پذیر نیست. اگر مسئولیت اندیشه‌ها، گفتارها و کردارهای خود را نپذیریم شعور نداریم، «نا انسان» هستیم و انسانی زیست نمی‌کنیم.

۹- از اقلیت بودن ترس و هراسی نداشته باشیم ولی نگران آن باشیم که فریبکاران و تبهکارانی با سوءاستفاده از اکثریت نادان و بنام آن اکثریت نادان زمام امورمان را بدست گیرند و زندگی من و شما را تباه کنند ولی ما در حد تماشاگر باقی بمانیم و بر نخیزیم.

۱۰- بر همه چیز نتوان تمرکز کرد، با همه کس نتوان دوست شد، با همه نتوان یکسان رفتار کرد، همه چیز را نتوان کسب کرد، هر نوشته‌ای را نتوان خواند، هر مسیری را نتوان برگزید، به درخواست هر کسی و در هر شرایطی نتوان پاسخ مثبت داد و بله گفت، در هر محفل و مجلسی نتوان حاضر شد، هر طرح و پیشنهادی را نتوان پذیرفت، هر کاری را نتوان کرد، هر مقام و سمتی را نتوان قبول کرد، با هر کسی نتوان همکاری، زندگی، شراکت، رفت و آمد، گفت و گو، و رقابت کرد، و به عنوان یک انسان که می‌خواهیم زیست انسانی داشته باشیم نتوان در انزوا و تنهایی زیست پس باید حق انتخاب آزاد داشته باشیم تا بتوانیم کی و چی را برگزینیم و کی و چی را ترک و طرد کنیم.

۱۱- مثل نسلهای پیش از خود فکر نکنیم زیراکه شرایط زمانه آنها با شرایط زمانه ما همسان نیست، در دو فضای متفاوت آموزش و پرورش یافته‌ایم، با افراد متفاوتی همنشین بوده‌ایم، با مسایل و مشکلات متفاوتی درگیر بوده‌ایم، امکانات و محدودیتهای‌مان یکسان نبوده، ...به عنوان نسل تازه‌تر به فکر نوینی نیاز داریم که باشرایطی که دران زندگی می‌کنیم و اهدافی که داریم هماهنگی داشته باشد و ما را به هدف‌مان برساند. استفاده از فکر نسل پیشین برای حل مسایل امروز بهمان اندازه خطرناک است که کاربرد ابزار و نهادهای گذشته برای زندگی امروز.

۱۲- جلیل محمد قلی زاده، بنیانگذار روزنامه «ملا نصرالدین» بیش از یک قرن پیش متوجه خطر آخوندهای شیعه شده بود و به مردم هشدار داده بود ولی ظاهراً کمتر کسی به آن توجه کرد. در ۱۳۵۷ هم دکتر شاپور بختیار درباره‌ی آخوند و حکومت آخوندی هشدار داد و باز هم کمتر کسی به آن توجه کرد و به عکس، دانشگاهیان، «روشنفکران، و نیروهای مترقی» خود را تسلیم آخوندها کردند تا ایران را ویران کنند. براستی چرا؟

۱۳- تفکیک کارها و وظایف مهم از کارها و وظایف پیش پا افتاده و کم اهمیت‌تر، و با اولویت دادن به کارهای مهم در برنامه ریزی تقسیم کار و توزیع منابع در هر سازمانی، گروهی، جامعه‌ای، جنبشی، و حتی

خانواده‌ای از اهمیت ویژه‌ای برخوردار است، و از اتلاف وقت و منابع جلوگیری می‌کند، به کاهش هزینه‌ها کمک می‌کند، در تسهیل روند انجام و در بالابردن کیفیت نتیجه کار تاثیر مثبت دارد.

۱۴- زمانی شعارها بر اساس «اتحاد، مبارزه، پیروزی» تنظیم می‌شد ولی همه امروز علیرغم اینکه به «پیروزی» فکر می‌کنند به جای اتحاد، افتراق پیشه کرده‌اند، و به جای مبارزه علیه دشمن اصلی و واقعی در تخریب و تضعیف هم تلاش می‌کنند و همدیگر را اماج انواع تهمت و تهدید و دشنام قرار می‌دهند و آگاهانه یا ناآگاهانه به سربازان بی مزد و مواجب(شاید هم با مزد و مواجب و وعده‌های پوچ و غیر عملی) رژیم اسلامی تبدیل شده اند.

۱۵- صائب تبریزی:

«زنامردان علاج درد خود جستن، بدان ماند
که خار از پا برون آرد کسی با نیش عقرب‌ها»

چقدر این بیت شعر صائب که قرن‌ها پیش سروده در مورد بخشی از اپوزیسیون رژیم اسلامی حاکم بر ایران صدق می‌کند.

۱۶- صائب تبریزی در جای دیگر می‌گوید:

«در سخن گفتن خطای جاهلان پیدا شود
تیر کج چون از کمان بیرون رود رسوا شود»

وقتی این بیت زیبای صائب را گاه و بیگاه زمزمه می‌کنم به یاد بسیاری از مخالفان رژیم حاکم تهران و تحلیل‌های ابکی و پای منقلی‌شان می‌افتم، و به تیره روزی ملت ایران که از یک سو قربانی ستم ستمگران حاکم هستند و از دگر سو شنونده تحلیل‌های بی پایه شماری از باصطلاح مخالفان و بسیاری از هواداران رژیم اسلامی، در اندیشه فرو می‌روم و به شوربختی ملت ایران تاسف می‌خورم و با یادی از ناصر خسرو می‌گویم که از ماست که بر ماست.

۱۷- از مخالفان مطالعه تاریخ و گذشته، و موافقان نگهداشتن توده در ناآگاهی تاریخی متحیرم که حتی زحمت به خود نمی‌دهند که با یک بررسی و جستجوی کوتاه مدت بفهمند چه تعداد از دانشگاه‌ها و نهادهای آموزش عالی رشته تاریخ تدریس می‌کنند، حتی دپارتمان تاریخ دارند و چه تاریخدانان برجسته‌ای در این دانشگاه‌ها و پژوهشکده‌ها به تحلیل تاریخ مشغولند. اگر کمی بخود زحمت بدهند و ببینند که چه رشته‌های فرعی در تاریخ در دانشگاه‌ها مثل تاریخ علم، تاریخ سیاست جهان، تاریخ ادیان، تاریخ اقتصادی، تاریخ اجتماعی، تاریخ فرهنگی، تاریخ روابط بین‌المللی، تاریخ مناطق مختلف جهان، تاریخ کشورهای جهان، تاریخ انقلابات، تاریخ مشرق زمین، تاریخ تمدن، تاریخ ادبیات، تاریخ هنر و،...اگر بخواهیم این لیست شاخه‌های تاریخ را که در سطح آموزش عالی تدریس می‌شوند را تکمیل کنم چندین صفحه را دربر خواهد گرفت، اگر تعداد کتابهای تاریخ و مقالات تاریخی که در طول سال منتشر می‌شود را هم اضافه کنم بیشتر از مخالفان مطالعه تاریخ و هواداران نگهداشتن مردم در تاریکی و ناآگاهی تاریخی شگفت زده می‌شویم چون مطمینا این دانشگاه‌ها و استادان و پژوهشگران اگر بیش از مخالفان مطالعه تاریخ و هواداران نگهداشتن توده در ناآگاهی تاریخی ندانند نادان‌تر از آنها نیستند. نتیجه می‌گیریم که مخالفان مطالعه تاریخ و هواداران نگهداشتن توده در ناآگاهی تاریخی یا نادان و ابله‌اند یا مغرض و اهداف خاصی را برای منافع شخصی دنبال می‌کنند یا حقوق بگیران دشمنان تاریخ بطور کلی یا جوامع و کشورهای خاصی هستند!

۱۸- شوربختانه، کم نیستند در میان ایرانیانی (قصد توهین به کسی نیست) که هنوز در دهه‌های گذشته زندگی می‌کنند و همچنان همان افکار دهه هفتاد خود را در این منبر یا در رادیوها یا تلویزیون‌های خودفروخته و وابسته تکرار می‌کنند که انگار توجه ندارند ۵۰ سال گذشته، و اندوخته ۵۰ سال گذشته تان چیست! شوربختانه بخشی از جامعه ایرانی درون و برون انگار (خدای ناکرده!) به انجماد مغزی مبتلا شده اند که بقای رژیم حاکم بر ایران را تضمین کرده است.

۱۹- زیگموند فروید:

«اولین نشانه حماقت مطلق، نبود شرم است.»

پس تعجب نکنید که چرا ایران در پرتگاه سقوط قرار گرفته است و با بحران‌های متعدد بی‌سابقه روبروست. آیا کسی را در حکومت ولایت فقیه(بخوانید وقیح) می‌شناسید که شرم داشته باشد و وقیح نباشد. اگر گفته فروید را بپذیریم به این باور می‌رسیم که ایران تحت سلطه احمق‌های مطلق قرار دارد و آنچه در ایران می‌گذرد فقط می‌تواند نتیجه تصمیمات و اقدامات احمق‌های مطلق باشد و بس!

۲۰- تری ایگلتون، نظریه پرداز ادبی، منتقد و روشنفکر بریتانیایی:

«شیر از رام‌کننده‌ی خود قوی‌تر است. این را رام کننده می‌داند، مهم این است که شیر نمی‌داند...»

شوربختانه، هنوز بخشی از ملت ایران نمی‌داند که از سید علی خامنه‌ای و اوباش هوادار او قوی‌ترند ولی خامنه‌ای و چاقوکش‌های طرفدار او کاملا به این موضوع آگاهی دارند، و همین آگاهی انهاست که به هر وسیله‌ای برای سرکوب و ارعاب شما شیران قوی ایران متوسل می‌شوند تا شما را رام نگهدارند. باز هم تاکید می‌کنم آگاهی ملت ایران به قوی‌تر بودن خود از رژیم حاکم بر ایران راه حل نهایی ایران برای رهایی سلطه حاکمان اسلامی است.

~~~

دانش شما بسیار مهمتر از مدرک شماست.

—پل ادرین موریس دیراک، فیزیک‌دان و ریاضی‌دان برجسته‌ی بریتانیایی، از پایه گذاران مکانیک کوانتومی، و برنده جایزه فیزیک نوبل سال ۱۹۳۳ در سن ۳۱ سالگی.
~~~

- دوازده -

۱- شاید احمقانه باشد با اصلاحات مخالف باشیم ولی زمانیکه مدعیان اصلاحات کارنامه شکست‌خورده‌ای به جا می‌گذارند و حاکمان وقت در برابر هر نوع اصلاحات سرسختی و مقاومت می‌کنند دیگر مخالفت با اصلاحات نه تنها احمقانه نیست بلکه خردمندانه است که رویکردهای دیگری را برای تغییرات مثبت ومطلوب در جامعه در پیش گرفت.

۲- رهبران باهوش نه تنها با اصلاحات مشکلی ندارند بلکه پیشگام هم می‌شوند و از دیگران هم کمک میطلبند تا در مسیر اصلاحات همکاری و مشارکت کنند ولی رهبران کم هوش و متنفر از اصلاحات حاضرندغرق در نارسایی‌ها، بحران‌ها، و اماج ایرادها و انتقادها و دشنام‌ها قرار گیرند و در برابر اصلاحات مقاومت کنند غافل از اینکه هر جامعه‌ای از ظرفیتی برخورداراست و مقاومت حاکمان مخالف اصلاحات رادر حد ظرفیت خود بناچار تحمل می‌کند ولی فرجام چاره کار را در رویکردی می‌بیند که به قدرت حاکمان مخالف اصلاحات و مدعیان شکست خورده اصلاحات پایان دهد. جامعه ایران به چنان مرحله‌ای رسیده است.

۳- رهبران تاثیرگذار همیشه آماده یادگیری و گوش دادن هستند، و فکر مثبت، ذهن باز، بینش ژرف، ونگرش واقع‌بینانه و آینده محور دارند، پیوسته پیگیر اصلاح و بهبود امور هستند، و از تجربیات وتخصص‌ها استقبال می‌کنند.

۴- یکی از پرسش‌هایی که هر عضو جامعه باید از خود کند این است که«از حاصل کار من چه کسانی بهره‌مند می‌شوند؟» اگر پاسخ ما هریک از گزینه‌های زیر باشد باید در کار خود تجدید نظر کنیم: «برایم مهم نیست»، «همه اعضای جامعه از مردم عادی تا حاکمان خودکامه»، «بیشتر از هرکسی حاکمان خودکامه»، «هر کسی بخواد میتونه استفاده کنه»، «وقتی کار می‌کنم سرگرم کارم هستم و به اینکه کی از آن بهره‌مند می‌شود فکر

نمی‌کنم»،... این پاسخ‌ها نشانه‌ی این است که آنچه می‌کنم برایم مهم نیست که بهره‌مندان حاصل کارم حتی خودکامگان باشند، و این اگر طرز تفکر اکثریت اعضای یک جامعه باشد تضمینی است برای بقای خودکامگان در مسند قدرت برای مدتی نامحدود! یعنی ما نیز در جنایات آن خودکامگان خواسته یا ناخواسته، مستقیم یا غیر مستقیم، ... شریک هستیم.

۵- نمی‌توانیم عضو جامعه‌ای، سازمانی، گروهی، و نهادی باشیم و در برابر آن مسئول نباشیم. پذیرش خواسته یا ناخواسته عضویت یک جامعه یک گروه یا یک نهاد با مسئولیت همراه است. هر یک از اعضانقشی در آن جامعه، گروه یا نهاد بازی می‌کنند و بر اساس نقش خود مسئول هستند. مسئولیت خوب وبد، مثبت و منفی، سازندگی و ویرانگری،، گسترش دانش و مهارت‌ها، و اشاعه خرافات و دعا و معجزه،افزایش و ؑکاهش جرایم، به آموزی و بد آموزی، شفافیت و فساد مالی، .... پس بیاییم به مسئولیت‌های خود در جامعه/جوامع، سازمان/سازمانها،نهاد/نهادها، گروه/ گروههایی، ...که به آنها بستگی داریم آگاه باشیم و بپذیریم اشتباهات، کژروی‌ها، ناتوانی‌ها، کارشکنی‌ها، ندانم کاری‌ها، نارسایی‌های ما بر آنها اثر منفی،ویرانگر و زیان‌بار وارد می‌کند. آیا انصافا همه ما در اوضاع کنونی ایران مسئول نیستیم؟ آنچه کردیم ونباید می‌کردیم، آنچه نکردیم و بایستی می‌کردیم؟ آیا در برابر جامعه ایران من و توی ایرانی در درون وبرون از ایران نقش خود را مسئولانه بازی کردیم؟

۶- از معیارهای شناخت کیفیت یک حکومت تعداد زندانیان مخالف حکومت، تعداد اعدامیان مخالف حکومت، تعداد روزنامه‌های مستقل و غیردولتی در جامعه، تعداد جامعه‌های مدنی مستقل، و ارزشی که حکومت برای جان یک شهروند قائل است، می‌باشند.

۷- آموختن بهترین شیوه گریز از ترس است. آموختن به معنای عام، آموختن چگونگی زیستن، آموختن روش‌های کمک به دیگران، آموختن تلاش برای تامین خوشبختی انسان، آموختن روش‌های مبارزه علیه هرچه علیه انسان و طبیعت است، آموختن مخالفت بدون قید و شرط با هر نوع

خودکامگی، آموختن از هرمنبعی، آموختن از هر حادثه‌ای، آموختن چگونگی مقابله با بحران‌های متعدد زندگی....بیاموز تا نهراسی از هیچ چیز.

۸- از عجایب روزگار آنکه کسانیکه دیروز در پی کسب آزادی در زندان‌ها بسر می‌بردند امروز خود مخالف آزادی اند و مخالفان آزادیخواه خود را زندانی می‌کنند، اعدام می‌کنند و تحت شکنجه‌های قرون وسطایی قرار می‌دهند.

۹- برنامه ریزی‌های امروز آمادگی برای رویارویی موفقیت‌آمیز با مشکلات و مسایل فرداست.

۱۰- در برابر کسانی که خود را از ما برتر می‌دانند خم نشویم و با تلاش و مبارزه به همان افراد نشان دهیم که با آنها برابریم، و بگوییم برابری یکی از اصول انکارناپذیر انسان بودن است. نمی‌توانی انسان (و نه انسان نما) باشیم و باور به برابری انسانها نداشته باشیم. باور به اصل برابری انسان یکی ازاصول اساسی مرام انسانیت است.

۱۱- شاید چندان مهم نباشد اگر احساسات دیگران را درک نکنیم ولی بسیار مهم است اگر برای احساساتشان اهمیت و ارزش قائل نباشیم.

۱۲- برای رسیدن به هر هدفی گام نخست بسیار مهم است، در واقع بدون برداشتن گام نخست هرگز به هدف نمی‌رسیم. برای یک سفر طولانی، اکتشافی و در عین حال خطرناک مثل سفر از سیاره زمین به سیاره‌ای دیگر، برای کسب بالاترین مدارک دانشگاهی و عالیترین درجات علمی، برای میلیاردر شدن، برای کسب بالاترین مقام اجرایی یک کشور، برای رهبری بلامنازع یک جنبش اجتماعی یا یک انقلاب سیاسی،... تا کم اهمیت‌ترین و پیش پا افتاده‌ترین اهداف گام نخست حیاتی و سرنوشت‌ساز است. گام نخست یادمان نرود.

۱۳- شاید برخی عادات در مواردی برای رسیدن به اهداف‌مان کمک کننده باشند اما وابستگی بیش ازاندازه به عادات بی‌تردید عاملی است برای نابود کردن خلاقیت، ابتکار، شکوفایی و نوآوری.

۱۴- شاید بسیاری از ما به توانایی‌های خود تردید داشته باشیم. ناباوری به توانایی‌های خود قاتل انگیزه و مانعی در تلاش برای کشف چیزهای تازه است، ترمزی است در مبارزه برای اهداف‌مان، و از دلایل عمده توقف رشد و پیشرفت. روش‌های مقابله با این مشکل می‌توانند تاکید بر نقاط قوت خود، تاکید بردستاوردهای زندگی خود، حذف عبارت ʼمن نمی‌توانمʻ از فرهنگ زندگی خود، تقویت احساسات مثبت وترک احساسات منفی خود، تاکید براین واقعیت که دیگرانی هم هستند که به خود باور ندارند، انکار نکردن ناباوری به توان خود و تلاش برای تغییر آن یا به عبارت دیگر باور به بیماری و پیگیری درمان. باور به توانایی‌های خود از عوامل کلیدی برای پیروزی در مبارزه زندگی و غلبه بر چالشهای سخت است.

۱۵- ناباوری به توان خود یعنی دشمنی با خود، یعنی شلیک گلوله به مغز خود، یعنی دادن قدرت به تردید خود، یعنی دشمن خلاقیت، یعنی بدتر از شکست برای تحقق رویاها و آرمان‌ها. اگر لحظه‌ای به توان خودبرای رسیدن به نوک قله، برای پرواز در آسمان، برای شنا در آبهای پرخروشان، برای پیکار با بیدادگری، برای مبارزه برای آزادی و برابری، برای حمایت از حقوق انسان و دیگر موجودات و طبیعت، مبارزه برای گسترش و نهادینه کردن مرام انسانیت تردید کنی یعنی اعتراف به ناتوانی خود در انجام هر یک از اینها. ناباوری به توان خود یعنی ترک مبارزه علیه خودکامگان و تسلیم آنها شدن.

۱۶- مذهب خطرناک‌ترین توجیه‌گر جنایات، فساد، نابسامانی، فقر، فحشا، ستم و بیدادگری، خودکامگی،بلایا و حوادث طبیعی، تبعیض، ریاکاری، و کینه و دشمنی است.

۱۷- ویل دورانت در کتاب لذات فلسفه می‌گوید، «همچنان که بهترینِ حکومت‌ها آن است که کمتر حکومت کند، بهترینِ اخلاق‌ها نیز آن استَ که کمتر نهی کند. نعمت آزادی در حیات، چنان بزرگ است که باید کسانی

را که به همسایگان خود پیوسته دستور اخلاقی می‌دهند دشمنان انسان شمرد.» اگر با ویل دورانت موافق باشیم به راحتی می‌توان نتیجه گیری کرد که رژیم اسلامی حاکم بر ایران نه تنها حکومت خوبی نیست بلکه دشمن انسان نیز است. بعبارت دیگر رژیم حاکم بر ایران با بشریت سر جنگ و ستیز دارد. البته بخش عمده‌ای از ملت ایران در ۴۵ سال گذشته این دشمنی رژیم حاکم بر ایران را با تمام وجودشان حس کرده ولی کو گوش شنوا در جامعه جهانی؟

۱۸- یکی از خطرناک‌ترین ویژگی‌های بسیاری از ما انسانها داوری درباره گفتار و کردار دیگران بدون داشتن اطلاعات کافی و مستند است و کاربران رسانه‌های اجتماعی هم که کنترلی بر آنها نیست چنان در این عرصه تاخت و تاز می کنند که نیاز به ابداع یک سیستم اخلاقی کنترل کننده رسانه‌های اجتماعی را ضروری می کند.

۱۹- مهاتما گاندی می‌گوید «یک ملت نالایق جائی جز زندان برای نگهداری افراد لایق کشورش ندارند.» آیا زمان آن نرسیده که ملت ایران با عمل خود به گاندی بگوید که درباره ملت ایران برداشت اشتباه داشتی؟

۲۰- هرگز بدون حضور زنان آزاده در یک جامعه انتظار ظهور مردان بزرگ را نداشته باشید. هر چه زنان آزاده در یک جامعه بیشتر، مردان بزرگ بیشتر و بالعکس هر چه شمار زنان آزاده در یک جامعه کمتر، مردان بی‌لیاقت، بی‌کفایت، بی‌تدبیر، و پخمه بیشتر.

~~~

ماکسیمیلیان روبسپیر شاگرد خلف امانوئل کانت بود. استاد، خدا را زیر گیوتین برد و شاگرد، لویی شانزدهم را.

—یوهان گوتفرید فون هردر، فیلسوف، زبان‌شناس، شاعر، و منتقد ادبی آلمانی، *جشن ماتم*
~~~

- سیزده -

۱- در حالیکه برخی از دل هر بحرانی، مشکلی، فاجعه‌ای، ... یاد می‌گیرند، تجربه می‌اندوزند،... فرصت میسازند،... دیگرانی هستند که نه تنها فرصت سوزی می‌کنند بلکه از هر فرصتی، بحرانی، مشکلی، فاجعه‌ای،... می‌آفرینند. چه خوب می‌بود اگر فرصت سوزی و بحران آفرینی هم در کتاب‌های قانون جرم محسوب می‌شدند!

۲- آیا بهتر نیست هیچ عضو جامعه از مسئولیت آموزش دیگران خودداری نکند؟ آیا بهتر نیست که بابدآموزی مبارزه کنیم؟ آیا بهتر نیست آموزش اندیشیدن سنجیده، نقد سازنده، شکّ به شنیده‌ها، خوانده‌ها، یاد گرفته‌ها، و دیده‌ها را همگانی و فراگیر کنیم؟

۳- آیا لازم نیست برای انجام هر کاری، ایفای هرنقشی، و پذیرش هر مسئولیتی پیشاپیش خود را آماده سازیم؟ آیا آموزگاری، پدر و مادر بودن، رهبر بودن، و برنامه ریز بودن بدون آموزش و آماده‌گی یافتن برای پذیرش هر یک از این مشاغل یا هر کار دیگری عملی خردمندانه است؟ آیا ساختن جامعه‌ای پیشرو، سالم، مرفه، غنی، سازنده و توانمند بدون آموزگاران، پدر و مادران، رهبران، و برنامه ریزان آموزش ندیده ممکن وعملی است؟

۴- با آموزش و آگاهی می‌توان مشکلات و مسایل یک جامعه را حل یا منحل کرد. به عبارت دیگر با آموزش و آگاهی می‌توانیم تشخیص دهیم که مشکلات و مسایل موجود در یک جامعه را می‌توان مهار کرد، از آثارو پیامدهای منفی آن کاست، یا اصلاح کرد که می‌توان به حل مسایل امید بست؛ ولی زمانی بر منحل کردن تمرکز می‌کنیم که برخورد ریشه‌ای با مشکلات کنیم و بر رویکرد از ریشه قطع و خشک کردن مسایل تأکید بورزیم. آیا در شرایط امروز ایران هنوز باید به حل مسایل اندیشید یا بر رویکرد منحل یعنی قطع ریشه؟

۵- تغییر جامعه و جهان با دوچیز شروع می‌شود: تغییرپذیری خود، و آموزش و آگاهی خود و دیگران. اگر در پی تغییر جامعه و دیگران باشیم ولی با تغییر خود شروع نکنیم تلاش در تغییر دیگران و جامعه به نتیجه نخواهد رسید. همچنین آموزش و آگاهی فراگیر است که می‌تواند تغییرات فراگیر در سطوح مختلف ایجاد کند. تاکید می‌کنم که این دو عامل آغاز گر تغییرات در جامعه و جهان هستند وگرنه نقش بسیاری ازعوامل کوچک و بزرگ در تغییرات را اصلا نتوان نادیده گرفت چون برنامه‌ریزی، سازماندهی و رهبری، مبارزه، مقابله با موانع تغییرات، اتفاقات و حوادث طبیعی،...

۶- در هر جامعه‌ای نهادهایی رسما کار آموزش جامعه را بعهده دارند اما این بدان معنا نیست که نهادهای دیگر خود را مبرا از آموزش اعضای جامعه بدانند. آموزش یک تلاش جمعی است که مسئولیت همه نهادها مشارکت در این تلاش جمعی است، و هیچ نهادی به هیچ بهانه‌ای نمی‌تواند و نباید از این مسئولیت بزرگ طفره رود.

۷- راه گذر از یک زندگی ابلهانه و احمقانه به یک زندگی خردمندانه و آگاهانه از مسیر چالش و نقد وشک به باورهای‌مان می‌گذرد.

۸- اعتقاد و ایمان و اعتماد به رهبران و پیشوایان مذهبی هیچ یک از مشکلات شخصی ما و مسایل جامعه را نه تنها حل نمی‌کند بلکه به این مشکلات و مسائل دامن می‌زند، و مسایل دیگری برای جامعه بوجود میآورد. ما را از پرسشگری و اندیشیدن و نقد افکار و گفتار و رفتار آن‌ها منع می‌کند و بدین ترتیب رشد ما وتوسعه جامعه را متوقف می‌کند.

۹- علیه هنرمندان غیر مردمی، دولتمردان بی شرف، بازرگانان فاقد اخلاق، دانشمندان فاقد شخصیت وانسانیت، ثروتمندانی که گنج باداورده نصیب‌شان شده و از ان ثروت در مبارزه علیه خود کامگی،بیداد گری، جهل، جنایات، و فساد استفاده نمی‌کنند، و اندیشمندان در خدمت خود کامگان مبارزه خستگی‌ناپذیر را پیگیری کنیم.

۱۰- یکی از معیارهای ارزیابی عملکرد یک دولت شیوه رفتار و برخورد حکومتگران با زنان جامعه است. حکومتی که تبعیض علیه زنان اعمال می‌کند، زنان را شهروند درجه دوم میداند و تحقیر می‌کند، حکومتی که حقوق زنان را پایمال می‌کند، حکومتی که زنان را از مشارکت کامل در زندگی اجتماعی، سیاسی، هنری، فرهنگی، ورزشی، ... محروم و ممنوع می‌کند هم در پی تفرقه‌افکنی بین زنان و مردان جامعه است و هم جامعه را از استفاده کامل از توانایی‌ها، استعدادها، تجربیات، مهارتها، و دانش زنان محروم می‌کند و هم انسان بودن زنان را زیر سوال می‌برد. مبارزه علیه چنین حکومتی برای سرنگونی یک رسالت ملی است وکسانی که از دور و نزدیک، مستقیم و غیرمستقیم، آگاهانه و ناآگاهانه از چنین حکومت‌هایی حمایت و به بقای آنها کمک می‌کنند دانسته یا ندانسته در خدمت چنین رژیم‌های سیاسی هستند.

۱۱- جامعه‌ای که نخبگانش را می‌کشد، ترور می‌کند، منزوی و خانه نشین می‌کند، تبعید می‌کند، و پخمگانش را در مناصب حساس و کلیدی قرار می‌دهد به استقبال نابودی می‌رود.

۱۲- کمک‌های اندک می‌تواند پیامدهای شگرف داشته باشد. تصمیمات جزئی رهبران می‌تواند به شکست ویا پیروزی ملت‌ها بینجامد. یک رای می‌تواند سرنوشت یک ملت را تغییر دهد و مسیر تاریخ یک جامعه رابه سمت و سوی دیگری بکشد.

۱۳- خودکامگان از شیوه‌های مختلف در نفهمیدن، فکر نکردن، و با هم نبودن مردم نقش دارند زیرا از فهمیدن، اندیشیدن، و همبستگی مردم هراس دارند.

۱۴- چه بسا فجایع بزرگ تاریخی با یک حرکت نابجای کوچک رخ داد، و چه بسا یک حرکت سنجیده کوچک از وقوع فاجعه‌ای بزرگ پیشگیری کرد.

۱۵- اوریانا فالاچی، روزنامه نگار و نویسنده ایتالیایی، کتابی دارد تحت عنوان «زندگی، جنگ و دیگرهیچ». بله، زندگی جنگ است، نبرد است

مبارزه است ولی بسیاری از ما یاد نگرفته‌ایم زندگی کنیم یعنی نمی‌دانیم چگونه بجنگیم و مبارزه کنیم. بیاییم بیاموزیم شهامت گام نهادن در این میدان جنگ را داشته باشیم یاد بگیریم تا پیروزی نهایی کارزار را ادامه دهیم، و بیاد آوریم که کلید پیروزی در نبرد زندگی تداوم مبارزه و تسلیم نشدن است حتی اگر زخمی هستیم، حتی اگر فرسوده هستیم، حتی اگر خسته هستیم، حتی اگر دلسرد هستیم، حتی اگر با موانع روبرو هستیم، حتی اگر کسی تشویق‌مان نمی‌کند، حتی اگربازی خطرناکی با جان و کل زندگی‌مان است.

۱۶- روابط انسانی جنبه‌های مختلف دارد؛ دوستانه، خصمانه، رقابت‌آمیز، توام با همکاری،... هر یک از این جنبه‌های مختلف ممکنه مشکل افرین باشد ولی اگر شناخت کامل از خود، دوستان، همکاران، رقیبان و دشمنان داشته باشیم نباید در هیچ یک از این رابطه‌ها نگران باشیم. مشکل زمانی آغاز می‌شود که از خود و دیگران شناخت کافی نداشته باشیم.

۱۷- برای رهایی از قفس ساخته شده از افکار پوسیده ۱۴۰۰ ساله راهی جز همبستگی و مبارزه گروهی قابل تصور نیست.

۱۸- در پیکار علیه جهل، خرافات و تعصب دینی فقط با سلاح خرد، دانش و منطق می‌توان پیروز شد.

۱۹- کف زدن برای کسانی که حقوق دیگران را پایمال می‌کنند نقض حقوق بشر و جنایتی است وحشتناک.

۲۰- دم فرو بستن و سرفرود آوردن در برابر خودکامگان نشانه انحطاط اخلاق، زوال عقل، منافع جمعی را فدای منافع فردی کردن، یا حمایت کورکورانه از خودکامگان و مشارکت در تصمیم‌های ویرانگر و جنایات وحشتناک آنهاست.

~~~
~~~

رنج نباید تو را غمگین کند. این همان جایی است که اکثر مردم اشتباه می‌کنند. رنج قرار است تو را هشیارتر کند که زندگی ات نیاز به تغییر دارد. چون انسان‌ها زمانی هوشیارتر می‌شوند که زخمی شوند، رنج نباید بیچارگی را بیشتر کند. رنجت را تحمل نکن، رنجت را درک کن! این فرصتی است برای بیداری، وقتی آگاه شوی، بیچارگی ات تمام می‌شود.

—کارل گوستاو یونگ، فیلسوف و روان‌شناس سوئیسی

- چهارده -

۱- برای ارزیابی اندیشه‌ها و افکار متفاوت، ادیان و مذاهب، ایدئولوژی‌ها، مرام‌ها و باورها باید به نتایج عملکرد هواداران و پیروان و باورمندان آن‌ها نگریست که چه خدمات ارزشمند، انسانی، مفید و مثبتی به جامعه بشریت کرده اند وگرنه آن مذاهب، ایدئولوژی‌ها، باورها، اندیشه‌ها و مرام‌ها ارزش حفظ و نگهداری کردن ندارند و اذهان را باید از آن‌ها پاک کرد.

۲- بسیاری را می‌شناسم که از مشکلات و پیامدهای آن می‌نالند غافل از اینکه زندگی بدون مشکل وجود ندارد. همه ما انسان‌ها در طول زندگی بطور مستمر با مشکلات ریز و درشت و با شدت و ضعف روبرو هستیم. وظیفه ما برخورد سنجیده با مشکلات، ریشه‌یابی مشکلات، تلاش برای یافتن چاره در رفع مشکلات، درک تاثیرات مشکلات بر زندگی خود و دیگران و جامعه، و مدیریت مشکلات است. از مشکلات نباید هراسان شد بلکه از مشکلات باید فرصت‌سازی کرد. نه تنها زندگی را با مشکلات باید ادامه داد بلکه هر فرد مسئول و آگاهی باید مسئولانه، آگاهانه، خردمندانه بطور مداوم برای مشکلات گوناگون و پیاپی چاره‌اندیشی کند و زمانی که لازم می‌داند برای ریشه‌کن کردن مشکل حتی مبارزه‌ای سخت و سهمگین علیه مشکل آفرینان را دنبال کند.

۳- اگر پزشکی در تشخیص بیماری یا جراحی اشتباه کند، اگر مهندسی در جاده‌سازی یا ساختمان‌سازی اشتباهی کند که عده‌ای آسیب ببینند، اگر یک قاضی رشوه بپذیرد، یا اگر ثابت شود در قضاوت عامدانه و بدون دلایل مستند از متهم جانبداری کرد، اگر سرپرست یک نهاد آموزشی برخلاف وظایف و مسئولیت‌هایش عمل کند،... قوانینی در جوامع مختلف وجود دارد که تحت پیگرد قانونی قرار می‌گیرند. اما در جوامعی چهار گروه هستند که هر آسیب و زیانی به جامعه و اعضای آن وارد کنند از مصونیت برخوردارند؛ رهبران سیاسی، قانونگراران، روشنفکران متوهم و روحانیان در

انجام هرکاری آزادند به‌ویژه گمراه کردن مردم، تصمیمات غلط گرفتن، تصویب قوانین تبعیض‌آمیز یا ناهماهنگ با نیازهای جامعه، ترویج خرافات و جهل، یا تلاش در ناآگاه نگهداشتن شهروندان،... که به میلیون‌ها عضو جامعه آسیب‌های جدی و جبران‌ناپذیر وارد می‌کنند.

۴- نخستین گام برای ریشه کن کردن فساد در هر سازمان، گروه، نهاد دولتی یا خصوصی، ... تغییر فرهنگ سازمانی و سیاست اداری و تغییرات ساختاری است، و البته در نهادهای انتخابی خودداری از انتخاب کارگزاران فاسد را هم باید اضافه کرد.

۵- پیگیری اخبار و بسیاری از مطالب بی‌کیفیت و غالبا گمراه کننده در رسانه‌های اجتماعی که هیچگونه نظارتی هم بر آن‌ها نیست برای بسیاری از ما بصورت عادتی درآمده که وقت زیادی صرف آن می‌شود و موجب شده اکثر ما کمتر کتاب و مقالات عمیق و مفید را مطالعه کنیم. عادتی که می‌تواند به زیان اندیشیدن، خردگرایی، پرسشگری و نقد منجر شود.

۶- اگر بگویم خود بزرگ‌بینی بزرگ‌ترین خطری است که هر رهبری را تهدید می‌کند سخن نسنجیده‌ای نیست. خودبزرگ‌بینی بر روابط تأثیر منفی می‌گذارد، روابط را کم عمق می‌کند، در حالیکه رابطه‌ای قوی است که به رهبر امکان می‌دهد نفوذش را تقویت کند و تحکیم بخشد. خودبزرگ‌بینی موجب تصمیمات خودخواهانه رهبران می‌شود و منافع شخصی را برمنافع جمعی ترجیح می‌دهد که به افزایش بی‌اعتمادی به رهبر منجر می‌شود. خودبزرگ بینی بین رهبران و مردم فاصله ایجاد می‌کند و مردم از رهبر دور می‌شوند. رهبران خود بزرگ‌بین برای بینش دیگران ارزشی قائل نیستند، و دیگران را تحقیر می‌کنند. رهبران خود بزرگ‌بین به افراد متملق و چاپلوس میدان می‌دهند و بازخورد سازنده افراد بصیر را نادیده می‌گیرند. این رهبران دارای ذهن بسته‌ای هستند و از تغییر نظر خود وحشت دارند. رهبران خود بزرگ‌بین احساس می‌کنند بر همه مسلط اند و نیازی به رشد نمی‌بینند و مانع رشد دیگران می‌شوند. خود بزرگ بینی مانع همدلی می‌شود، بنابراین جایی برای دیگران وجود ندارد. خود بزرگ بینان خود را مرکز جهان احساس می‌کنند و برتر از قوانین، قوانین را برای منافع شخصی تغییر می‌دهند و

تحریف می‌کنند، و احساس غرور. رهبران خود بزرگ‌بین از تایید کار دیگران خودداری می‌کنند که به دلسردی می‌انجامد و در نهایت به فقدان همکاری منجر می‌شود.

۷- با پرسشگری مسئولان و رهبران را به چالش گیرید به‌ویژه با پرسش‌هایی که با واژه «چرا» شروع می‌شود. رهبران غیر پاسخگو از این واژه وحشت دارند و هر چه بیشتر پرسش‌هایی با «چرا» بپرسید بیشتر وحشت می‌کنند زیرا «چرا» به نشانه این است که شخص پرسشگر از آگاهی برخوردار است و آگاهی جمعی بزرگ‌ترین تهدیدی است علیه رهبران غیر مسئول، غیر پاسخگو، متوهم، و خودکامه.

۸- فقط مغزهای منجمد یا فلج می‌توانند بپذیرند که مردگان درمانگر، مددکار، ناجی، رهایی‌بخش و پایان‌دهنده به آنچه که «شر» می‌گوییم، هستند.

۹- مرده‌پرستی، بت‌پرستی، تقدیس کردن، خرافات، اه و ناله، اظهار عجز و ناتوانی و درماندگی و بیچارگی، پذیرش ستم و تبعیض، ناباوری به قدرت مغز خود، اتکا به دیگران برای تامین نیازهای شخصی، سکوت در برابر جنایات، تسلیم شدن و مبارزه را متوقف کردن،... همه نشانه‌های نبود بلوغ فکری است.

۱۰- رهبرانی که با علوم انسانی و اجتماعی و رفتاری چون جامعه شناسی، تاریخ، علوم سیاسی و روابط بین الملل، انسان شناسی، روانشناسی، ... بیگانه باشند مرتکب اشتباهات نابخشودنی و جبران‌ناپذیری می‌شوند که نتایج ویرانگر و دهشتناک آن بدبختی‌های انسان، عقب‌افتادگی جوامع انسانی و ناامیدی نسل‌های آینده را بیشتر می‌کند.

۱۱- نگرانی بخشی از زندگی است که به شیوه‌های مختلف و در موارد خرد و کلان دیده می‌شود، نگرانی در مورد ساده‌ترین امور روزانه تا نگرانی در مورد آینده، نگرانی درباره مسایل خصوصی تا نگرانی نسبت به آینده جامعه، .... نگرانی همیشه به نحوی با ماست و بر زندگی ما تاثیر منفی و مثبت

می‌گذارد. نگرانی موجب انحراف از تمرکز بر امور حیاتی و ارجحیت‌ها می‌شود، نگرانی در توانایی‌مان تردید ایجاد می‌کند، نگرانی باعث ناامیدی، درماندگی، اختلال در کارها، و تنبلی می‌شود، همزمان نگرانی ممکن است موجب انگیزه برای رفع نگرانی شود، بجای تردید و تنبلی و درماندگی و ناامیدی ما را به فکر چاره اندازد. برای مقابله با نگرانی‌ها منطقی‌ترین پاسخ اقدامات عملی است.

۱۲- هر کسی آزاد است و بهتر بگویم باید از آزادی برای انتخاب شیوه زندگی خود برخوردار باشد مشروط براینکه حق آزاد انتخاب او بر زندگی دیگران اثر منفی نگذارد و حقی از دیگران تضییع نشود. اگر کسانی در جامعه خواستند ابله و برده بمانند این حق را نتوان از آنان گرفت مگر اینکه ادامه ابلهی و بردگی زندگی و آزادی دیگران را مورد تهدید قرار دهد که دیگر تاخیر در مبارزه برای ریشه‌کن کردن ابلهی و بردگی جایز نیست و به عنوان دفاع مشروع از مصالح خود یک ضرورت انکارناپذیر و یک رسالت انسانی است.

۱۳- زنده بودن در نفس کشیدن نیست بلکه در مبارزه علیه «ناانسانیت» است. مادام که در فکر مبارزه علیه«ناانسانیت» هستیم، مادام که توان مبارزه با «ناانسانیت» داریم، مادام که انگیزه مبارزه با «ناانسانیت» داریم، مادام که در مبارزه با «ناانسانیت» هستیم، و مادام که مبارزه با «ناانسانیت» را یک رسالت انسانی می‌دانیم، زنده هستیم.

۱۴- حکومتی که بتواند عدالت را تحقق بخشد، آزادی را حمایت کند، حقوق بشر را ارج نهد، رفاه و آرامش را در جامعه برقرار کند، تصمیماتش را بر پایه خرد بگیرد، از خشونت و تبعیض و کشتار و اعدام و فساد دور بماند، سیاست‌اش را بر مبنای روابط مسالمت‌آمیز با دیگر کشورهای جهان اتخاذ کند، بعید است به مذهب برای بقای خود متوسل شود، و تلاش بی‌وقفه برای اشاعه مذهب و تحمیل آن به مردم کند.

۱۵- هر پایانی آغازی است برای چیزی متفاوت اگرنه متضاد؛ پایان شب آغاز روز است؛ پایان جنگ آغاز صلح است؛ پایان تاریکی آغاز نور است؛ و پایان

ترس آغاز زندگی است. اگر می‌خواهید زندگی کنید از هیچ چیز نهراسید حتی از دیکتاتوری‌های مخوف.

۱۶- اکثر موارد وقتی به واژه «روسپی» بر می‌خوریم به یاد زنان و دخترانی می‌افتیم که یا از شدت فقر به تن‌فروشی تن می‌دهند یا به نوعی بیماری دچارند که تن‌شان را در اختیار دیگری قرار می‌دهند یا اینکه ثروت زیاد عاملی می‌شود برای گروهی تا از رابطه سکسی با آشنا و ناآشنا لذت ببرند. کمتر از مردان و پسران روسپی صحبت می‌شود که آن‌ها هم مثل این زنان و دختران قربانی جامعه روسپی‌پرور هستند. اما نوعی دیگر روسپی در جامعه وجود دارد که به روسپیان سیاسی شهرت دارند. اینان هر چیزی که بتوانند می‌فروشند تا به هدف دلخواه و مطلوب خود برسند. حال چه قلم باشد چه حقیقت، چه شرف و وجدان باشد چه انسانیت، برای اینها هدف هر نوع وسیله‌ای را توجیه میکند. این روسپیان حاضرند منافع کشور و یک ملت را برای تامین منافع شخصی خود بفروشند و ملتی را به روز سیه بنشانند تا خود در آرامش و آسایش و رفاه به زندگی ننگین خود ادامه دهند.

۱۷- آن لحظات از زندگیت که نمی‌اندیشی، مبارزه نمی‌کنی، نمی‌آموزی، شاد نیستی یا شاد نمی‌کنی، آزاد نیستی یا آزاد نمیکنی، برای خوشبختی انسان مبارزه و تلاش نمی‌کنی، خود فریبی می‌کنی، عوام فریبی می‌کنی، برای خود و دیگران اهمیتی قائل نیستی، از کمک به نیازمندان دریغ می‌کنی، هدف نداری، همدست و شریک غارتگران و دزدان و آدمکشان و جنایتکاران و خود کامگان می‌شوی،... لحظاتی است که نفس می‌کشی و زنده هستی ولی زندگی نمی‌کنی. قدر لحظه‌ها را بدانید و زندگی کنید که لحظه‌ها بازگشتنی نیستند.

۱۸- بازهم از حق آزادی انتخاب بگویم. یکی از حقوق اساسی انسان است اما از این آزادی هم به مانند دیگر آزادی‌ها درست باید استفاده کرد تا آسیبی به دیگران وارد و نقض غرض نشود. شما در یک انتخابات عمومی چهار گزینش دارید و از آزادی برای گزینش هر یک از این چهار مورد؛ در انتخابات شرکت کنید و به کاندیدای مورد نظرتان رای بدهید، هیچ‌یک از

کاندیداها را نمی‌پسندید ولی باز هم به یکی از آن‌ها رای می‌دهید، رای سفید بدهید، یا اصلا رای ندهید. در یک جامعه غیردمکراتیک و غیر آزاد رای شما و من هیچ تاثیری در نتیجه انتخابات نمایشی و مهندسی شده نخواهد داشت. بهترین انتخاب در چنین مواردی گزینش چهارم است. فراموش نکنید که رای ندادن نیز از مصادیق حق آزادی انتخاب است و شما آزاد هستید هیچ‌کسی را انتخاب نکنید یعنی رای ندهید.

۱۹- یکی از اصول مهم سیاسی که امروزه در بسیاری از جوامع جهان فقدان آن محسوس است اخلاق سیاسی است. در اکثر کشورهای جهان سیاست فاقد اخلاق بر جامعه حاکم است و در حال حاضر این پدیده شاید در ایران تحت سلطه رژیم اسلامی بیش از هر جای دیگر جهان به یک مشکل بنیادی بدل شده است. لازم است نیروهای مخالف رژیم اسلامی نه تنها اخلاق سیاسی را در ارتباط با هم از اصول اساسی قرار دهند و به آن پایبند باشند بلکه برای برنامه‌ریزی ایران پسا-رژیم اسلامی مؤکداً در چارچوب قانون اساسی آینده به آن توجه شود.

۲۰- جامعه‌شناسان براین باورند که دیکتاتورها از مردم متنفرند و هرچه به مرگ نزدیک‌تر می‌شوند این تنفر تشدید می‌شود، و برای تایید این باور جامعه‌شناسان، مثال‌های تاریخی فراوانی وجود دارد. آیا این فرضیه جامعه‌شناسی را می‌توان به ایران امروز تعمیم داد که در دی‌ماه ۱۴۰۲ بطور متوسط روزانه سه (۳) مورد اعدام داشتیم؟ آیا آقای خامنه‌ای احساس می‌کند که به مرگ نزدیک شده است؟

~~~

روودخانهٔ تمیز از چشمهٔ پاک جاری می‌شود و به واقع موضوع صحت دارد؛ آب در ارتفاعات باید تمیز باشد تا آب رودخانه نیز تمیز و پاک باشد. جامعه نیز به همین شکل است. رهبران باید سالم باشند تا جوامع نیز سالم بمانند.

—کیم ووچونگ، تاجر کره‌ای، مؤسس و رئیس پیشین هیأت مدیرهٔ شرکت دوو
~~~

- پانزده -

۱- کسانی که مغزهایشان در گذشته منجمد شده، آینده‌ای برایشان متصور نیست. اگر هدف از مرور و بررسی گذشته آموختن، عبرت گرفتن و نگاه به آینده نباشد، بررسی گذشته نه تنها اتلاف وقت است بلکه به گونه‌ای خطرناک است. بازگشت به گذشته فقط می‌تواند از سوی مغزهای علیل پیشنهاد و تاکید شود.

۲- تفکر انتقادی یا توانایی و مهارت تفکر روشن، منطقی، مستقل، و شفاف برای ارزیابی درستی/نادرستی پدیده‌ها و موضوعات بسیار حیاتی است. این شیوه تفکر در استدلال‌ها، کسب دانش، رد یا پذیرش یا بهبود نظریه‌ها، ارتقا و توسعه نهادهای اجتماعی، و تقویت ذهن ما در تصمیم گیری‌های سنجیده و بررسی مسائل روز نقش مهمی ایفا می‌کند. بنابراین، نهادهای آموزشی باید بر تفکر انتقادی تاکید و آن را در برنامه‌های آموزشی خود منظور دارند.

۳- اگر از کسی نتوانید انتقاد کنید آن فرد کسی است که بر شما حاکم است، و اگر حاکمی به شما اجازه انتقاد ازخود ندهد تنها چاره تعویض بی‌درنگ آن حاکم در اولین فرصت و با هر روشی که ممکن است. هر گونه تاخیر در تعویض چنان حاکمی نهایت بیخردی، ضعف، و ترس است.

۴- فقر یکی از پدیده‌های بسیار خطرناک با پیامدهای بی‌شمار منفی، زیان‌بار، و ویرانگر است. یکی از عوامل اصلی فقر توزیع ناعادلانه ثروت و تولید ملی جامعه است که عامل اصلی چنان وضعیتی سیاست‌های نسنجیده حاکمان مغرض، فاقد دانش، فاسد، بی تدبیر، و کوته‌بین است. ادامه حکومت چنین رهبرانی فقر بیشتر، گسترش بزهکاری، خودکشی، فساد، فحشا، اعتیاد، ناآگاهی، نادانی، زندانی، بیماری‌ها به ویژه بیماری‌های روانی و پر شدن تیمارستان‌ها، و آسیب‌های جبران ناپذیر بر ذهن و جسم است. در چنین شرایطی یکی از راه حل‌ها و نجات از این

وضعیت تعویض رهبرانی است که عامل اصلی این شرایط هستند. چنین رهبرانی در ردیف جنایتکارانی هستند که باید در یک دادگاه ملی و بطور منصفانه مورد محاکمه قرار گیرند.

۵- رابطه بین تعداد ثروتمندان بیسواد در یک کشور و کیفیت آموزش و دانش:در جامعه‌ای که شمار ثروتمندان بیسواد افزایش یابد انگیزه کسب دانش کاهش و کیفیت آموزش نزول می‌کند.

۶- در رویارویی با واقعیات تلخ و دردناک زندگی، بهترین شیوه برخورد یادگیری و درس گرفتن از آن واقعیات است و بدترین شیوه نادیده گرفتن آن واقعیات و بی‌تفاوت بودن نسبت به آنهاست.

۷- مبارزه با هر محدودیتی که دین و مذهب، خرافات، حکومت‌های خودکامه و مستبد، قوانین غیرعادلانه، گذشته و تاریخ، سنت‌ها، نهادهای فرهنگی، اجتماعی و سیاسی بر ما تحمیل می‌کنند یک رسالت انسانی است.

۸- حرف هیچکسی را گوش ندادن و حرف همه را گوش دادن استقبال از بدبختی است. هر دو حالت خطرناک است.

۹- از همه کسانیکه در سازندگی جامعه کمترین نقشی ندارند و احساس می‌کنیم حضورشان در زندگیمان غیر ضروری است دوری جوییم.

۱۰- وقتی دیگران متوقف می‌شوند شما ادامه دهید، وقتی دیگران ترمز می‌کنند شما گاز دهید، وقتی دیگران تردید می‌کنند شما تصمیم بگیرید، وقتی دیگران می‌خوابند شما بیدار باشید، وقتی دیگران بیدادگری را تماشا می‌کنند شما علیه آن مبارزه کنید، وقتی دیگران خرافات را رواج می‌دهند شما نه تنها با آن مبارزه کنید بلکه برخرد تاکید ورزید، وقتی دیگران از خشونت برای رسیدن به اهداف‌شان استفاده می‌کنند شما نه تنها آن را تقبیح کنید بلکه پرچمدار مبارزه با هر نوع خشونت شوید، و وقتی دیگران بی‌عملی پیشه می‌کنند شما قاطعانه عمل کنید.

۱۱- درگیری و تعارض بخشی از زندگی است و اجتناب‌ناپذیر و در بسیاری موارد زیان‌بار و دردناک و پرهزینه. درگیری در مواقعی هم سالم است ولی بندرت رخ می‌دهد. درگیری‌های سالم پیوند دهنده هستند و افراد و اعضای جامعه، گروه و هر نهاد و سازمان را بهم نزدیک‌تر می‌کنند.

همه درگیری‌ها به یک هدف مثبت نیاز دارند و هر کسی که به‌نوعی در یک درگیری درگیر است لازم است به این پرسش پاسخ دهد «برای چه می‌جنگم؟ برای چه مبارزه می‌کنم؟ هدف نهایی چیست؟» اگر پاسخی مثبت برای این پرسش‌ها نداشته باشیم ادامه درگیری و جنگ به تحمل زیان‌های سهمگینی منجر می‌شود، و مبارزات هرگز به پیروزی منتهی نمی‌شوند.

۱۲- یکی از اشتباهات عمده‌ای که غالبا رهبران مبارزات می‌کنند مبارزه‌ای است که به نیروها و هواداران آنها آسیب می‌رساند در حالی که این رهبران باید به نیروها و هواداران خود شیوه پیروزی در یک مبارزه را بیاموزند، چنین آموزشی به آنها انگیزه می‌بخشد و مبارزه را در مسیر پیروزی سوق خواهد داد. هدف مبارزه باید برای آینده باشد، برای آینده‌ای بهتر. بنابراین پیروزی زمانی رخ می‌دهد که از گذشته گذر کنیم و نگاه به آینده داشته باشیم.هرگز نباید آینده را فدای گذشته کرد. رهبرانی که چنین رویکردی را بر می‌گزینند نتیجه‌ای جز شکست را نوید نمی‌دهند.

۱۳- از تفکر بحران آفرین انتظار حل بحران بیهوده است. رژیم‌های سیاسی ای که برای بقا بحران می‌آفرینند سرانجام در بحران‌های خود ساخته غرق خواهند شد چون تفکر مقابله با بحران را ندارند.

۱۴- اعمال و ویژگی‌هایی که در رشد و پیشرفت نقش کلیدی دارند:

- هم استفاده کامل از همه فرصت‌ها و هم فرصت‌آفرینی
- مسئولیت‌پذیری
- انجام کامل تعهداتی که بعهده می‌گیریم
- قدرت برقراری ارتباط با مردم

- یادگیری مهارت‌های تازه
- توانایی حل مشکلات و مسایل
- عامل تغییر بودن و پذیرش تغییرات و انطباق با تغییرات

۱۵- پرسیدن به اندیشه و اندیشه به رفتار منجر می‌شود. هر چه پرسش‌مان قدرتمندتر باشد اندیشه‌مان ژرف‌تر و رفتارمان سنجیده‌تر و تاثیرگذارتر خود شد.

۱۶- کیفیت افکار شما چارچوب زندگی شما را مشخص می‌کند و آینده شما را رقم می‌زند. به عنوان مثال به کدامیک از موارد زیربیشتر فکر می‌کنید؟

- ضعف یا قدرت؟
- شکست یا پیروزی؟
- مشکلات یا راه حل‌ها؟
- ایستایی یا پویایی؟
- موانع یا فرصت‌ها؟
- اندوه یا شادی؟
- تسلیم شدن یا ادامه مبارزه؟
- تنبلی/تن پروری یا تلاش؟
- وابسته بودن یا مستقل؟
- تماشاگر محض یا بازیگر هدفمند؟

به همین ده مورد اکتفا می‌کنم. اگر در هرمورد به نخستین گزینه فکر کنیم مسیر بدبختی را در پیش گرفته‌ایم. بعکس، اگر به گزینه دیگر بیندیشیم زندگی‌مان را در مسیر خوشبختی، و رشد و پیشرفت هدایت می‌کنیم.

۱۷- باورها، و عادات غلط، سنن ناروا و ناپسند، و کاربرد ابزارهای فرسوده و از کارافتاده ما را به کژراهه و ناکجاآباد می‌کشند. هریک از آنها به تنهایی می‌توانند هر فردی را به عقب برانند یا حتی نابود کنند، و آسیب‌های جبران‌ناپذیر بر جوامع وارد کنند.

۱۸- اولین قانون زندگی صیانت جان خود است، صیانت از تک تک اعضای بدن و استفاده بهینه از هریک از آنها و نه سوءاستفاده. زبان عضوی است که ارتباطات در سطح انتزاعی را ممکن می‌کند. زبان را مثل بسیاری از اعضای بدن می‌توان به شیوه‌های مختلف بکار برد. بنظرم بهترین شیوه کاربرد زبان زمانی است که بتوانیم از آن برای بهتر کردن چیزی استفاده کنیم، شرایط نامناسبی را بتوان تغییر مثبت داد، دردی را از کسی کم کرد، انسان‌ها را به هم پیوند داد، نیازی را برطرف کرد، آگاهی داد، انگیزه بخشید، تشویق کرد،... زبان‌مان را مهار کنیم تا مشکل نیافرینیم، تخریب نکنیم، جنایتی مرتکب نشویم، دردها را دو چندان نکنیم، روابط را بهم نزنیم، تاثیر منفی بر جای نگذاریم،... از زبان برای توهین، دشنام و تحقیر دیگران استفاده نکنیم. زبان را با خشم آلوده نکنیم که نتیجه آن درگیری است. یادمان باشد که از هر عضو بدن با کاربرد مثبت، مفید و مناسب آن قدردانی کنیم.

۱۹- درباره آینده نامعلوم که از شرایط آن ناآگاه هستیم قولی ندهیم، تعهدی نکنیم، مسئولیتی نپذیریم... مگر اینکه کاملا مطمئن باشیم که قدرت، امکانات و آمادگی کامل برای تغییر شرایط را داریم، در مقابله با هر نوع بحرانی مهارت کامل برای غلبه بر آن را داریم.

۲۰- تلاش در نفهمیدن نقطه اوج فاجعه است، و عمیق‌ترین نقطه حماقت و بلاهت!

~~~

گرفتن آزادی از مردمی که نمی‌خواهند برده باشند، سخت است؛ اما دادن آزادی به مردمی که می‌خواهند برده بمانند، سخت‌تر است!

—مارتین لوتر کینگ
~~~

- شانزده -

۱- کارشناسان علوم اجتماعی و انسانی احترام به علم و تجربه را از ویژگیهای انسان توسعه یافته می‌دانند. کسی که بدون تجربه مدیریت و دانش لازم مسئولیت یک بیمارستان، دانشگاه، استان، کارخانه عظیم، شرکت بزرگ،... را بعهده می‌گیرد انسانی توسعه نیافته است. اگر کسی خودش بداند توسعه نیافته است، و صلاحیت لازم را ندارد باید از پذیرش مسئولیت خودداری کند چون چنین شخصی تاثیر منفی بر عملکرد و موفقیت نهاد یا قلمرو تحت سرپرستی و مدیریت خود می‌گذارد. چنین فردی اگر مسئولیت بپذیرد به خود نیز آسیب خواهد رساند. تصور کنید فردی به رهبری کشوری از سوی عده‌ای افراد توسعه نیافته انتصاب شود و رهبر منصوب هم با بیان فصیح به عدم صلاحیت خود اعتراف کند ولی سرانجام رهبری را بپذیرد. آیا از چنین فردی چه انتظاری می‌رود؟ آیا انتظاری غیر از نابودی دارید؟ هیچ جامعه‌ای بدون اعضای توسعه یافته و توسعه افرین توسعه نخواهد یافت.

۲- پرسشگر باشید و پرسشهای اساسی و روشنگرانه به پرسید که هم نشانه درک و فهم عالی شماست و هم ضریب دریافت پاسخ مناسب و مطلوب بالاست. پرسشهای احمقانه نه تنها به نمایش گذاشتن حماقت خود است بلکه باید انتظار دریافت پاسخهای احمقانه را هم داشت. کوتاه آنکه در پرسشگری در پی روشنگری باشیم وگرنه اتلاف وقت خود و پرسش شونده است.

۳- در گفت و گو و برخورد با افراد سخت و انعطاف ناپذیر به موقع اقدام کنیم زیرا که اقدام به هنگام ضریب موفقیت را در چنین شرایطی افزایش می‌دهد. همچنین در برخورد با این افراد بهترین هدف را مد نظر قرار دهیم و دقیقا بدانیم دنبال چه هستیم. در گیر افکار منفی هم نباشیم چون افراد انعطاف ناپذیر و سخت هر لحظه ممکنست ما را با مشکلی تازه و متفاوت روبرو کنند

که بهترست از پیش پاسخی ولو کوتاه برای هر وضعیت منفی و دشوار داشته باشیم. راه حل غلبه بر افکار و تصورات منفی برنامه عمل مثبت است.

۴- بیشتر با افرادی در رابطه باشیم و وقت صرف کنیم که خواهان پیشرفت هستند، افراد شایسته‌ای که مسئولانه، مشتاقانه و صادقانه در پیشرفت خود، دیگران و جامعه نقش دارند. هر ایده‌ای که ارایه می‌دهند، هر سخنی که بر زبان می‌آورند و هر عملی که انجام می‌دهند همه در راستای پیشرفت و به سوی تعالی است.

۵- تغییر کردن سخت است و ما آن را سخت‌تر می‌کنیم. هر چیزی که تغییر را سخت و دشوار می‌کند باید حذف شود حتی خود ما. برای تغییر باید خود دیگری از خود بسازیم که با خود تغییر ناپذیر متفاوت باشد. انجام کارهای مشابه و تکراری چیزی را تغییر نمی‌دهد. اهداف مبهم و غیر شفاف در روند تغییر تاثیر منفی دارد. اعتماد بنفس بیش از حد می‌تواند مانع تغییر باشد. اگر عنان تفکر خود را به دیگران بسپریم تغییر نمی‌کنیم. تغییرات را بهتر است در سطح کوچکتر با درنظر گرفتن امکانات آغاز کنیم. از تغییرات سریع خودداری کنیم چون اگر خواهان تغییر سریع چیزی باشیم ولی اتفاق نیفتد ناامید می‌شویم. تغییر را با شیوه تغییر اندیشیدن‌خود و دیگران، حرف زدن با خود و دیگران آغاز کنیم، و بدانیم تغییر در ارتباط با دیگران رخ میدهد و نه در انزوا.

۶- موفقیت چشمگیر بدون کمک دیگران بعید است. اگر نگاهی به اطراف و اکناف جهان بیندازیم می‌بینیم بهترین‌های جهان در هر رشته و حرفه و کاری خود را با بهترین‌های آن حوزه احاطه کرده اند. این سروده سعدی تاییدی است بر این ادعا؛

همنشین تو از تو به باید/ تا ترا عقل و دین بیفزاید.

۷- کم نیستند اندیشمندان و نوابغی که پیش از ۴۰ سالگی آثاری ماندگار برای نسلهای آینده به یادگار گذاشتند و رفتند، آثاری با تاثیرات مثبت اما هر چه بیشتر به کارنامه ۴۵ ساله رژیم اسلامی حاکم بر ایران تمرکز می‌کنیم

از خود می‌پرسیم که چگونه این رژیم ۴۵ سال فرصت داشت تا نسلهای آینده یک زندگی توام با آرامش و صلح و رفاه و به دور از بحران و جنایات و خشونت و فقر داشته باشند ولی نه تنها چنین نکرد بلکه تمام توان و سرمایه ایران را در جهت مخالف بکار گرفت تا نه تنها آینده‌ای تیره و تار برای نسلهای آینده رقم بخورد بلکه برای نسل حاضر هم ارمغانی جز سیه روزی و فلاکت به بار نیاورد.

۸- زنده بودن و زندگی کردن در مبارزه است. مادام که مبارزه میکنیم زنده هستیم. اگر فرد یا افرادی ما را از مبارزه دلسرد می‌کنند بی‌تردید یا ناآگاهند، یا مغرضند، یا منافع‌شان را تهدید می‌کنیم، یا مزدورند یا...ولی مادام که زنده‌ایم به مبارزه کردن ادامه دهیم و رمز پیروزی و نیل به هدف در ادامه مبارزه است. تنها کسانی که از مبارزه ما رنج می‌برند و زجر می‌کشند انسان سیزان هستند.

۹- افرادی که برای آینده هدف و برنامه‌ای ندارند در آینده به گذشته فکر می‌کنند و چاره‌ای جز افسوس خوردن ندارند که البته کاملا بی فایده است.

۱۰- ایران هرگز به آزادی دست نخواهد یافت مگر اینکه مساجد به کتابخانه‌ها، حوزه‌های علمیه به مدارس غیر مذهبی تبدیل شوند، روحانیون به کاری غیر از تحمیق مردم و تزریق خرافات مشغول شوند، مقابر امام زاده‌ها پناهگاهی برای بی خانمان‌ها شوند، مردم زمانیکه صرف نمازخواندن می‌کنند به اندیشیدن و کتابخوانی اختصاص دهند، دین به دخالت در سیاست پایان دهد، سفر به مکه برای انجام مراسم حج متوقف شود، و در ذهن مردم قدرت سرنوشت ساز اراده جایگزین قسمت گردد.

۱۱- کسانی که در برابر اعدام‌ها، کشتار و ترور و سرکوب و قتل و خشونت از سوی نیروها و مزدوران دولتی روش بی تفاوتی و سکوت را به صلاح خود می‌بینند بدانند که تاوان بسیار سنگینی برای چنین بی تفاوتی و سکوت پرداخت خواهند کرد. پایان بی تفاوتی و سکوت راهی است به پایان بن بست تاریخی در ایران، و نقش بسیار مهمی که اعضای بی تفاوت و خاموش

جامعه می‌توانند در تغییر شرایط و آغاز دوره نوینی بازی کنند، غیر قابل انکار است.

۱۲- بزرگ‌ترین اشتباهی که هر ملتی در جهان می‌تواند مرتکب شود انتخاب کسانی برای رهبری و تصمیم گیری است که از درایت بی بهره و فاقد لیاقت هستند و با جهان اندیشه و علم مدرن بیگانه.

۱۳- اگر با کسی روبرو می‌شوید که بر مذهب، نژاد، ایل، قبیله، طایفه، نیاکان، زبان، گذشته‌اش،...تاکید می‌کند و نه بر توانایی، آگاهی، دانایی، مهارتها و تخصص، بینش، نگرش،دانش، درایت،... مطمین باشید طرف گفت و گوی شما یک ابله است که ادامه گفت و گو با او اگر خطرناک نباشد بی‌تردید اتلاف وقت است و استرس زا.

۱۴- جامعه‌ای که فاقد زنان آزاده و مبارز باشد نسل مردان بزرگ غایب خواهد بود. حمایت از حقوق زن یک رسالت ملی و مسئولیت انسانی، اخلاقی، و وجدانی هر عضو یک جامعه است، و نباید تحت هیچ شرایطی تبعیض علیه زنان را پذیرفت یا در برابر آن سکوت کرد بلکه باید به مبارزه برای احقاق حقوق زنان و البته دیگر اقشار جامعه بر اساس اصل برابری حقوق شهروندان در برابر هر سیاست، نهاد، شخص، و قانونی ادامه داد.

۱۵- خیزش علیه خودکامگی، جنبش علیه بیدادگری، پویش برای سازندگی و زایش هر طرح نوینی را در سرلوحه مسئولیت‌ها و وظایف خود قرار دهیم.

۱۶- شماری از ایرانیان را می‌شناسم که به دلیل حکومت اسلامی حاکم برایران یا از هویت ایرانی خود شرمسار هستند یا اینکه بطور کلی هویت ایرانی خود را پنهان یا انکار می‌کنند. چنین رویکردی به مثابه تسلیم شدن در برابر اهداف ضد ایرانی حکومت حاکم بر ایران است. بنظرم هیچ ایرانی ای نباید از ایرانی بودنش شرمنده باشد یا هویت خود را پنهان یا انکار کند. چنین رویکردی است که به هریک از ما ایرانیان انگیزه می‌بخشد تا به مبارزه برای تغییرات بنیادی در ایران ادامه دهیم.

۱۷- اگر می‌خواهید در عالیترین موقعیت قرار گیرید از بازخورد استقبال کنید. باز خورد باعث بهبودی می‌شود. بازخورد امکان تصمیم گیری آگاهانه را فراهم می‌کند. بازخورد البته برگذشته تمرکز دارد ولی راهنمایی است برای برنامه ریزی آینده. بازخورد بدون مشاهده بی ارزش است و به شایعات دامن می‌زند.

۱۸- مدیریت زمان از عوامل کلیدی برای پیروزی در زندگی است. بسیاری از افراد را می‌شناسم که به بهانه کمبود وقت از انجام کارهای لازم طفره می‌روند. همچنین بسیاری از افراد پرکار را می‌شناسم که به بهترین روش ممکن همه تعهدات، مسئولیتها و کارهایی را که باید انجام دهند، به موقع و در زمان مشخص تکمیل می‌کنند. یکی از تفاوت‌های این دو گروه این است که اولی فاقد مهارت مدیریت زمان و دومی برخوردار از انست. در انجام مسئولیتهایمان کمبود وقت را بهانه قرار ندهیم بلکه مدیریت زمان را یاد بگیریم.

۱۹- اگر در ساختن چیزی نقش و سهمی نداشته باشیم کمتر در حفظ آن تلاش می‌کنیم یا اصلا هیچ کوششی برای محافظت از آن نمی‌کنیم. بنابراین به حکومت حاکم بر ایران نتوان خرده و ایراد گرفت که ایران را نابود و ویران کرد چون هرگز در ساختن ایران نقشی نداشتند.

۲۰- ملتی که نتواند درباره سرنوشت خود تصمیم بگیرد و نقش داشته باشد همانند کشتیهای بی حرکتی است که امواج برای‌شان تصمیم می‌گیرد.

~~~

تماشای مداومِ یک رسانه یا شبکه ی خبری خاص، مطالعه ی پیوسته ی کتاب‌ها یا نشریات خاص، گوش کردنِ مداومِ یک سخنرانیِ خاص، شرکت کردنِ مداوم در یک گروه سیاسی یا فکری یا مذهبیِ خاص، و به تعبیر بهتر، مسدود کردن ورودی‌های مغز به روی تنوعات فکریِ جهان، و فقط یک مَجرا را برای طرز فکر خاصی باز گذاشتن، به تدریج و چه‌بسا ناخواسته و نادانسته، فرد را به یک رُباتِ برنامه‌ریزی شده توسط دیگران (به ویژه
~~~

صاحبان زَر و زور) تبدیل می‌کند. زندگی انسانی، یعنی باز کردنِ مجراهای مختلف در ذهن، و برخورد آگاهانه و فعالانه و نقادانه با طرز تفکرات مختلف.

—آبراهام مزلو، روان‌شناس انسان‌گرای آمریکایی

- هفده -

۱- فردی که اظهار نظر قاطع راجع به هر موضوع و مسأله‌ای می‌کند به بهترین شیوه ممکن به حماقت و ابلهی خود اقرار می‌کند.

۲- کسانی که تاریخ را تحریف می‌کنند ضد علم و از عوامل بحران‌زا در جوامع بشری هستند. تاریخ آنگونه که است باید ارائه شود بدون هرگونه تحریفی. تاریخ تحریف شده نه تنها راهنمای خوبی برای آیندگان نخواهد بود بلکه ابزاری خطرناک و ویرانگر است. مطالعه تاریخ تحریف نشده مزایای فراوان دارد که به نظرم یکی از مزایا بیدار کردن وجدان‌های خفته است.

۳- تفکر خودمحوری، کیفیت پایین آموزش، کاربرد روش‌های گذشته برای حل بحران‌ها و مسائل امروز، کتاب نخواندن اکثریت اعضای یک جامعه یا خواندن کتاب‌های مبتذل و مملو از خرافات و خزعبلات و ادعاهای ثابت نشده، پاسخ‌های کهنه به پرسش‌های روز، فساد حکومتی و فقر فراگیر، تخریب شخصیتی یا حذف فیزیکی رقیب، باورمندی به قسمت و سرنوشت از پیش تعیین شده، بی اعتمادی اعضای جامعه به یکدیگر، شکاف عمیق بین خواسته‌های شهروندان و سیاست‌های حکومتگران، نخبه کشیِ، تبعیض، صعود رجاله‌ها، پایین بودن سطح دانش شهروندان، و ... در هر جامعه‌ای از نشانه‌های بیماری چنان جامعه‌ای و پیش درآمد سقوط آن است.

۴- در جهان هستی هیچ چیز به تنهایی و مستقل وجود ندارد بلکه همه چیز در پیوند با هم هستند و بر یکدیگر تاثیر متقابل دارند اعم از اعضای یک خانواده تا قاضی و متهم، پزشک و بیمار، شهروند و دولت، آموزگار و دانش آموز، جامعه و اعضایش،...بنابراین برای خودشناسی و شناخت دیگران بر اساس یک گفته، یک حرکت، یک اشتباه، یک شکست، ... یا یک ویژگی شخصی نتوان تکیه کرد و تاکید ورزید بلکه عوامل مختلف و بعضا متضاد را باید در شناخت خود و دیگران مد نظر قرار داد تا بتوان به یک شناخت کلی

از فرد رسید. از داوری‌های نابجا، غیر منطقی، عجولانه و بدون بررسی دقیق در باره اشخاص خودداری کنیم.

۵- در پسا دوره اسارتِ دینی و مذهبی، و گذر از سلطه ملایان حاکم برایران، پرورشِ یک نسلِ آگاه، مسئول، پاسخگو، اخلاق‌مدار، و بدور از تعصبات و تخیلات و توهمات و خرافات امری است ضروری و باری است بر دوش هر ایرانی که به گونه‌ای یک رسالت ملی است و گریز از آن به نوعی جنایت محسوب می‌شود.

۶- فقر مادی نه تنها به جنایت، گرسنگی، فقر فرهنگی، فحشا، بیماری، مرگ، هرج و مرج، درگیری فیزیکی،... منجر می‌شود بلکه فقر سمی کشنده هم برای اندیشه است. بنابراین ریشه کن کردن فقر یک ضرورت انکارناپذیر است و هر چه بیشتر آن را به تعویق اندازیم با جامعه‌ای عاری از اندیشه‌ورزان و اندیشه‌گران روبرو می‌شویم که نابودی جامعه را تسریع می‌کند.

۷- در یک جامعه فاقد آزادی‌های اقتصادی که دست و پای کارآفرینان، کارگران، کارشناسان اقتصادی و صاحبان مشاغل را می‌بندد و در تصمیم‌گیری‌های اقتصادی نقشی ندارند، و ازدگر سو دولتمردان و مجریان قانون سیاست‌گذاران اقتصادی هم می‌شوند بهبودی اقتصادی انتظاری بیهوده و توهمی بیش نیست. چنین جامعه‌ای راه سقوط را می‌پیماید.

۸- هیچ خردمندی نمی‌تواند باورمند به دین باشد و هیچ باورمند به دین نمی‌تواند خردمند باشد.

۹- پیروزی محصول مبارزه شورشگران علیه خودکامگان است.

۱۰- برای خودکامگان چه آسان است که به مردم زودباور ستم کنند، تبعیض روا دارند، حقوق‌شان را پایمال کنند، آنان را بفریبند، آنان را به بردگی بکشند، از آنان انسان‌زدایی کنند، با آنان چنان رفتار کنند که سزاوارش نیستند،.... با آگاهی بخشی، گسترش آموزش، تاکید بر خردورزی و

اندیشیدن، فراهم کردن امکانات برای گذر از زودباوری اعضای جامعه و مبارزه با خرافات مهر پایان به جامعه زودباور بزنیم تا با همه اعضای جامعه بگونه‌ای رفتار شود که شایسته یک شهروند و یک انسان مدرن توسعه یافته است.

۱۱- در صورتی می‌توانیم مدافع توانایی برای افکار و باورها و ایده‌ها و مواضع و دیدگاه‌های خود باشیم که بتوانیم با مخالفان نظرات و اندیشه‌ها و رویکردها و جهان بینی خود رابطه دوستانه برقرار کنیم تا بتوانیم درک درستی از مخالفت آنها با باورها و دیدگاه‌های خود پیدا کنیم و در گام بعدی راهی برای تغییر مواضع آنان نسبت به اندیشه‌ها و باورهای خود بیابیم و در نهایت بتوانیم آنان را با خود هم باور و همفکر کنیم. این روش به‌ویژه در مبارزات سیاسی می‌تواند در صد امکان پیروزی ما را بالا ببرد.

۱۲- میزان گسترش، نفوذ و استقبال مردم در یک جامعه از مهملات، لاطایلات، خزعبلات، خرافات، و شایعات در فرهنگ جامعه ریشه در فقر فرهنگی، عقب‌افتادگی فکری و رکود اجتماعی دارد. مادام که برای این سه بیماری فرهنگی، فکری و اجتماعی درمانی نیابیم گریز از مهملات و خرافات و شایعات و لاطایلات و خزعبلات توهمی بیش نیست. گام نخست برای رهایی از این سه بیماری عمده هم چیزی جز آگاهی یافتن و آگاهی بخشی نیست.

۱۳- اکثر کشورهای جهان بر اساس منافع ملی و اکثر افراد بر اساس منافع شخصی تصمیم می‌گیرند و هر دوی این رویکردها ریشه بسیاری از مشکلات و مسائل جهانی است. تغییر رویکرد از تامین منافع ملی به تامین منافع انسانی، و از تامین منافع شخصی به تامین منافع جمعی از ضروریات جهان ماست تا از شرایط کنونی دردناک، خشونت‌بار و مرگبار دور شویم.

۱۴- بیاییم بیاموزیم که در تصمیم گیری‌ها استدلال را بر احساسات، شعور را بر شعار، آینده را بر گذشته، جمع را برفرد، خوشبختی انسان را بر هر چیز دیگری، و خرد را بر هیجان ترجیح دهیم.

۱۵- توجه داشته باشیم که همانطور که سیل‌های ویرانگر و سهمناک از سرچشمه‌های کوچک شروع می‌شود، انقلاب‌های سرنگون کننده خودکامگان هم می‌تواند از حرکات کوچک عده‌ای معدود یا حتی یک تن آغاز شود.

۱۶- عجله به سقوط می‌انجامد، پریدن با ناکسان به سقوط می‌انجامد، کتاب نخواندن/ تعامل نداشتن/ نیندیشیدن/ نسنجیده عمل کردن به سقوط منجر می‌شود، هدف نداشتن به سقوط منجر می‌شود، هدف داشتن ولی تلاش و مبارزه نکردن به سقوط می‌انجامد، انتخاب وتصمیمات نسنجیده و نادرست سقوط در پی خواهد داشت، انجام کار بی‌کیفیت استقبال از سقوط است، فرجام بی‌تفاوتی سقوط است، تداوم نادانی، ناآگاهی، بی‌تفاوتی و تخریب همراهان و همرزمان و همموندان به سقوط منجر می‌شود. سقوط فقط افتادن از بام یا درخت یا بلندی نیست!

۱۷- تصمیم‌گیری بر اساس مفروضات منفی و اشتباه می‌تواند نتایج زیان‌بار و فاجعه‌آمیز داشته باشد.

۱۸- حکومت و دولت و رهبری که در خدمت مردم نباشد و بر علیه منافع و مصالح مردم سیاست‌گذاری کند، و به بیگانگان امتیاز متعدد سودآور دهد باید هر چه زودتر به هر شیوه ممکن به زیر کشیده شود.

۱۹- دولت و حکومت و رهبری که به خواسته‌های شهروندان توجه نکند بر شهروندان است که دامنه خواسته‌های خود را گسترش و متنوع کنند و در شعارهای اعتراض‌آمیزشان منعکس کنند. مثلا فقط درخواست پرداخت حقوق معوقه کافی نیست. در اعتراضات و تظاهرات همزمان شعارهای متعدد بر مبنای خواسته‌های متفاوت سر دهیم مثل این نمونه‌ها: نه به اعدام، نه به حجاب اجباری، آزادی زندانی سیاسی، پرداخت حقوق معوقه و به موقع حقوق کارمندان و کارکنان، آزادی کامل مطبوعات، توقف هر نوع خشونت علیه هر شهروند، آزادی انتخابات با نظارت ناظران بین المللی، و نظایر این شعارها در تظاهرات بطور همزمان و مهمتر از همه شعار نه به کلیت، جامعیت و تمامیت رژیم اسلامی حاکم بر ایران؛ سرنگون باد رژیم

مذهبی- فاشیستی حاکم بر ایران؛ شناسایی رژیم اسلامی حاکم به عنوان رژیم تروریستی از سوی جامعه بین المللی؛ توقف حمایت کشورهای خارجی از رژیم اسلامی حاکم بر ایران، و نه تنها صدها شعار تاثیربخش دیگر در شرایط متفاوت سر داده شود بلکه هر شعاری رژیم حاکم بر ایران و حامیان بین‌المللی‌اش را مخاطب قرار دهد.

۲۰- پذیرش محدودیت‌های تعیین شده از سوی رژیم‌های خودکامه و غیر دمکراتیک یعنی مشروعیت بخشیدن به آن رژیم‌ها، یعنی تسلیم شدن، یعنی بی‌خردی، یعنی اظهار عجز، یعنی توقف مبارزه علیه آنها، یعنی خودفروشی، یعنی نقض حقوق بشر، یعنی ناآگاهی و نادانی، یعنی فریب خوردن؛ یعنی مشارکت در جنایات این نوع رژیم‌های سیاسی؛ یعنی مزدوری و نوکری بیگانگان؛ یعنی دادن چک سفید به این رژیم‌ها برای ارتکاب هر جنایتی، انجام هر تجاوزی، اعمال هر تبعیضی، اعطای مجوز برای هر ستمی، و هر نوع تهدیدی.

~~~

اغلب اوقات کمبود شغل و پول دلیل فقر نیست، بلکه علامت آن است. علت اصلی ممکن است در کوتاهی ما در دادن فرصت عادلانه به شهروندان برای توسعه‌ی ظرفیت‌های خود باشد.

—لیندن جانسون، ۳۶مین رئیس جمهوری ایالات متحده
~~~

- هجده -

۱- انتظار پیروزی‌های خارق العاده بدون ریسک‌های بزرگ آب در هاون کوبیدن است.

۲- کسانیکه منتظرند تا کسی از راه رسد و نجات‌شان دهد هرگز نجات نخواهند یافت. خودمان تنها ناجی‌مان هستیم فقط باید سنجیده، قاطعانه و بهنگام اقدام کنیم.

۳- انتظار تحقق آزادی مادامی که نتوانیم انسانیت را نهادینه کنیم انتظاری عبث است.

۴- خوش بینی غیر واقعبینانه و بیش از حد نه تنها چیز خوب و ارزشمندی نیست بلکه می‌تواند خطرناک و زیانبار هم باشد .

۵- بی‌تردید هر انسانی در هر جامعه‌ای در طول زندگی‌اش چیزهای متعددی را از دست می‌دهد که از ازدست دادن فرصتها تا از دست دادن عزیزترین عزیزان‌مان، از از دست دادن شغل تا از دست دادن موقعیت اجتماعی‌مان، از ازدست دادن ثروت تا قدرت‌مان، سلامت‌مان و هر چیزی که به ما تعلق دارد ولی بدتر از ازدست دادن هر کس و چیزی از دست دادن درس و عبرت و تجربه‌ای است که باید از هر ازدست دادنی یاد بگیریم.

۶- برای اندیشه ورزان مقدسات وجود ندارد یا بعبارت دیگر هیچ اندیشه ورزی هیچ چیزی را مقدس نمی‌داند. بنابراین فقط کسانی دنبال مقدسات هستند که نمی‌اندیشند.

۷- محدودیت حقوقی اموری چون آزادی‌های بیان، مطبوعات و تجمعات، گسترش پوپولیسم، وافراطی گرایی، افت تعامل و مدارا بین گروه‌ها در داخل کشورها، دستکاری و تقلب در انتخابات، سرکوب جوامع مدنی از

سوی نیروهای دولتی،... همه نشانه‌های تضعیف سیستم دمکراتیک است که کشورهای بیشتری را به زیر سلطه حکومت‌های خودکامه می‌کشاند و به تبع آن انسان‌های بیشتری مجبور می‌شوند تحت رژیم‌های خودکامه زندگی کنند. پس تا دیرتر نشده شهروندان کشورهایی که از دمکراسی یا شبه‌دمکراسی بسوی خودکامگی پیش می‌روند باید به خود آیند و با قیام سراسری و هر روش دیگری از ادامه این روند پیشگیری کنند.

۸- ریشه بسیاری از مشکلات جهانی و همچنین درون- کشوری در اینستکه بخشی کوشش می‌کنند که بفهمند و همزمان بخشی دیگر می‌کوشند که نفهمند. یکی از بهترین مثالها را می‌توان در ایران خودمان یافت. با اینکه در سال ۱۳۵۵ ایران هیجدهمین اقتصاد بزرگ جهان بود با یک سقوط تاریخی و شگفت انگیز امروز به مقام چهل و چهارم تنزل کرد و این دلیلی است که ایران پس از سال ۱۳۵۷ مسیری اشتباه را پیموده است ولی هنوز عده‌ای که اتفاقا تحصیل کرده و عنوان پر طمطراق روشنفکر را نیز با خود به یدک می‌کشند بر ادامه سیاستهایی که باعث این سقوط تاریخی ایران شد پافشاری می‌کنند و همچنان می‌کوشند مرده متحرکی بنام رژیم اسلامی را حمایت و حفظ کنند و می‌کوشند تا نفهمند که ادامه سیاست شکست خورده نشانه بیماری ابلهی است.

۹- در جوامع آسیب دیده برای بهبود اوضاع عمومی مردم هر رویکردی محکوم به شکست است و نتیجه مطلوب را نمی‌دهد به جز رویکرد دگرگونی سیستم سیاسی آن جامعه. اگر در جامعه‌ای مبتلا به بیماری آسیب دیدگی زندگی می‌کنید و کسانی از اصلاحات در سیستم حرف می‌زنند یا هر رویکرد دیگری که بقای سیستم حاکم را تضمین کند، آنان یا در پی فریب مردم هستند یا فاقد دانش و تجربه لازم برای اظهار نظر، یا از وضعیت حاکم منتفع می‌شوند و با از بیماری‌های روانی رنج می‌برند.

۱۰- هیچ فرد یا جامعه‌ای را نتوان یافت که با مشکل روبرو نشود ولی هنر یافتن راه حل مشکلات مهم است. راه حل همیشه جلوی چشم و در دسترس‌مان نیست، به گزینه‌های پیشنهادی هم نباید بسنده کرد چه بسا بهترین راه حل نباشند یا حتی اصلا راه حل مشکل مورد نظر در آن گزینه‌ها

پیشنهاد نشده باشد. پس باید برای راه حل بر هدف تمرکز کرد، اندیشید، خلاق بود، مبتکر بود، احتمالات را بررسی کرد تا بتوان بهترین راه حل ممکن را یافت.

۱۱- نمی‌دانم کسانی را که راه، روش، رویکرد، ویا سیاستی را برای رسیدن به هدفی برمی‌گزینند ولی هرگز به هدف نمیرسند و در موارد زیادی هم به فاجعه میانجامد ولی همچنان اصرار دارند که در همان مسیر بدون تغییر راه و روش و رویکرد ادامه بدهند چه بنامم؟ لجباز و یکدنده، احمق و ابله و دیوانه، خودکامه، ترسو، فاقد جرئت و شهامت، یا دشمن خود و خانواده و انسان؟ واقعا چه بنامیم این دسته از افراد را؟

۱۲- در یک رژیم غیر دمکراتیک، خودکامه و واپسگرا رای دادن هیچ چیزی را تغییر نمی‌دهد فقط به رژیم مشروعیت و فرصت ارتکاب جنایات بیشتری را می‌دهد.

۱۳- رهبران شجاع نگران رفاه مردم و منافع ملی هستند و در سیاستگذاری این دو اصل را مد نظر قرار می‌دهند. شجاعت رهبران با ماجراجویی‌ها، اقدام به عملیات نظامی، اعمال خشونت، پرورش تروریست و تامین منابع مالی آنها، دشمنی با بخش بزرگی از جهان، و اتخاذ سیاستهای ویرانگر و بی ثبات کننده تعریف نمی‌شود.

۱۴- چند شب پیش خانه دوستی مهمان بودم که البته مهمانان دیگری هم داشت و بحث درباره «اپوزیسیون» در گرفت. یکی از مهمانان بر این نظر بود که در میان «اپوزیسیون» رهبر وجود ندارد تا مردم را به خیابان آورد و کشته دهند تا انقلاب پیروز شود. به او گفتم رهبر واقعی کسی است که تمام تدابیر، امکانات، تجهیزات، ارتباطات، مهارتها، تجربیات،... را بکار گیرد تا نه تنها کسی کشته نشود بلکه راهی بگشاید که مردم در مبارزه با جنایتکاران حاکم پیروز شوند. رهبر واقعی به کشتار یا هموار کردن مسیر کشتار نمی‌اندیشد.

۱۵- هرگز فکر نکرده بودم دو روز از زندگی ما لزوما ۲۴ ساعت نیست مگر درست سرساعت ۱۲ نیمه شب بدنیا آمده باشیم و در آخرین لحظه پیش از شروع ساعت ۱۲ نیمه شب بمیریم که البته اتفاقی نادر است. نکته مهم در اینجا اینستکه بسیاری از موارد مشابه و ساده دیگری در زندگی روزانه ما می‌تواند باشد که هیچوقت به آنها فکر نکردیم. فکر کردن بسیاری از درها را برویمان می‌گشاید، بسیاری از مشکلات به ظاهر لاینحل را حل می‌کند، بر بسیاری از بحران‌ها فائق می‌آییم، و ما را بسوی بسیاری از نادانسته‌ها و ناشناخته‌ها هدایت می‌کند و می‌تواند از وقوع بسیاری اتفاقات ناگوار جلوگیری و در مسیر اتفاقات مثبت راهنمایی کند. در پرورش فکری خود، فرزندان خود، جوانان و کل جامعه کوشا باشیم.

۱۶- در واپسین روزهای اقامتم در ایران روزی برای خروج لازم بود به دیدن رییس وقت دانشگاه تهران بروم. بر روی میز او فقط یک عبارت نظرم را جلب کرد: «بیندیش» که امروز بیش از هر زمان دیگری بدان نیاز داریم. بیاییم «جنبش بیندیش» را راه اندازی کنیم. و انهم بطور گسترده و در سرتاسر ایران، و نه در اتاق‌های بسته و پستوی خانه‌های خود در مغرب زمین!

۱۷- وقتی در دانشگاه تهران تحصیل می‌کردم استادی داشتم که مدیر گروه جرم شناسی دانشکده حقوق و علوم سیاسی دانشگاه بود و بعدها در ژوئن ۱۹۹۶ در پاریس قربانی تروریسم رژیم اسلامی حاکم بر ایران شد. او هر بار در شروع کلاس می‌گفت برای تبیین پدیده‌های اجتماعی- سیاسی تاکید بریک عامل خطاست و باید عوامل متعدد را منظور داشت. امروز بیش از ۴۷ سال که از آن زمان می‌گذرد هنوز حتی بسیاری از تحصیلکردگان، فعالان مدنی- سیاسی- اجتماعی- زنان- حقوق بشری، ایرانیان زندگی کرده در غرب و جوامع دمکراتیک، برخی مدعیان رهبری، و تحلیلگران در تحلیل و تبیین حوادث تلخ و شیرین ایران فقط و فقط به یک عامل اشاره دارند و بس! حال انقلاب مشروطیت باشد، یا سوم حوت (اسفند) ۱۲۹۹، انقراض سلسله قاجاریه، شهریور ۱۳۲۰، اشغال ایران و پایان سلطنت رضاشاه، حوادث اذربایجان، اقدامات مربوط به ملی کردن صنعت نفت و مرداد ۱۳۳۲، خرداد ۱۳۴۲، و بهمن ۱۳۵۷، ... و جالب اینجاست که با یک دلیل

ساده که فقط شاید یک دانش آموز دبستانی آنطور اندیشیده باشد از کنارش می‌گذرند غافل از آنکه تا تمامی دلایل و عوامل ریز و درشت یک پدیده را ندانیم به دشوار توان اظهار نظر کرد و راه حلی برای بن بستی که همان حادثه در مسیر رشد یک جامعه ایجاد کرد، یافت .

در برنامه‌ریزی‌ها، مبارزات، و هدف تغییر حکومت به همه عوامل تولد موجودی بنام رژیم اسلامی حاکم بر ایران توجه نکنیم به گمان من سخت است که به زهر نابود کننده یا اسلحه کشنده این موجود دسترسی یابیم.

۱۸ - توجه داشته باشیم که در زندگی با افراد زیادی آشنا می‌شویم. کسانی به شما نزدیک و دیگرانی هم دور از شما می‌مانند، مبادا تصور کنیم همه آنانی که به ما نزدیک شدند و ظاهرا هم دوست بنظر می‌آیند و همراه ما برای مدتی می‌مانند به معنای اینستکه ما را دوست دارند یا علاقمند به همکاری با ما هستند. نه، اصلا چنین فکر نکنیم. برای اینکه در آن زمان گزینه بهتری از ما برای تامین خواسته‌هایشان ندارند و این پدیده در هر رابطه‌ای می‌تواند پیش اید اعم از روابط زناشویی، دوستانه، یا یاران و همرزمان و همکاران اجتماعی، سیاسی،... پس در هر رابطه‌ای مراقب باشیم تا ضربه نخوریم.

۱۹- جامعه‌ای که اکثریت قاطع جمعیت آن خود را بخشی از اکثریت ندانند آن جامعه در حال فروپاشی است.

۲۰- سطح انتظارات‌مان را بر پایه امکانات، محدودیتها، ظرفیت و توانایی‌ها، و شعور طرف مقابل تنظیم کنیم. طرف مقابل از اعضای خانواده تا بستگان و دوستان و همکاران و همسایگان و همکلاسان و هم مسلکان تا فعالان اجتماعی- مدنی- سیاسی- زنان و حقوق بشر، و تا مسئولان کشور چه ایران یا هر کشور دیگری که در آن زندگی می‌کنیم را شامل می‌شود. همزمان آماده شنیدن پاسخ منفی و شهامت و مهارت پذیرش «نه یعنی پاسخ منفی» را داشته باشیم.

~~~
~~~

دروغ را فقط یک متخصص می‌تواند به صورت یک حقیقت برای مردم جلوه دهد، اما اینگونه متخصصان هرگز فیلسوف نمی‌شوند زیرا دنیای سیاست به وجودشان بیشتر احتیاج دارد.

—ویل دورانت، مورخ و اندیشمند آمریکایی

- نوزده -

۱- هیچ تهدیدی خطرناک‌تر برای یک جامعه، ملت، طبیعت، فرهنگ، منابع زیرزمینی، نیروی انسانی، اندیشه، علم و دانش، هنر، و آیندگان از حکومت بی حکمت، فاسد، نالایق، آدمکش و بی تدبیر نیست. هرنوع همکاری با چنین حکومت‌هایی یک اشتباه تاریخی و به مثابه فعالیت علیه منافع ملی است. شرکت در «انتخابات» مهندسی شده و نمایش مضحک سازمان‌داده شده توسط این حکومت‌ها یک جنایت ملی است.

۲- امروز زمان مبارزه است، زمان نبرد، پیکار و جنگ علیه انسان ستیزان، زمان سکوت و خاموشی نیست. یک فرصت تاریخی داریم که به جهان ثابت کنیم ما ملتی آگاه و بیدار هستیم و در جنگ بین پیشرفت و پسرفت، زندگی و مرگ، آینده و گذشته، شادی و اندوه، دانش و خرافات، عدالت و ظلم، آزادی و نبود آن، شایسته سالاری و خودکامگی، حقوق بشر و نقض آن ... پیشرفت، زندگی، آینده، شادی، دانش، عدالت، آزادی، شایسته سالاری و حقوق بشر را بر می‌گزینیم، و اگر خلاف این کنیم در برابر نسلهای آینده مسئول و باید پاسخگو باشیم.

۳- زیستن بدون مشکل یک توهم است، و زیستن بدون انگیزه اوج بیخردی است. امروز ما ملت ایران با مشکلی ۴۵ ساله مواجهیم که نتوانسته‌ایم راه حلی برای این مشکل بیابیم. ریشه این ناتوانی در یافتن راه حل را باید در فقدان انگیزه واقعی برای حل این مشکل دانست. بیاییم جمعه، یازدهم اسفند با انگیزه برکناری رژیم اسلامی، یعنی همان مشکل ۴۵ ساله، با خودداری از شرکت در «انتخابات» مهندسی شده و نمایش مضحک، رژیم اسلامی را برای همیشه از احیای مشروعیت برای بقا محروم کنیم.

۴- ما در چهل و پنج سال گذشته در «انتخابات» مختلف مهندسی شده و نمایشی با وعده و وعیدهای دروغین دزدان، غارتگران، بیدادگران، جنایتکارن و آدمکشانی را انتخاب کردیم.

این بار هم اگر در این نمایش مضحک گول این جماعت را بخوریم بعد از این نمایش مضحک دیگر هیچ چیز برایمان باقی نخواهند گذاشت. اگر ما و عزیزان ما را نکشند، اگر از کار برکنارمان نکنند، اگر لباسهای‌مان را از تنمان در نیارند، اگر پولهای حساب پس اندازمان را به غنیمت نبرند، اگر اموال ما را مصادره نکنند، اگر به ما تجاوز نکنند، اگر ایران‌مان را بکلی نفروشند، اگر ما را به جبهه‌های جنگ روسیه- اوکراین، اسراییل- غزه- حزب اله اعزام نکنند،... بی‌تردید باید به خوش‌شانسی خود ایمان آوریم!

۵- شاد باشیم، بخندیم، برقصیم، موسیقی بنوازیم و گوش کنیم، اگر می‌توانیم شیک بپوشیم، و خوب بخوریم، هر کاری که می‌کنیم نقطه مقابل کارهایی باشد که دشمنان‌مان می‌خواهند و در تضاد با خواسته‌های انسان ستیز آنها باشد تا بدین شیوه دشمنان را به وحشت بیندازیم، و به قدرت اراده، اعتماد بنفس، و قاطعیت ما پی ببرند، و بفهمند که ما تسلیم ناپذیریم.

۶- از منتقدان سازنده قدردانی کنیم، از انتقاد آنان در اصلاح عملکرد خود استفاده کنیم، و به آنان انگیزه دهیم تا به انتقاد سازنده ادامه دهند. بعکس، از منتقدان سمی دوری جوییم و اجازه ندهیم که اهداف عالی ما را منحرف کنند.

۷- تعصب کلید نابینایی و جزم اندیشی کلید گمراهی و هر دو شالوده ناآگاهی، مانع خلاقیت، و ترمزی برای پیشرفت هستند.

۸- اندیشه/ایده مهم است صرف‌نظر از اینکه صاحب اندیشه/ایده چه کسی است.

۹- بازسازی اخلاقی در یک جامعه بیمار یک رسالت ملی است.

۱۰- برای پاسخ به رفتارهای کسانی که با خرد و استدلال منطقی بیگانه اند و از هنر همیشه برحق بودن برخوردارند نیاز به ابزار دیگری است و بحث با این افراد بیهوده است.

۱۱- هرگز بیش ازلیاقت کسی به او اجازه حضور در زندگی‌مان ندهیم.

۱۲- استعدادهای پنهان خود را کشف کنید و به هنگام استفاده کنید نه اینکه برای روزهای اضطراری ذخیره کنید. هریک از ما استعدادهایی نهفته داریم که احتمالا از آن خبر نداریم در حالیکه کاربرد آن استعدادها می‌تواند زندگی ما و دیگران را تغییر دهد.

۱۳- گاهی در زندگی پیش می‌آید که بین دهها دلیل برای دشمنی و جدایی یکی که اتفاقا از همه دلایل دیگر مهمتر است می‌تواند پایه دوستی، همکاری و مبارزه علیه دشمن مشترکمان باشد. خرد حکم می‌کند تا به همان یک دلیل برای همکاری با هدف مشخص نابودی دشمن مشترک دست در دست هم دهیم.

۱۴- هیچ گامی را بدون هدف برنداریم، هیچ کاری را بدون دلیل شروع نکنیم، هیچ گزینشی را بدون بررسی نکنیم، هیچ رابطه‌ای را بدون اعتماد متقابل برقرار نکنیم، برای خواسته‌های‌مان سقفی معین نکنیم، در هیچ راهی بدون نقشه گام برنداریم، یادگیری را هرگز متوقف نکنیم، همیشه به خود باور داشته باشیم، مبارزه را بخشی جداناپذیر از وجودمان سازیم، به پیروزی اطمینان داشته باشیم، و به قدرت مغزمان آگاه باشیم و از آن بطور بهینه استفاده کنیم

۱۵- یکی از عواملی که جامعه‌ای را آسیب پذیر می‌کند بی اعتمادی بین شهروندان و مسئولان، و همچنین در رابطه خود شهروندان با هم است. برای حل این مشکل باید همدیگر را درک کنیم، به حرفهای هم به دقت گوش دهیم، وعده‌های پوچ و توخالی ندهیم، به وعده‌های خود عمل کنیم، همیشه کوشش کنیم بیش از آنچه وعده داده‌ایم تحویل بدهیم، وقتی از چیزی آگاهی نداریم و نمی‌دانیم تظاهر به آگاهی داشتن و دانستن نکنیم، وقتی توانایی انجام کاری را نداریم تظاهر به توانستن نکنیم، مسئولیت تصمیمات و کارهای اشتباه‌مان را بعهده بگیریم و پوزش بخواهیم، برای خواسته‌های دیگران ارزش و اهمیت قایل شویم، و آنها را دوست داشته باشیم.

۱۶- اگر بتوانیم که می‌توانیم با کار و کنش و مبارزه و تامل در درون خود زندگی‌مان را معنادار کنیم، با ارزش‌ها و باورهای شخصی و انسانی‌مان به زندگی معنا بخشیم می‌فهمیم که نیازی به مذهب و مذهبی بودن نیست. می‌فهمیم که باید تلاش و مبارزه کرد و به خود متکی بود و به باورهای خود و نه مذهب و هر آنچه که به آن مرتبط است.

۱۷- غیرمعمول باشیم و اگرکارهای معمول را با روش‌های غیرمعمول انجام دهیم می‌توانیم توجه جهان را به خود جلب کنیم.

۱۸- میل سیری ناپذیر به یادگیری و رشد توام با خردگرایی، انتظار انجام کارها با خوشبینی توام با واقع بینی، مسئولیت پذیری و پذیرش مسئولیت کاستی‌ها و نارسایی‌های عملکرد کسانیکه با آنها کار می‌کنیم، توانایی ترجیح دادن نیازهای دیگران به نیازهای خود، و تمایل به انجام مداوم کارهای سخت و ارزشمند از ویژگیهای رهبرانی است که رهبری توام با عوامفریبی، ماجراجویی، جار و جنجال، و خودارضایی را مردود می‌دانند.

۱۹- هر چه رهبری ارتباطش را با مردم کشورش کمتر کند یا بکلی قطع کند، هر چه بیشتر به خواسته‌های مردم بی‌توجه باشد، هر چه نتایج زیانبار تصمیماتش آشکارتر شود، هر چه خودشیفتگی‌اش بیشتر شود، هرچه بیشتر راه رهایی از بن بست را ببندد، هر چه بیشتر از روش‌های خشونت‌آمیز برای مدیریت امور جامعه استفاده کند، هرچه بیشتر سرکوب و ارعاب را بکار گیرد،... مردم را به سرنگونی خود مصمم‌تر می‌کند.

۲۰- هر چه فاصله‌مان را از افرادی که به انسانها توهین می‌کنند، تهمت می‌زنند،تبعیض روا می‌دارند،تجاوز می‌کنند، انسانها را تخریب شخصیتی و ترور فیزیکی می‌کنند، تحقیر می‌کنند، تهدید می‌کنند، بین انسانها تنفر ایجاد می‌کنند،... بیشتر کنیم از آرامش بیشتری برخوردار می‌شویم.

~~~
~~~

در هر انقلابی اگر انقلابیون، حاکمان و افراد قبلی را کشتند یا انتقام گرفتند بدانید آن انقلاب و انقلابیون هرگز کشور را آباد نخواهند کرد و ستمگرانی خواهند بود که فقط دنبال کینه، قتل و غارت خواهند رفت و در آخر کشور را به تلی از ویرانه تبدیل خواهند کرد!

—نلسون ماندلا

- بیست -

۱- زمانی گفته می‌شد انتخابات سنگ بنای دمکراسی است اما امروز در بسیاری از کشورها در واقع بنظر می‌رسد اهرم انحراف از دمکراسی باشد، ابزاری شده در اختیار حکومت‌های غیر دمکراتیک، خودکامه، پوپولیست برای ادعای مشروعیت داشتن. آیا جمهوری اسلامی ایران با بیش از ۴۰ انتخابات در ۴۵ سال به دمکراسی رسیده است؟ بنظر می‌آید این ابزار در جمهوری اسلامی برای توجیه مشروعیت کارایی خود را ازدست داده باشد همانطوریکه در یازدهم اسفند ماه شاهد بودیم.

۲- کلمات را واژگونه بکار نبریم، ارزش کلمات را حفظ کنیم. یک جامعه غیر دمکراتیک، استبدادی را جامعه دمکراتیک نخوانیم، جامعه‌ای که جو امنیتی بر آن حاکم است جامعه آزاد نخوانیم، جامعه‌ای که در صد عمده‌ای از شهروندانش در فقر و فلاکت دست و پا می‌زنند جامعه مرفه نگوییم، جامعه‌ای که مسئولان ریز و درشتش غرق در فساد هستند جامعه سالم نخوانیم، جامعه‌ای که دادخواهانش بیشمارند جامعه عدالت گستر نخوانیم، رهبری که به شرایط زندگی شهروندان نمی‌اندیشد و در پی یافتن چاره برای مشکلات نیست اساسا رهبر نگوییم.

۳- ترس در برابر حکومت‌ها یعنی خاکسپاری آرمان‌ها، امیدها، رویاها، اندیشه‌ها، ارزوها، ایده‌ها، آزادی‌ها، و البته انسان‌ها.

۴- هر بامداد که از خواب بر می‌خیزیم می‌توانیم راه تازه‌ای را در زندگی پیش گیریم اما در گام نخست باید بپذیریم که راه پیشین ما درست نبوده و سپس شهامت ترک راه پیشین را داشته باشیم و سرانجام مطمین شویم که راه تازه ما را به مقصد می‌رساند.

۵- افراد بی تفاوت از منابع اصلی جنایات و مشکلات و مسایل و بحران‌ها در جوامع هستند. هیچ انسانی جنایتکار، بحران افرین و مشکل زا زاده

نمی‌شود بلکه همه عمدتا محصول جوامع بی تفاوت هستند. پس بیاییم با بی‌تفاوتی مبارزه کنیم تا ریشه‌ی جنایات، ستمگری، خودکامگی، روسپی‌گری، فقر، نادانی، بحران و مشکلات بی‌شمار را بخشکانیم.

۶- زمانی که از خاطرات می‌گوییم در گذشته هستیم ولی زمانی که از امیدها می‌گوییم به آینده می‌نگریم. اگر زمانی خاطرات ما بر امیدهای‌مان پیشی گرفت در مسیر سقوط و افول گام بر می‌داریم.

۷- امروزه سواد داشتن ابعادی وسیع‌تر از فقط خواندن و نوشتن را در بر می‌گیرد که شامل مواردی چون سواد سیاسی، سواد اجتماعی، سواد مالی، .... هم می‌شود. اطلاعات مدام درباره این جنبه‌های سواد در حال تغییر و بروز شدن است. کسانیکه اصرار بر حفظ آموخته‌های گذشته دارند و از یادگیری مستمر دانستنیهای تازه سرباز می‌زنند بیسوادان امروزی اند. یادگیری مداوم موضوعات متنوع شما را از انگ بیسوادی خوردن مصون می‌دارد.

۸- یکی از مسئولیتهای هر عضو جامعه کاربرد سنجیده، دقیق، به هنگام و بهینه مهارتها، دانش و دانستنیها، استعداد، تجربیات، قدرت، ثروت و توانایی‌هایش است. دولت و همه نهادهای جامعه نیز مسئول فراهم کردن فرصت برای هر عضو جامعه برای انجام مسئولیتش است. شکست در انجام این مسئولیت از سوی هر فرد یا هر نهاد یک فاجعه ملی است .

۹- حاصل عملکرد ما در طول زندگی‌مان مایی هستیم که امروز هستیم و آنچه که داریم. اگر آنچه هستیم و داریم را دوست نداریم مسئولیت هیچکسی جز خودمان برای تغییر آن نیست .

۱۰- اگر با هر کسی بیش از دانش، بینش، شعور، باور، و فهم او حرف بزنی احتمالا دچار دردسر می‌شوی.

۱۱- کسانی که خم می‌شوند آماده سواری دادن هستند پس یاد بگیریم خم نشویم تا سوارمان نشوند.

۱۲- یکی از وحشتناک‌ترین کارهایی که بسیاری از ما انجام می‌دهیم ترس از تصورات دیگران نسبت به خودمان است، و چنین ترسی ترمزی است برای انجام بسیاری کارهایی که برای پیشرفت ما و توسعه جامعه لازم است.

۱۳- اگر به من بگویی کاری که قصد انجام آن را دارم نشدنی است قاطعانه به تو خواهم گفت که من از مهارتها، دانش، تخصص، و امکاناتی برخوردارم که هیچ کاری برایم نشدنی نیست و محدودیتی و سقفی برای انجام کاری در ذهن من نیست، ذهنم آنقدر باز است که نشدنی در آن جایی ندارد ولی برای تو نشدنی است چون خود را محدود کرده‌ای و ذهنت را بسته نگهداشته‌ای.

۱۴- آیا هیچوقت فکر کرده‌اید چرا کسانی که مغزهای منجمد دارند دهن‌های همیشه باز دارند؟ کسانیکه کم میدانند در پر گویی بی نظیرند؟ کسانیکه تو را ترک می‌کنند لیاقتت را ندارند؟ کسانیکه وعده‌های پوچ و توخالی می‌دهند دروغگویان حرفه‌ای هستند؟ کسانی که بر تو خشم می‌کنند، به تو کینه می‌ورزند، به تو حسادت می‌کنند به بیماری خودآزاری دچار هستند؟ کسانی که یک بار از کسی فریب خوردند و دوباره از همان کس فریب بخورند ابله‌هایی هستند که برای جامعه خطرناک‌اند؟ کسانیکه در زمان فریاد کشیدن خاموش باشند و در زمان خاموشی فریاد بکشند مجرم هستند؟ کسانیکه به شما بدون درخواست تان نصیحت می‌کنند شایسته احترام و قدردانی نیستند؟ کسانیکه راهی را می‌روند و به مقصد نمی‌رسند و دوباره همان راه را می‌روند گمراه هستند؟ کسانیکه بی اندیشیدن زیست می‌کنند راه فنای خود را طی می‌کنند؟

۱۵- بی ثباتی و تغییر تنها اصل تغییر ناپذیر هستی است. یکی از عوامل اصلی و شاید تنها عامل مسایل و مشکلات جهانی سرسختی ما در برابر این اصل باشد که می‌خواهیم به ثبات برسیم امر ی که در تناقض با نظام طبیعت است و هرگز به آن نخواهیم رسید.

۱۶- فرصت را در هر چیزی و در هر لحظه‌ای ببین، در هر حادثه ناگوار، در لحظات تلخ و شیرین، در دیدار با دیگران، در پیروزیها و ناکامی‌ها، در جنگ

و صلح، در عشق و نفرت، در داد و ستم، در فقر و ثروت، در دوستی و دشمنی، در جهل و دانایی، در قدرت و ضعف، در سفر و حضر، در تلاش و تنبلی، در مبارزه و تسلیم، در رنج و خوشی، در بودن و نبودن، در فراز و فرود،...در هر چیز، در هر شرایط، در هر پدیده، در هر رفتار، در هر گفتار،...

۱۷- کسانیکه فرهنگ و تاریخ یک جامعه را به سخره می‌گیرند یا بطورکلی منکر وجود آن فرهنگ و تاریخ می‌شوند هدفی جز نابودی آن جامعه ندارند. برای بقای یک جامعه مبارزه با این افراد یک ضرورت انکارناپذیر است.

۱۸- آیا این مضحک نیست که نسل گذشته برای نسل آینده تصمیم بگیرد؟ قانون وضع کند؟ سیاستگذاری کند؟ آیا این نقض حقوق بشر نسل آینده نیست؟ آیا نسل آینده حق ندارد قانون موضوعه نسلهای پیش خود را لغو و براساس شرایط زمان خود قانونگذاری کند؟ سیاستها و تصمیم‌های نسل گذشته را به تاریخ بسپارد و بر اساس نیازها، خواست‌ها و اهداف، شرایط زمان خود سیاستها و تصمیمات را اتخاذ کند؟ چرا مردان و زنان ۷۰، ۸۰، ۹۰ ساله برای جوانان بیست سی ساله تصمیم بگیرند و قانون وضع کنند؟ آیا گروه اول درک درستی از خواسته‌های گروه دوم دارد؟ آیا نسل امروز حق ندارد از قوانینی که نسلهای پیشین بر او تحمیل کردند یا می‌کنند سرپیچی کنند یا دستکم آزادانه به چالش بگیرند؟ آیا نسل جوان حق ندارد حکومت مردان و زنان ۸۰، ۹۰ ساله را سرنگون کنند؟

۱۹- حکومت‌هایی با وضع قوانین سخت مدعی‌اند که در صدد تهذیب اخلاق عمومی هستند و اگر به مردم آزادی ندهند اخلاقیات تهذیب می‌شود. در حالی کهف کاملاً به عکس، با ارعاب، تهدید، بازداشت، جریمه، فشار، سرکوب، نقض حقوق، تبعیض، تحقیر و توهین شهروندان اخلاق عمومی بدتر می‌شود و نه اصلاح. پس، چنین حکومت‌هایی عامل اساسی انحطاط اخلاقی یک جامعه هستند.

۲۰- بارها نوشتم و باز هم می‌نویسم از هیچ چیز نترسید مگر خود ترس که البته گفته‌ای است از فرانکلین روزولت، رییس جمهوری آمریکا در دوره جنگ دوم جهانی. حکومت‌هایی هستند که باید به عنوان مترسک، ببر

کاغذی، پهلوان پنبه، و شیر بی یال و دم و اشکم به آنها نگریست و نه به حالت یک حکومت مقتدر. چنین باوری است که ترس را از شخص دور می‌کند، در مبارزه پیگیر با چنین حکومت‌هایی قاطع‌تر می‌شود، به پیروزی اطمینان می‌یابد و واژه شکست را از یاد می‌برد.

~~~

اگر جنگی در بگیرد، هیچ رهبری در آن کشته نخواهد شد. اگر اقتصاد کشوری فرو بپاشد، رهبر آن ورشکسته نخواهد شد و هیچ کس کاخ رهبر را مصادره نخواهد کرد. اگر کشوری به ورطهٔ قحطی و تورم شدید بیفتد، رهبر از فکر گرسنگی زن و بچه‌اش دیوانه نخواهد شد. رهبران از راه انداختن هیچ دعوایی ترس ندارند، چون کتک‌ها را کسان دیگری می‌خورند.

—آبراهام لینکلن، ۱۶ مین رئیس جمهوری آمریکا
~~~

- بیست و یک -

۱- ایده، باور، تصمیم، رای و عمل یک فرد در گذشته مسیر تاریخ را تغییر داد و در آینده نیز چنین خواهد کرد. چنین فردی لزوما نباید یک رهبر مصلح، یک نابغه علمی یا یک برنده جایزه نوبل صلح، یک نویسنده نامدار یا یک فیلسوف، یک سرمایه‌گذار یا یک اندیشمند اقتصادی باشد بلکه یک فرد عادی مثل شما و من هم می‌توانیم باشیم. از تیرانداز صربستانی که ولیعهد امپراتوری اتریش و همسرش را کشت و کبریت آتش جنگ اول جهانی را روشن کرد تا آن جوان دانشجو در نیویورک که پردیس دانشگاه‌های آمریکا علیه جنگ ویتنام را به جنبش در آورد، تا آن فرد رومانیایی که با هو کردن چائوشسکو، دیکتاتور سابق رومانی، در حین سخنرانی‌اش موجب شد ملتی علیه دیکتاتور برخیزد. هریک از ما اگر نترسیم که نباید بترسیم بی‌تردید می‌توانیم آن تیرانداز، آن جوان، یا آن شهروند باشیم.

۲- برای نابود کردن یک جامعه روش‌های گوناگونی وجود دارد از سخره کردن یا انکار یا تحریف فرهنگ و تاریخ یک ملت، تا پایین آوردن سطح کیفیت آموزش جامعه، تحقیر زنان و تبعیض علیه آنان، تنزل دادن ارزش پول یک کشور، آدم‌ها را در جای نادرست قراردادن/گماردن نادانان در مناصب و کارهای حساس، و نخبگانش را فراری دادن، زندان یا ترور کردن یا خانه نشین کردن. رژیم اسلامی ایران همه این شیوه‌ها را بکار گرفته است و متوقف کردن این روند رسالت ملی ماست

۳- سعدی می‌گوید کسی به حماقت خود اقرار نکرده مگر کسی که دیگری در سخن باشد سخن ناگفته سخن آغاز کند. می‌خواهم به این سخن نغز و پرمعنای استاد سخن بیفزایم که کسی که بخواهد به احمق‌های جامعه بفهماند که از حماقت دست بر دارند، همزمان، حماقت خود را به نمایش می‌گذارد، یا کسی راجع به هرچیزی و هر کسی و هر پدیده‌ای و هر

حادثه‌ای ابراز نظر قاطع کند سند حماقت خود را امضا می‌کند. آری، شوربختانه، احمق‌ها در جامعه حضوردارند، و بحران می‌آفرینند.

۴- هر نقطه ضعفی بالقوه می‌تواند یک نقطه قوت باشد. مثلا خشمگین شدن عمدتا به عنوان یک نقطه ضعف محسوب می‌شود هر چند همه انسانها کم و بیش و با شدت و ضعف گاهی ممکنست خشمگین شوند. اگر خشم کنترل نشود ویرانگرست ولی آیا نمیتوان از ویژگی ویرانگری خشم به عنوان یک نقطه قوت در مواردی استفاده کرد؟ مثلا در پیکارو مبارزه برای آرمانی انسانی و هر آنچه که ضد انسان و هستی و خوشبختی اوست؟ یا با کنترل خشم نتوان آن را به نقطه قوت تبدیل کرد و کارهای مثبت و سازنده‌ای که در حالت عادی کمتر امکان دارد در زمان خشم بهتر بتوان انجام داد؟

۵- مسئولیت‌ناپذیری و سئولانه عمل نکردن یک بیماری خطرناک است. مبتلایان به این بیماری را برای تامین سلامت جامعه بی‌درنگ باید درمان کرد و اگر درمان‌ناپذیرند باید قدرت تصمیم‌گیری و اجرایی را از آنان سلب کرد. کسی که مسئولیت نمی‌پذیرد و مسئولانه رفتار نمی‌کند نباید قدرت داشته باشد.

۶-آنچه داری را برای بدست آوردن آنچه که نداری و می‌خواهی داشته باشی هزینه کن.

۷- برای رسیدن به هدف هر لحظه تاخیر اشتباهی بزرگ است. منتظر معجزه، امدادهای غیبی، دعای دیگران، وعده‌های واهی و توخالی، و امیدهای بی پشتوانه نباشیم. فقط هر چه سریعتر عمل کنیم.

۸- اگر خواهان رشد و رفاه ملی هستیم تولید کنیم. تولید مهمترین عامل ضد فقر است و مادام که جامعه‌ای تولید را در صدر فهرست برنامه‌هایش قرار ندهد شاهد فقر شهروندان آن جامعه خواهیم بود. توجه داشته باشیم تولید شرط لازم ریشه کن کردن فقر است ولی کافی نیست. توزیع عادلانه تولیدات، عدالت اجتماعی و احترام به حقوق شهروندی عواملی هستند که در کنار تولید قدرت ریشه کن کردن فقر را می‌یابند.

۹- به گروه‌هایی بپیوندیم که انتظارات‌شان از انتظارات ما بیشتر، اهداف‌شان از اهداف ما عالیتر، مهارتهای‌شان از مهارتهای ما پیشرفته‌تر، دانش‌شان از دانش ما گسترده‌تر و ژرف‌تر، تجربیات‌شان از تجربیات ما عمیق‌تر و مفیدتر، عملکردشان از عملکرد ما درخشان‌تر، و افق دیدشان از افق دید ما وسیعتر و دورتر باشد.

۱۰- در یاددادن و آگاهی بخشیدن همچو شمع فروزان باشیم که با روشن کردن هزاران شمع دیگر همچنان فروزان می‌ماند.

۱۱- دوست داشتن خود یک اصل است و برای بقا امری انکار ناپذیر، نه خودخواهی است و نه کاری قابل سرزنش. دوست داشتن خود پایه است برای دوست داشتن دیگران، جامعه و هر چیز دیگر. تا نتوانیم از خود مراقبت کنیم از هیچکس دیگری نمی‌توانیم مراقبت کنیم. تا از حقوق خود نتوانیم دفاع کنیم از حقوق دیگران نمی‌توانیم دفاع کنیم، .... پس بیاییم با افتخار بگوییم خود را دوست داریم تا شرط اساسی دوست داشتن دیگری و جامعه و چیزهای دیگر را دارا شویم. نشان دهیم توانایی مراقبت از خود را داریم تا دیگران ما را باور کنند که می‌توانیم از آنان هم مراقبت کنیم، و ثابت کنیم که قدرت دفاع از حقوق خود را داریم پیش از اینکه فریاد بر آریم که مدافع حقوق دیگران هستیم. مردم هم بدانند اگر کسی خود را دوست نداشته باشد و بگوید شما را دوست دارد، اگر کسی از خود نتواند مراقبت کند و بگوید از شما مراقبت می‌کند، و اگر نتواند از حقوق خود دفاع کند و ادعای دفاع از حقوق شما را داشته باشد تردید نکنند که دروغ می‌گوید، در پی فریب شماست، یاوه می‌گوید و شیادی بیش نیست. خود را از آسیب این افراد در امان نگهدارید.

۱۲- برای کسب جایگاهی که درپی آن هستیم نیازی به تخریب دیگران نداریم اگر ویژگیهای لازم را برای قرار گرفتن در آن جایگاه داشته باشیم، اگر دارای نظرات منطقی هستیم و با استدلال در برابر نظرات مخالف خود از خود می‌توانیم دفاع کنیم نیازی به توهین به صاحبان نظرات و اندیشه‌های مخالف خود نداریم.

۱۳- اشتباه کردن امری عادی است که هر انسانی در زندگی‌اش شاید بارها مرتکب می‌شود اما آنچه غیر عادی و خطرناک است توجیه کردن اشتباه و تکرار همان اشتباه و درس نگرفتن از آن است.

۱۴- بودن لازم است ولی کافی نیست. بودن با تاثیر گذاری کافی می‌شود. اگر هستیم و تاثیر گذار نیستیم منابع طبیعی را تلف می‌کنیم و از این نظر با بی تاثیر بودن‌مان ناقض حقوق دیگران هستیم.

۱۵- رابطه‌ای مستقیم بین سطح انتظارات و باور به میزان توانایی فرد وجود دارد. انتظاراتم از کسی که باور به توانایی او در سطح بالا باشد در سطح هم بالاست، و بعکس اگر به توانایی فردی مشکوک باشم به همان نسبت سطح انتظاراتم نیز از او کاهش می‌یابد.

۱۶- کارل پوپر: «هدف یک بحث پیروزی نیست بلکه پیشرفت است» در حالیکه هدف اکثر ما ایرانیان از مباحثه بنظر می‌رسد نه پیروزی است و نه پیشرفت بلکه تخریب همدیگر، اگر نه نابودی هم.

۱۷- تغییر را بپذیریم که رشد و شکوفایی در پی داردو نه تقدیر را که به سکون و ایستایی و رکود و نابودی منجر می‌شود.

۱۸- امیل زولا می‌گوید «تمدن بشر هرگز به حد کمال نخواهد رسید مگر آنکه اخرین سنگ از آخرین کلیسا روی آخرین کشیش فرو افتد». ما هم اگر به پیروی از امیل زولا بگوییم که ایران رهایی نخواهد یافت، اباد نخواهد شد و ایرانیان به آنچه سزاوار آنند نخواهند رسید مگر آنکه اخرین سنگ از آخرین مسجد بر سر آخرین آخوند فرود اید سخنی به گزاف نمی‌گوییم.

۱۹- نوروز نزدیک است و نو پوشیدن در نوروز بخشی از سنت نوروزی است. در این روز بیاییم نه تنها لباسهای کهنه را به دور اندازیم و لباس نو بتن کنیم بلکه مذهب و هر چه به آن وابسته است که بوی کهنگی می‌دهد را نیز به دور اندازیم و طرحی نو در آمیزیم.

۲۰- پرسشی دارم از کسانی که هنوز از عملکرد خود در سال ۱۳۵۷ در جابجایی قدرت سیاسی دفاع می‌کنند. منظورم نفس جابجایی قدرت سیاسی نیست (آنچه در ۱۳۵۷ رخ داد نیاز بود یا نه؟) که اصولا موضوع دیگری است. آیا نظام حکومتی پیش از ۱۳۵۷ اصلاح‌ناپذیر بود و اگر به باور شما اصلاح‌ناپذیر بود گزینش مذهب و ملا به عنوان جایگزین عقلانی و منطقی بود؟ آیا مذهب و ملا به باور شما در آن روز یا امروز که به ۴۵ سال پیش نگاه می‌کنید می‌توانست به خواسته‌های شما چون آزادی و دمکراسی (آن‌طور که ادعا می‌کنید) پاسخ مثبت دهد؟ مشکل بزرگ من با حامیان خمینی در ۱۳۵۷ همین نکته است که در آن زمان مذهب و ملا گزینه‌شان به عنوان پرچمدار آزادی بود، و هنوز هم بسیاری از آن هواداران از آن موضع پس از ۴۵ سال دفاع می‌کنند! در حالی‌که اندیشمندانی چون زنده یاد دکتر اسماعیل خویی، دکتر منصور فرهنگ، دکتر عباس میلانی، زنده یاد دکتر هما ناطق، زنده یاد داریوش شایگان و حتی مرحوم مهندس مهدی بازرگان و مرحوم دکتر سحابی به اشتباه خود آشکار و پنهان اقرار کردند. برای آگاهی خودم نیاز به پاسخی مستدل دارم نه اینکه پاسخی مثل «انقلاب» را دزدیدند، یا «انقلاب» به انحراف کشیده شد، یا فکر می‌کردیم پس از پیروزی، خمینی به قم می‌رود و در کار سیاست دخالت نمی‌کند، یا درباره خمینی آگاهی نداشتیم، یا گول خوردیم، یا خمینی دروغ گفت، و از این پاسخ‌ها که هیچکدام مستدل و منطقی نیستند. راستی، چرا راه دیگری جز مذهب برای آزادی سیاسی بر نگزیدید؟ آیا هرگز از خود پرسیده‌اید که چرا واقعا؟

~~~

جامعه‌ای که بر پایه روحانیان شکل گرفته باشد وجود گناه در آن امری ضروری است زیرا اصولا آنها با گناه کردن مردم گذران زندگی می‌کنند...!! ادیان نگهبان خرافات و فساد حاکمان‌اند.

—فردریش نیچه
~~~

- بیست و دو -

۱- با انرژی منفی، تفکر بحران زا، واژه «نمی‌توانم»، بی هدف بودن، بی برنامگی، ذهن تغییرناپذیر و بسته، نیاموختن از تجربه، درس نگرفتن از اشتباه، کاربرد دوباره رویکردی شکست خورده، افق دید محدود، ناتوان از برقراری رابطه مثبت و سازنده یا بی تدبیری در حفظ آن، و فقدان اینده نگری انتظار پیروزی امیدی واهی است.

۲- با هر اندیشه و دیدگاهی که داریم و به هر مکتب فکری و ایدیولوژی که گرایش داریم/ دلبسته‌ایم انکار حضور گذشته در حال و آینده زندگی‌مان و جامعه خودفریبی است. چه بخواهیم و چه نخواهیم گذشته با ماست و در زندگی ما و جامعه نقش و نفوذ دارد، و بر حال و آینده تاثیر می‌گذارد. خرد حکم می کند برای رشد و توسعه جامعه، و آماده شدن برای آینده‌ای بهتر گذشته را خوب بشناسیم، و دلایل آنچه در گذشته زندگی‌مان و جامعه رخ داد را بیابیم. انکار نفوذ گذشته در حال و آینده انکار وجود خود است.

۳- اگر تلاشی که در واگرایی می کنیم و فرصتی که برای جدایی می‌سوزانیم در همگرایی و همبستگی می کردیم تردید نکنید که بر هر قدر قدرتی، هر تبهکاری، و هر اهریمنی پیروز می‌شدیم. در جهان مدرن با کار گروهی و دستجمعی احتمال پیروزی و رسیدن به هدف بیشتر است.

۴- نگرانی یکی از احمقانه‌ترین کارهایی است که می‌توانیم بکنیم. دیروز، هفته پیش، ماه پیش، شش ماه پیش، یک سال پیش، پنج سال پیش،... نگرانی‌هایی داشتی که حالا بکلی رفع شده یا حتی بعضی از آنها را بخاطر نداری. بنابراین در برابر سختی‌ها، بحران‌ها، کمبودها،... مهم جستجوی راه حل است و چاره جویی، و نه ابراز نگرانی و ایجاد استرس برای خود و دیگران.

۵- اگر فکر می‌کنیم بیش از نیمی از عمرمان گذشت و سال‌های پیش روی باقیمانده کمتر از سال‌هایی است که گذشت هنوز فرصت کافی برای تحقق اهداف و رویاهای زندگی‌مان را داریم، هنوز فرصت کافی برای تاثیر گذاری بر زندگی و جامعه را داریم، هنوز برای بسیاری از کارها دیر نیست، هنوز می‌توانیم اثر یا آثار ماندگار از خود بر جای بگذاریم فقط باید به خود باور داشته باشیم. همین و بس! فراموش نکنیم که تولستوی در ۶۸ سالگی شنا آموخت!

۶- فکر نمی‌کنم جنگ‌ها را فقط سیاستمداران، سرمایه داران و نظامیان بوجود می‌آورند بلکه ما مردم عادی هم در آن نقش داریم با سکوت خود، با بی تفاوتی، با حمایت از جنگ، با دفاع از موضع و تصمیم جنگ افروزان، با شرکت داوطلبانه در جنگ، با تنفر از طرفی که دشمن خود میدانیم و خواهان نابودی آنها هستیم،...

۷- تبلیغات حکومت‌ها همانند جنگ و خشونت قدرت انسان زدایی دارد، و می‌تواند به گسترش «نا انسانیت» در جامعه منجر شود.

۸- تحریم اقتصادی علیه یک کشوری مثل روسیه یا ایران فقط در صورتی می‌تواند هدف تحریم‌کنندگان (اگر واقعا فشار بر کشور مورد تحریم باشد) را برآورده کند که اجماع بین‌المللی پشتوانه آن باشد، و نه فقط از سوی یک کشور یا یک گروه از کشورها با هدف قرار دادن چند مسئول یا شرکت، بلکه باید بسیار فراگیر باشد وگرنه فقط گونه‌ای بازی سیاسی برای فریب مردم است. فریب این نوع تحریم‌ها را نخوریم.

تحریم در سطح داخلی از سوی شهروندان و گروهها علیه حکومت مثلا در «انتخابات» زمانی بطور قاطعانه اثربخش است که بصورت دستجمعی و سراسری باشد.

۹- شکست خوردگان واقعی کسانی هستند که خود را شکست خورده می‌پندارند حال چه جنگ باشد یا انتخابات یا امتحان یا در کل زندگی، وگرنه پدیده‌ی شکست وجود خارجی ندارد.

۱۰- از کسانی در شگفتم که به موی سر و لباس و وضع ظاهرشان بیش از آنچه وارد مغزشان می‌کنند و به آنچه می‌اندیشند اهمیت می‌دهند. بدانید شخصیت‌مان عمیقتر و گویاتر از ظاهرمان معرف ماست. مراقب رفتار افرادی باشیم که بیشتر مراقب ظاهرشان هستند تا محتوای مغزشان .

۱۱- فریب هر مدعی دمکراسی را نخورید. از کره شمالی کمونیست تا ایران تیوکراتیک تا کنگو در آفریقا همه خود را نظامهای دمکراتیک می‌خوانند که نیازی به اثبات دروغگویی‌شان نیست! اما کنشگران سیاسی هم که ظاهرا مخالف همین حکومت‌ها هستند آگاهانه یا ناآگاهانه از دمکراسی در گفتار و شعار و نوشتار می‌گویند و می‌نویسند و تبلیغ می‌کنند. بیشتر اینان نیز به مانند رهبران کره شمالی، ایران اسلامی، کنگو، ... دروغ می‌گویند چون فقط حرف می‌زنند، ادعا می‌کنند، شعار و وعده‌های پوچ می‌دهند. دمکراسی البته باید از یه جایی شروع شود. نقطه شروع می‌تواند آگاهی سیاسی دادن، انتخابات آزاد، ... باشد اما پیش از آن لازم است اسباب یک حکومت و جامعه دمکراتیک را فراهم کرد. بسیاری از کارشناسان علوم سیاسی و اجتماعی اتفاق نظر دارند که توسعه فرهنگ سیاسی دمکراتیک، توسعه یک طبقه متوسط قدرتمند، توسعه جوامع مدنی از اتحادیه‌های کارگری تا احزاب و گروه‌های سیاسی تا کانون نویسندگان تا رسانه‌های مستقل و آزاد، وتوسعه اقتصادی و حداقل در آمد متوسط سرانه مورد تایید کارشناسان برای شکل گیری یک حکومت دمکراتیک از پیش شرطهاست. مدعیان دمکراسی هرگز راجع به چگونگی توسعه این عوامل اساسی و ضروری شکل گیری یک نظام دمکراتیک حرف نمی‌زنند و ترجیح می‌دهند ساکت باشند.

۱۲- «وقت طلاست.» همه ما حتماً با این ضرب المثل آشناییم و بارها در طول زندگی‌مان شنیده‌ایم. بنظرم هیچ چیزی با وقت قابل قیاس نیست و هیچ چیزی ارزش وقت را ندارد. وقت ارزشمندترین کالایی است که ما در اختیار داریم و هر چقدر از آن را استفاده کنیم دقیقا همانقدر کمتر خواهیم داشت. کالایی است که تحت هیچ شرایطی و با هیچ علم و تکنولوژی ای

تجدید پذیر نیست. اگر در استفاده این کالا سنجیده عمل نکنیم و از آن بطور بهینه استفاده نکنیم علیه خود جنایت می‌کنیم.

۱۳- یکی از کارهایی که برای آرامش خاطر باید انجام داد یادگیری چگونگی واکنش به موضوعی است که مورد پرسش قرار میگیریم؛ به برخی پاسخ دهیم، در برابر بعضی سکوت کنیم و برای بقیه توضیح دهیم.

۱۴- ملتی که آینده‌اش شبیه یا بدتر و تیره‌تر از گذشته‌اش است در لبه سقوط و نابودی است و یافتن راه چاره و درمان بسیار دشوار.

۱۵- حکومتی که در کار نظام آموزش و پرورش دخالت می‌کند، کتابهای درسی را می‌نویسد، برنامه‌ها و سوژه‌های درسی را تعیین می‌کند نه برای کمک به بالا بردن کیفیت آموزش و تربیت نسلی سازنده و مستقل است بلکه برای آموزش نوجوانان و جوانان جامعه به تمکین به میل و خواسته حکومت و پرورش نسلی مطیع و تحت کنترل و دگماتیست و شست و شوی مغزی داده شده است تا نتواند بیندیشد و حکومت برایش بیندیشد.

۱۶- بیاییم بیاموزیم کسی که مخالف من حرف می‌زند مجرم و جنایتکار نیست بلکه فقط با طرزفکر من موافق نیست. من اگر به اندیشه خود اعتماد دارم و دیدگاهم را درست می‌دانم می‌توانم با مخالفان اندیشه‌ام به گفت و گو بنشینم و بطور منطقی و متمدنانه دلایل خود را ارایه دهم یا همدیگر را متقاعد میکنیم که یکی از ما درست می‌گوید یا به توافقی نمی‌رسیم و هر کدام افکار خود را حفظ می‌کنیم. آری، به همین سادگی!

۱۷- هیچ جامعه‌ای نمی‌تواند ادعای توسعه و پیشرفت، دمکراسی، آزادی، دادگری اجتماعی و دفاع از حقوق بشر کند مگر آنکه با زنان، اقلیت‌های مذهبی، قومی و دیگر اقلیت‌ها مثل شهروندان درجه دو رفتار نشود، مورد تبعیض قرار نگیرند، حقوق‌شان پایمال نشود، فرهنگ آنها مورد حمایت قرار گیرد، فرزندان آنها در کشور خود احساس بیگانه بودن نکنند، پاسخ خواسته‌های برحق آنان سرکوب و بازداشت و زندان و شکنجه و اعدام نباشد.

۱۸- بیاییم بخاطر حماقت دیگران ما هم احمق نشویم. اگر حتی اکثریتی تحت تاثیر تبلیغات گرایش به حزب، کاندیدا، یاگروه خاصی می‌یابند چون اکثریت هستند لزوما درست فکر نمی‌کنند. معیار ما باید خرد ما باشد ولو اینکه تنها در برابر اکثریت عظیمی قرار گیریم. به هر شعاری تن در ندهیم چون اکثریت آن شعار را سر می‌دهند، اکثریت می‌تواند اشتباه کند. اگر اکثریتی در پی تخریب کسی یا کسانی هستند ما با اکثریت همصدا نشویم بلکه شخصا به بررسی افکار و مواضع آن کس یا کسان بپردازیم و تصمیم خود را بگیریم. اگر اکثریتی در جامعه‌ای به راهی می‌روند که با خرد ما سازگاری ندارد آن راه را نرویم بگذار انگشت نما شویم ولی از متمایز بودن و تک بودن نهراسیم اگر خردمان چنین حکم می‌کند. بپذیریم که همیشه اکثریت درست نمی‌اندیشد.

۱۹- چرا هنوز برای مبارزه با جنایات تاکید بر معلول است و نه علت یا علل؟ چرا یک سارق، قاتل، «روسپی»، مرتکب تجاوز به عنف، «مجرم سیاسی»، تولیدکننده، توزیع کننده، فروشنده، و مصرف کننده مواد مخدر، ...باید محاکمه، مجازات، زندانی شوند، و حتی شکنجه و اعدام شوند ولی فرهنگ فقر، فرهنگ فاحشه پرور، فرهنگ اعتیاد به مواد مخدر، فرهنگ ضد آزادی، فرهنگ خشونت و آدمکشی، فرهنگ تجاوز، ... که علل و ریشه‌های اصلی آنچه که جرم و جنایت گفته می‌شود همچنان نه تنها وجود داشته باشند بلکه هر روز بیش از پیش با شدت بیشتری ادامه داشته باشند

۲۰- آیا هیچوقت از خود پرسیده‌اید که چرا ستم دیدگان امروز ستمگران فردایند؟ مگر نه اینکه خمینی، خامنه‌ای، هاشمی رفسنجانی، شیخ صادق خلخالی، ... خود را قربانیان و ستمدیدگان حکومت محمدرضا شاه پهلوی می‌دانستند؟ پس چرا خود بعد از کسب قدرت به ستمگرانی بدل شدند که در ربع پایانی سده ۲۰ میلادی و ربع نخست سده ۲۱ میلادی مشابه‌شان نادرند؟

~~~
~~~

مردم بیشتر اوقات به وعده‌ای دروغ دل می‌بندند و در تباهی خود می‌مانند.

—نیکولو ماکیاولی

- بیست و سه -

۱- تلاشی که در ساختن اسمانخراشها، مساجد، کلیساها، معابد و کاخها می‌کنیم اگر در ساختن انسان با مرام انسانیت می‌کردیم قطعا شاهد دنیای بهتر، شادتر، سالم‌تر، مسالمت‌آمیزتر و با کیفیت‌تر می‌بودیم.

۲- وقتی انجام کاری، اتخاذ تصمیمی، بیان عبارتی، برقراری رابطه‌ای، انجام معامله‌ای، شرکت در جلسه‌ای، رفتن به سفری، ...لازم و ضروری نیست بهترست آن را‌نکنید چون از یکسو زمان ما محدود است و کارهای ضروری بیشماری داریم که پرداختن به کارهای غیر ضروری فرصت انجام ان کارهای ضروری را از ما می‌گیرد، و از سوی دیگر چه بسا که انجام آنچه غیرضروری است نتایج منفی و ویرانگر ببار آورد.

۳- بسیاری از مشکلات و بحران‌هایی که در زندگی با آنها روبرو می‌شویم شاید خودمان نقشی در ایجاد آن مشکلات و بحران‌ها نداشتیم ولی قطعا مسئولیت حل آنها با ماست حال چه بصورت فردی و چه بطور گروهی. اگر از حل آنها طفره رویم باید پذیرای آثار منفی و زیانبار آنها باشیم.

۴- هرچی و هر کی که در رشد و روند رو به تکامل و مسیرمبارزه تان در زندگی مانع است را از خود دور کنید حتی کسانی که بسیار به شما نزدیکند .

۵- آنچه را که دوست داریم منتظر دیگران ننشینیم تا برای‌مان فراهم کنند بلکه کسب آن را مسئولیت خود بدانیم و نه تنها احساس مسئولیت کنیم بلکه احساس مسئولیت توام با تلاش و مبارزه.

۶- انسان موجودی متعهد است و تعهدات او متنوع است با ابعادی گسترده از تعهد به خود تا اطرافیان تا جامعه و تا طبیعت. عامل عمده بحران‌ها، نابسامانی‌ها، جنایات، بدبختی‌ها، کاهش کیفیت زندگی‌ها، اختلافات، سوءاستفاده‌ها، ارتباطات سست بنیان، روابط خشونت‌آمیز، ... کوتاهی ما

انسانها در انجام تعهدات خود است. انسان غیر متعهد انسان مرده است و انسان زنده‌ای که در انجام تعهدات انسانی خود کوتاهی می‌کند به خود و دیگران جنایت می‌کند

۷- اعتقاد در تضاد با اندیشه و تفکر است. معتقدین و متفکرین هیچ نقطه مشترکی ندارند. انتظار اندیشیدن از معتقدین توهمی بیش نیست .

۸- نقش حکومت را در تغییر فرهنگ و تمدن و اخلاق عمومی یک جامعه هرگز دست کم نگیریم. هر چند گفته می‌شود که تغییرات فرهنگی و اخلاقی آهسته و نسلها طول می‌کشد اما حکومت‌ها با امکانات وسیع و دستگاه‌های تبلیغاتی این روند را کوتاه می‌کنند به ویژه اگر هدف ضد فرهنگی، ضد اخلاقی و برنامه ریزان و مجریان ضد تمدن باشند.

۹- در بوستان سعدی در باب عدل و تدبیر و رای شعر نسبتا طولانی آمده که دوبیت آن چنین است؛

خداوند بستان نگه کرد و دید	یکی بر سر شاخ، بن می‌برید
نه با من که با نفس خود می‌کند	بگفتا گر این مرد بد می‌کند

بخشی از این شعر در مورد رژیم اسلامی صدق می‌کند که با تلاشی باورنکردنی در صدد سرنگونی خوداست اما شوربختانه بر خلاف گفته صاحب آن بستان که مرد ی که شاخ می‌برید مثل رژیم اسلامی به خود بد می‌کرد، رژیم اسلامی نه تنها به خود بلکه به ایران و ملت ایران و بی‌تردید به غیر ایرانیان نیز با بی تدبیری آسیب وارد می‌کند که لزوم تلاش جهانی در توقف ماجراجویی‌های رژیم اسلامی برای منافع و مصالح ایران و جهان را اجتناب‌ناپذیر می‌کند.

۱۰- هیچ زندانی خطرناک‌تر از افکار محدود، بسته و دگم نیست و هیچ زندانبانی خطرناک‌تر از آنی نیست که چنین زندانی را ایجاد و حفظ می‌کند. مبارزه با چنین زندانبانانی یک رسالت ملی و انسانی است.

۱۱- هر یک از ما به عنوان شهروند یک جامعه از حقوقی بر خورداریم، به عنوان یک انسان از حقوقی برخورداریم، به عنوان عضوی از جامعه جهانی از حقوقی بر خورداریم، به عنوان عضو یک خانواده، یک گروه، یک سازمان... از حقوقی برخورداریم. بنظرم اگر در جامعه‌ای زندگی کنیم که از دو حق اساسی برخوردار باشیم بسیاری از حقوق دیگرمان نیز تامین می‌شود. حق داشتن حکومتی لایق، سازنده و منصف، و حق انتخاب.

۱۲- هر حکومتی در هر جای جهان به افرادی کلیدی برای اداره امور جامعه نیاز دارد که منصوب یا بر گزیده می‌شوند. هر نوع اشتباهی در انتصاب یا گزینش این افراد می‌تواند فاجعه آفرین باشد و انتصاب/انتخاب کنندگان باید مسئولیت اشتباه فاجعه‌آمیز خود را بپذیرند، و فرد منصوب یا منتخب خود را بیدرنگ برکنار کنند تا زیان‌های بیشتری بر جامعه وارد نشود

۱۳- با هر حکومت بهره کش و استثمارگر راهی جز مبارزه و غلبه بر آن نیست اگر خواهان منافع و مصالح و رفاه ملی هستیم. چنین حکومتی چه ریشه در دین داشته باشد یا در جهل و نادانی مردم، و چه تکیه بر دشمن فرضی کند یا فردی را بت کند، مقدس کند و به درجه الوهیت برساند فرقی ندارد.

۱۴- رهبری در مردم خلاصه می‌شود و بس! توجه به خواسته‌های مردم، امنیت و مصالح و منافع و رفاه و آرامش و آسایش مردم. رهبرانی که به خواسته‌های مردم توجه ندارند یا در تامین آن ناتوانند شایستگی رهبری ندارند و باید کنار روند یا به زیر کشیده شوند. مردم هم باید در انتخاب رهبران با آگاهی و دقت کامل تصمیم بگیرند تا رهبران ناتوان، ضعیف و عاجز از تامین خواسته‌هایشان را بر نگزینند

۱۵- از هر کسی انتظار نداشته باشید افکار ۱۵۰۰ سال پیش را از ذهن‌هایشان دور بریزند آنها حتی جرات دور ریختن اشغال‌های خانه‌شان را هم ندارند.

۱۶- هیچگونه محدودیت و هیچ حصار و دیواری را نپذیریم زیرا شروعی است برای آسیب زدن هدفمند به ما.

۱۷- تاریخ و تجربه به ما می‌آموزد دسترسی به امکانات بخودی خود هیچ موفقیتی را تضمین نمی‌کند. چه بسا فرزندانی که وارث اموال کلانی بودند ولی بی بهره از عقل معاش و مدیریت اموال، نه تنها موفقیتی در زندگی کسب نکردند بلکه اموال ارثی را هم بر باد دادند یا چه کشورهایی که بر اقیانوسی از ثروت نشسته اند ولی ناآگاهی و فساد مدیران و مسئولانش کشور را در مسیر نابودی و شهروندانش را به فقر و فلاکت و گرسنگی و بیکاری و اعتیاد به مواد مخدر و روسپیگری و جنایت کشانده است.

۱۸- احتمال پیروزی زمانی بالاتر می‌رود که در خواب هم بیدار باشیم، در زمانیکه دیگران خوابند ما بیدار باشیم، یا بطورکلی با واژه«خواب» بیگانه شویم و واژه «بیداری» را جایگزین آن کنیم.

۱۹- کسانی که در ایجاد یک جامعه بیمار نقش کلیدی داشتند انتظار اینکه در درمان جامعه بیمار هم نقش کلیدی داشته باشند نشانه بیخردی و زوال اندیشه ماست

۲۰- کسانی که برای شکست بهانه تراشی می‌کنند یا دیگران را مقصر می‌دانند بدون اینکه به نارساییها، بی تدبیری‌ها، اشتباهات، تصمیمات نسنجیده و نا آگاهی خود تاکید ورزند شانس پیروزی خود در مراحل بعدی را کاهش می‌دهند و شاید هم هرگز پیروز نشوند.

~~~

استبداد گارش این است که هر روز آدم‌های بیشتری را مجبور به انتخاب بین شرافت و آسایش کند. استبداد گارش این است که هر روز شریفانه زیستن را دشوارتر کند. استبداد گارش این است که هر روز بنشیند به تماشای آدم‌هایی که در ترجیح شرافت بر آسایش یک جا می‌لغزند (و از چشم دیگران می‌افتند).
~~~

استبداد کارش این است که هر روز هزینه شرافت را بالا ببرد تا تعداد کمتری قادر به پرداخت آن باشند. استبداد کارش همین است، تهی‌سازی جامعه از شرافت....

—واتسلاو هاول، قدرت بی‌قدرتان

- بیست و چهار -

۱- ایکاش در دانشگاه‌های سراسر جهان رشته‌ای هم با عنوان «انسانیت» وجود می‌داشت و مدارک کارشناسی، کارشناسی ارشد و دکتری اعطا می‌کرد تا دارندگان آن مدارک جهان را به مسیری می‌بردند که خوشبختی انسانها تامین می‌شد.

۲- افسوس خوردن برای گذشته کار بیهوده‌ای است چون بازگشت به گذشته هم ناممکن و هم غیر منطقی است ولی ما از قدرت کافی برای ساختن آینده‌ای بهتر از گذشته برخورداریم پس بهتر است بر ساختن آینده تمرکز کنیم و انرژی، زمان، اندیشه، تجربه، نیرو، دانش و مهارت خود را صرف آن کنیم.

۳- افرادی که خود را مدافع حقوق ملت ایران معرفی می‌کنند و همزمان در مراسم محرم، ۲۱ ماه رمضان، روضه خوانیها، زیارت قبرهای تازیانی که بیش از هزار سال پیش مرده اند و مکه می‌روند در حالیکه به مشهد می‌روند ولی به طوس نمی‌روند، به شاهچراغ می‌روند ولی به پاسارگاد نمی‌روند، ...با اریوبرزن، رستم فرخ زاد، یعقوب لیث، لطفعلی خان زند، بابک خرمدین، ... بیگانه اند دروغگویان و شیادانی بیش نیستند. فریب‌شان را نخورید.

۴- اشخاصی که مذهب را مانع رشد اجتماعی، اقتصادی، و سیاسی یک جامعه نمیدانند نگاهی به فنلاند، موفق‌ترین کشور جهان بیندازند که ۹۷ درصد شهروندانش به دین اعتقادی ندارند و در سرتاسر آن کشور فقط چهار کلیسا و یک کنیسه وجود دارد.

۵- کسانیکه دیگران را به علت متفاوت اندیشیدن از خود مجرم می‌دانند، دانش‌های انسان ساز، اندیشه‌های انسانی، طرفداران خوشبختی انسان، مبارزان ضد خودکامگی را مردود می‌دانند، و دانش‌هایی که پرورش

دهندگان آدم‌های پخمه، و فرمانبردار را تشویق می‌کنند مرتکبین جنایت علیه بشریت هستند.

۶- خود را باور کنیم تا دیگران هم ما را باور کنند و اگر همه ما به خودباوری برسیم بدانمعنا خواهد بود که همه همدیگر را نیز باور خواهیم داشت و با باور به خود و باور متقابل به دیگران نیروی عظیمی را تشکیل خواهیم داد که هیچ قدرتی هر چقدر قدرتمند نتواند ما را شکست دهد. اگر همه ما به حالتی برسیم که خود و دیگران را باور کنیم ذره‌ای تردید نکنیم که در مقابله و مبارزه با هر انسان ستیز و نا انسانی پیروزی از آن ما خواهد بود.

۷- هر یک از ما مسئول گفته‌ها و آنچه باید می‌گفتیم و نگفتیم هستیم ولی مسئول برداشت‌های دیگران از گفته‌های‌مان نیستیم. مفهوم و معنای آنچه می‌گوییم ممکن است با برداشت دیگران یکسان نباشد.

۸- با کسانی همنشین و همرزم و هم پیمان شویم که برای خود، برای وجود خود، برای زندگی خود، برای زمان خود، و برای انسان مبارز ارزش قایل است، با هر کسی همنشین نمی‌شود، هر کتاب و نشریه‌ای را نمی‌خواند، به هر محفل و مجلس و تظاهراتی نمی‌رود، شعار نمی‌دهد و از شعورش فرمان می‌گیرد و به تعهد خود پایبند است.

۹- برای رژیم‌های سیاسی خودکامه طبقه متوسط قوی خطرناک است زیرا زمینه ساز تغییرات بنیادی از دیکتاتوری به دمکراسی می‌تواند باشد. تضعیف طبقه متوسط و هل دادن آن سوی طبقه پایین جامعه هم برای رژیم‌های خودکامه می‌تواند خطرناک باشد چون بالقوه محرکی است برای طبقه فقیر جامعه که علیه طبقه بالای جامعه و همان حامیان رژیم خودکامه برخیزند.

۱۰- تامس جفرسن می‌گوید «قوانین هر کشور باید در هر نسل یکبار عوض و بازنویسی شود؛ چون هیچ نسلی حق ندارد برای نسل‌های بعدی تعیین تکلیف کند.» خمینی هم در حرف کم و بیش با این عبارت موافق بود هر چند به آن عمل نکرد. آیا به نظر شما جفرسن درست می‌گفت؟ آیا با نظر

جفرسن موافقید؟ اگر موافقید پس چرا برای بازنویسی قوانینی که ۴۵ سال پیش و حداقل بخشی از آن با الهام از قوانین بیش از ۱۴۰۰ سال پیش تدوین شد قاطعانه اقدام نمی‌کنید؟ حتی اگر تمام قوانین حاکم بر ایران را ۴۵ ساله بدانیم با معیار جفرسن دونسل و نیمه که از تدوین آنها می‌گذرد و امروز، نسل امروز، حق و وظیفه دارد که در آن تجدیدنظر کند و همه موانعی که موجب می‌شود این قوانین همچنان ثابت بمانند را با هر روش و وسیله ممکن از بین ببرد.

۱۱- پاسداری از فرهنگ، سنن و جشن‌های ملی چون نوروز، سیزده به در، تیرگان، مهرگان، یلدا، سده، چهارشنبه سوری،...یک رسالت ملی هر ایرانی باورمند به بقای ایران است. این یک حرکت و مبارزه دستجمعی علیه ایران ستیزان محسوب می‌شود. بسیاری از ما وقتی با واژه «مبارزه» برخورد می‌کنیم ناخودآگاه ذهن‌مان متوجه مبارزات سیاسی و اجتماعی می‌شود در حالیکه مبارزه از معنای بسیار گسترده‌تری برخوردارست و با ابعاد متنوع، که بی‌تردید مبارزات فرهنگی از بخش‌های اساسی هر مبارزه‌ای است.

۱۲- نتیجه‌ی ترس، بی تفاوتی، مسئولیت ناپذیری، دیگری را علل مشکلات دانستن، کار بی دلیل کردن، ترویج ایده غیر مفید، تکرار کارهای بیحاصل،... از سوی اکثریت اعضای هرجامعه‌ای چیزی جز نابودی آن جامعه در پی نخواهد داشت.

۱۳- یکی از گروههایی که نقش اساسی در تضعیف یک جامعه، فقدان آزادی، گسترش ستم، فراگیری فقر و جنایات،، و ناآگاهی و بیخردی جامعه دارند گروهی است که به حرفهای فریبنده و وعده‌های پوچ «مسئولان و مدیران و رهبران» بسیار بیشتر از نتایج زیانبار و ویرانگر سیاستها، تصمیمات، و عملکرد آنها اهمیت می‌دهند، و حرف و وعده را معیار سنجش قرار می‌دهند و نه عملکرد و نتایج کارها را

۱۴- هر جامعه‌ای به رفتگر تا جراح مغز و قلب، از پیشخدمت رستوران تا خلبان هواپیما، از کارگر کشاورزی در یک روستای دور افتاده تا کارشناسان عالیرتبه کشاورزی، از کارگر معدن تا مهندسین صنایع و معادن، از مربی

کودکستان تا استادان دانشگاه،... نیاز دارد. جامعه‌ای که ارزش کار رفتگر، کارگر کشاورزی روستایی، پیشخدمت رستوران، کارگر معدن یا مربی کودکستان را کم ارزش بداند و از تامین رفاه زندگی آنان سرباز زند یا ناتوان باشد چنان جامعه‌ای به کژراهه می‌رود و دچار بیماری اخلاقی است.

۱۵- هر چند از گاهی بازاندیشی درباره خود، دولت، حکومت، جامعه، و دیگران را در برنامه کاری خود قرار دهیم.

۱۶- رابطه‌ی تنگاتنگی بین فرهنگ و توسعه وجود دارد. اگر فرهنگ تعهد به کار، فرهنگ توسعه، فرهنگ آزادی، فرهنگ تولید، فرهنگ آینده گری، فرهنگ آموزش با کیفیت، فرهنگ یادگیری، فرهنگ همکاری و کار گروهی، فرهنگ آفرینش و... در ما نهادینه نشده باشد سخن از توسعه گواه نادانی ماست.

۱۷- بیاییم برای نسل جوان الگو باشیم. الگوی مبارزه، مقاومت، خردگرایی، آزادی، سازندگی، دادگری، رعایت حقوق انسانها، احترام به انسان،... نسل جوان به پندار و گفتار و رفتار ما توجه می‌کند. بنابراین، بر ماست که با اندیشه‌های سازنده و خلاق، با گفتارهای پرمعنا و آموزنده و آگاهی بخش، و با رفتارهای سنجیده، اخلاقی و انسانی به مثابه آموزگاری برای نسل جوان باشیم تا آینده درخشانی برای خود بسازند، و در باتلاق خرافات، چاه تاریکی، و در تونل گیر نکنند، و قربانی فریب انسان نمایان نشوند.

۱۸- کسانیکه ادعا می‌کنند همه چیز را می‌دانند، کسانیکه نمی‌خواهند تغییر کنند و در برابر تغییرات مقاومت می‌کنند، کسانیکه مواضع و نظرهای‌شان را تغییر نمی‌دهند، کسانیکه از یادگیری خودداری می‌کنند، کسانیکه فقط حرف می‌زنند بدون اینکه فرصت حرف زدن به مخاطبان خود دهند، کسانیکه از زمان استفاده نسنجیده و غیر سازنده می‌کنند، و کسانیکه آگاهانه زندگیشان را نابود می‌کنند احمق‌های جامعه هستند.

۱۹- کسانی از طریق رای اکثریت و با شیوه‌ای دمکراتیک بقدرت رسیدند ولی پس از کسب قدرت همان شیوه‌های دمکراتیک را متوقف کردند و راه

خودکامگی در پیش گرفتند. تاریخ به ما یادآوری می‌کند که مواظب باشیم تا در دام مردم فریبانی نیفتیم که با سوءاستفاده از رای اکثریت خودکامه شدند و ملت‌شان را به ذلت کشاندند.

۲۰- یکی از مشکلات عمده جامعه امروز ایران تحت حاکمیت رژیم اسلامی فقدان اعتماد اجتماعی است. یکی از راههایی که می‌توان به حل این مشکل کمک کرد از قضاوت و پیشداوری درباره دیگران خودداری کنیم و به داوری درباره کردار و رفتار خود به پردازیم.

~~~

یک دولت فاسد یا نامعقول به شیوه‌های متعددی که برای جامعه مخرب است قانون‌گذاری خواهد کرد. ما نباید اینچنین احکام و دستورات دولتی را با قانون اشتباه بگیریم یا تنها به دلیل اینکه به صورت عرفی و رایج «قانون» نامیده می‌شوند، برای آن‌ها نیز احترام قائل باشیم.

—دونالد جی بودراکس، *اندیشه‌های سیاسی و اقتصادی هایک*
~~~

۱- آیا از اوضاع ایران و شرایط حاکم راضی هستیم؟ اگر راضی نیستیم باید بپا خیزیم و بی تفاوت نباشیم. بی تفاوتی به معنای رضایت از وضعیت موجود است. نمی‌توانیم هم ناراضی باشیم و هم بی تفاوت! به ویژه اینکه برای تغییر شرایط حاکم نمی‌توانیم به کسی جز خودمان، ما ناراضیان، تکیه کنیم و دست همکاری بهم دهیم. بی تفاوتی هیچ چیزی را تغییر نخواهد داد.

۲- مدیرانی که نتوانند از دانش، تجربه، تخصص و ایده‌های تیم خود بطور شایسته استفاده کنند و مسئولیتها و ماموریتهایی به اعضایی از تیم دهند که از دانش و تخصص و تجربه لازم برای آن ماموریت و مسئولیت برخوردارنیستند و اعضای کاردان و کارشناس تیم را به کارهای جزیی بگمارند مدیرانی ناتوان هستند که به اهداف سازمان آسیب‌های جدی وارد می‌کنند.

۳- گاهی یک لحظه، یک جمله یا عبارت، یک تغییر کوچک، یک آدم بیسواد، یک دیدار کوتاه، یک موجود بسیار ضعیف، یک رای، یک دشمن دانا، یک پند، یک ضرب المثل عادی، یک اتفاق بی اهمیت،... ممکن است مسیر زندگی‌مان را تغییر دهد و آینده‌ای متفاوت از آنچه در نظر داشتیم برایمان رقم بزند. مواظب قدرت تاثیرگذاری چیزهای کوچک، جزیی، ضعیف و بی اهمیت باشیم.

۴- عملکرد گذشته متضمن ببار آوردن نتایج مشابه در آینده نیست.

۵- اندیشیدن به وقت احساس کردن، و احساس کردن به وقت اندیشیدن، جنگیدن به وقت مذاکره و مذاکره به وقت جنگیدن، در میدان رزم بودن به وقت بزم و بزم به وقت رزم، «سخن گفتن به وقت خامشی و خامشی به وقت سخن گفتن»، اندوهگین بودن به وقت شادی و ابراز شادی کردن به وقت

اندوهگین بودن، نبودن به وقت نیاز و بودن به وقت بی نیازی، مخالفت کردن به وقت توافق و توافق به وقت مخالفت کردن، ترک کردن به وقت ماندن و ماندن به وقت ترک کردن، پاداش دادن به وقت تنبیه و تنبیه کردن به وقت پاداش دادن، خوردن به وقت سیری و نخوردن به وقت گرسنگی،... از اشتباهاتی است که بطور پیوسته در زندگی می‌کنیم.

۶- آیا هرگز فکر کرده‌اید که چرا عده‌ای فدایی هیتلر، موسولینی، استالین، خمینی، مایو تسه دنگ، پل پات، صدام حسین، فرانکو، ... شدند و هرچه این رهبران گفتند فداییان کردند؟ پاسخ در دوکلمه خلاصه می‌شود: باورهای نادرست. آن جوانی که به خواست خمینی پاسخ مثبت می‌داد و به جبهه جنگ می‌رفت، آن دختر یا پسری که به داعش می‌پیوست و آماده هر جنایتی بود، افرادی که طالبان و جنایاتش را تایید می‌کنند، کسانیکه به فرقه‌های آدمکش می‌پیوندند،... اکثر آنها باور غلط دارند هر چند کسانی هم هستند که تامین منافع خود را در پیوستن به سازمانها یا افراد جنایتکار تعریف می‌کنند. مواظب کسانی باشید که باور غلط دارند چون آماده انجام هر جنایتی هستند.

۷- اداره یک کشور با لفاظی، رجزخوانی، فحاشی، وراجی، شعار، مسئولان ناآگاه به سیاست و روابط بین الملل، و روحانیان فاقد اندیشه و تفکر علمی فاجعه است. بعکس توانایی اقتصادی، درک شرایط داخلی، منطقه‌ای و بین المللی، توان برنامه ریزی استراتژیک، بالا بردن کیفیت آموزشی و سرمایه اجتماعی است که جامعه را در مسیر رشد و پیشرفت به پیش می‌برد. توسم، خیالبافی و ماجراجویی را محکوم می‌کنیم در حالیکه واقعبینی، برنامه ریزی و آینده نگری برای کشورداری را ارج می‌گذاریم.

۸- از خود بپرسیم آیا در سال ۱۴۰۲ موفق‌تر، سالم‌تر، تواناتر، داناتر، شادتر، آگاه‌تر، .... از سال پیش شدیم؟ اگر پاسخ ما منفی است تردید نکنیم که در سال ۱۴۰۳ رویکرد نوبی را درپیش گیریم چون در ۱۴۰۲ رویکرد نادرستی را دنبال کرده بودیم. حکومت و دولت ایران هم باید از خود به پرسد آیا در سال ۱۴۰۲ تورم، بیکاری، فقر، میزان مرگ و میر

ناشی از تصادفات رانندگی، تعداد ناراضیان و مخالفان و براندازان، مبتلایان به بیماری‌های مختلف، شمار اعدامی‌ها، فرار مغزها، نرخ انواع جرم‌ها، ... کاهش یافته است؟ اگر پاسخ منفی است سیاست‌ها غلط بوده و نیاز به تجدید نظر در سیاست‌هاست وگرنه مصداق «یکی بر سر شاخ و بن می‌برید...» است.

۹- آیا هرگز به نبود عدالت در جامعه فکر کردیم؟ آیا می‌دانیم شعار عدالت از سوی کسانی برای حفظ مقام و منصب و قدرتشان است؟ این چه عدالتی است که بیگناهی حکم اعدام می‌گیرد و بسیاری از جنایتکاران از زندگی مرفه‌ای برخوردارند؟ این چه عدالتی است که بسیاری هرگز آنچه حق‌شان است را نمی‌توانند بگیرند و همزمان چه بسا کسانیکه آنچه حق‌شان نیست را می‌گیرند؟ این چه عدالتی است که قاضی، حقوق بگیر سیاستمدار است و گوش به فرمان او؟ این چه عدالتی است که عده‌ای برای امرار معاش اعضای بدن می‌فروشند، خودفروشی می‌کنند وهمزمان دیگرانی هستند که از پرخوری در حال انفجارند؟ تا چنین است سخن از عدالت دامی بیش نیست!

۱۰- آیا می‌دانیم که مسخره کردن لهجه‌ها یا شوخی‌های تحقیرآمیز جنسیتی و قومیتی، بی‌توجهی به وقت و برنامه دیگران، خندیدن به خطاها، به کاربردن کلمه‌های زشت و زننده در حضور دیگران، و بسیاری از این نمونه کارها که خیلی از ما روزانه انجام می‌دهیم از مصادیق نقض حقوق بشر است؟

۱۱- اگر تجربیات، ایده‌ها، مهارت‌ها، و دانستنیهای خود را در اختیار دیگران نگذاریم و به نسل‌های آینده منتقل نکنیم به مثابه جنایت علیه خود و جامعه است.

۱۲- ما نه تنها به انقلاب سیاسی بلکه به انقلاب فرهنگی نیز نیاز داریم. مثلا به نحوه رانندگی در داخل شهرها نگاه کنید، به جماعتی که به تماشای اعدام می‌روند نگاه کنید، به صفها در جایی که عده‌ای باید به نوبت وارد شوند نگاه کنید، به شیوه برخورد مردها به خانم‌ها بنگرید، به مدرک گرایی

و کسب مدرک نگاه کنید، به فرهنگ نخبه کشی توجه کنید، آسیبی که حکومت به محیط زیست وارد کرده وصف ناشدنی است ولی مردم و نه عده‌ای خاص، چه کمکی به حفظ محیط زیست کرده و می‌کنند؟ مردمی که خود را ایرانی اصیل می‌دانند ولی از خوردن غذای نذری، احیا و محرم لذت می‌برند، مردمی که سینه زنی و قمه زنی می‌کنند، مردمی که به راحتی به حقوق همدیگر تجاوز می‌کنند، کتاب نخواندن و صدها مورد دیگر. انقلاب فرهنگی در کنار انقلاب سیاسی را یک ضرورت انکار ناپذیر می‌کند.

۱۳- داشتن مدارک تحصیلی لزوما به معنای داشتن شعور نیست! به ویژه شعور سیاسی و اجتماعی. چه بسیارند انسان‌های باشعوری که فاقد مدارک دانشگاهی هستند و کم نیستند شمار دارندگان مدارک بالای دانشگاهی که دستکم فاقد شعور سیاسی و اجتماعی هستند.

۱۴- فکرکردن بگفته البرت انشتین سخت‌ترین کاری است که یک انسان می‌تواند انجام دهد. انسانها برای گریز از اندیشیدن راههای متفاوتی بر می‌گزینند و تعدادی ار آنها که شوربختانه زیاد هم هستند به مذهب پناه میبرند چون در زیر حمایت مذهب شما نیازی به فکر کردن ندارید بلکه مذهب برای شما فکر می‌کند و شما هم با افتخار می‌پذیرید!

۱۵- همه ما حتماً واژه‌های «خوش‌شانس» و «بدشانس» را بارها شنیده‌ایم. این واژه‌ها پیامهای نهفته منفی دارند و از کاربرد آنها خودداری کنیم چون از یکسو ناامید کننده و موجب تنبلی و مانع رشد می‌شوند و از سوی دیگر ارزش مبارزات، فعالیتها، تلاش‌ها و کارهایی که هر یک از ما می‌کنیم کاهش می‌دهد چون پایه رشد و پیروزی را بر شانس می‌گذاریم و نه مبارزه و کوشش.

۱۶- هرگز از جستجوی راهی که ما را به مقصد می‌رساند صرفنظر نکنیم. اگر در مسیرمان موانع ایجاد می‌کنند یا سدها را بشکنیم یا راهی دیگر بیابیم ولی از پای ننشینیم تا به مقصد برسیم.

۱۷- برای رسیدن به مقصد باید دو کار را نکنیم:

دم فرو بستن تحت هیچ شرایطی و سر فرود آوردن در برابر هیچکسی

۱۸- بدون آینده نگری، مثبت اندیشی، بزرگ اندیشی و بکارگیری تمام توان و امکانات‌مان انتظاررسیدن به مقصد نهایی و پیروزی قطعی توهمی بیش نیست. هرکسی که فاقد این چهار ویژگی است هرگز تصور پیروزی را نکند.

۱۹- کلید تسخیر قلبها و حکومت بر مغزها مطالعه گذشته و تاریخ است. انانیکه ما را از مطالعات تاریخی و گذشته انسان و جوامع دلسرد می‌کنند یا درک درستی ندارند، یا مخالف و دشمن و رقیب مایند، یا ناآگاه.

۲۰- درک خود را از انسانها و شرایط آنها بالا ببریم و به آسانی و بدون درک واقعیت قضاوت درباره آنها منصفانه نیست.

~~~

از فردیت خود دفاع کنید، هسته‌ی آزادی در آن‌جا نهفته است. آزادی، وظیفه است. آزادی پیش از آن‌که حق باشد، وظیفه است!

—اوریانا فالاچی، نویسنده و روزنامه‌نگار ایتالیایی، یک مرد
~~~

- بیست و شش-

۱- متفاوت باشیم حتی اگر تنها عضو یک گروه یا جامعه باشیم که متفاوتیم هر چند هزینه سنگینی ممکنست داشته باشد. متفاوت بودن بهتر از مقلد بودن، دنباله رو بودن، مطیع بودن، و وابسته بودن است. تفاوت بین انسانها یک امر طبیعی است و نشانه رشد فکری. کسانی که از متفاوت بودن هراس دارند اهمیت آن را درک نکرده اند، بلوغ فکری را تجربه نکرده اند، ضعیف هستند، نگرانند تنها شوند، و ترس سراپای وجودشان را محاصره کرده است.

۲- حتی در تاریک‌ترین زمان‌ها، در تیره‌ترین دوران‌ها، در دلهره اورترین اعصار، و بحرانی‌ترین شرایط با باور بر توان خود، نیروی اراده باورنکردنی خود، سنجش محدودیت‌ها، امکانات و چالش‌ها، و کارگیری مغزمان، و رویکرد خردگرایانه درهای روشنایی را باز کنیم و تغییرات مثبت در خود وجامعه ایجاد کنیم.

۳- مبارزه علیه کسی/اکسانی که بدون خواست و کسب رضایت ما بر ما حکومت می‌کند/می‌کنند نه تنها حق بلکه بخشی از رسالت شهروندی ما است و تسلیم شدن در برابر چنین فرد/افرادی به مثابه بردگی، از خود بیگانگی و خودکشی است.

۴- یکی از تفاوت‌های عمده بین زمان بحرانی و طوفانی با زمان آرامش، و عادی اینستکه در حالت اول دیگر اندیشه‌ها، سیاست‌ها، رویکردها، ابزارها، هنجارها، قوانین و مقررات، و طرحهای حالت دوم ناکافی و در بهترین حالت ناکارآمد و در بدترین حالت ویرانگر و خطرناک است. برای زمان بحرانی، طوفانی و غیرعادی همه چیز باید متفاوت از زمان عادی و آرامش باشد. اندیشه نوین، طرح نو، سیاست و رویکرد مناسب با شرایط، تازه‌ترین ابزارها، و هنجارهای تجدید نظر شده نیاز است.

۵- پایبندی به هدف احتمال پیروزی را افزایش می‌دهد در حالیکه اگر در پیگیری هدف متزلزل باشیم، در اهمیت هدف تردیدکنیم، و در برابر رقیب/ دشمن/ هر نوع مانعی تسلیم شویم و احساس ضعف کنیم قدرت تصمیم گیری سنجیده را از دست خواهیم دادو شکست‌مان را تضمین خواهیم کرد.

۶- مبارزه امروز ما برای ساختن آینده‌ی درخشان بدور از سیاهی‌ها، تیرگیها، زشتی‌ها، نامردمی‌ها، خشونت‌ها، نارسایی‌ها، بی اخلاقی‌ها و کمبودهاست؛ مبارزه‌ای برای تامین منافع و مصالح نسلهای آینده ونه لزوما برای خودمان زیرا که هنگام پیروزی علیه اهریمنان روزگار ما ممکنست نباشیم ولی مهم نیست بلکه آنچه از اهمیت ویژه برخوردارست میراثی است که در نتیجه پیروزی از ما باقی می‌ماند که زندگی را برای نسلهای پس از ما آسان‌تر، سالم‌تر، زیباتر، شادتر، نکوتر، آرامبخش‌تر، مرفه تر و اخلاقی تر می‌کند.

۷- در یک حکومت دیکتاتوری و خودکامه انسان هیچ و پوچ است! نه هویت واقعی دارد، نه قدرت تصمیم گیری درباره زندگی‌اش را دارد، نه حق انتخاب دارد، نه خوشبختی‌اش برای دیکتاتور مهم است، وجودی کاملا از خود بیگانه است، فاقد حقوق انسانی و شهروندی است، استثمار می‌شود، بی احساس و بی تفاوت می‌شود، باید دیکتاتور و دیکتاتوری را تمجید و تحسین کند،... تا دیکتاتور به دیکتاتوری ادامه دهد و در قدرت بماند. اما تاریخ و تجربه انسانها در نقاط مختلف جهان حاکیست که هیچ دیکتاتوری ای ابدی نبوده و در مرحله‌ای رویدادی کوچک یا بزرگ آغازی شد برای سقوط دیکتاتور و دیکتاتوری علیرغم ناباوری دیکتاتور. آن رویداد در ایران مدتیست که اتفاق افتاده است و دیکتاتوری را در سراشیبی قرار داده، و همان مردمی که دیکتاتور آنان را فاقد هویت و هرنوع حقوقی و انتخابی می‌دانست، انتخابشان را کرده و مبارزه‌ای را پیش گرفته که پایان آن نابودی دیکتاتور و دیکتاتوری از عرصه سیاسی ایران برای همیشه خواهد بود.

۸- اگر نقطه ضعفهایمان را به نقاط قوت، محدودیتهایمان را به امکانات، و شکستهایمان را به تجربه و پیروزی تبدیل کنیم، مطالعات و یادگیری را بطور نامحدود، فراگیر و بی وقفه دنبال کنیم، هدفهایمان را قاطعانه و سنجیده

پیگیری کنیم، از هیچ قدر قدرتی نهراسیم و مبارزه را متوقف نکنیم قطعا به اهدافمان خواهیم رسید.

۹- در گزینش دوستان و کتابهایی که می‌خوانیم دقت کامل لازم است زیرا این دو عوامل سرنوشت ساز زندگی هستند و تعیین کننده پیروزی یا شکست در نبرد زندگی.

۱۰- تحمل همه چیز، نبود شهامت برای گفتن «نه»، تردید در تصمیم گیری، همیشه و با هر کسی و هر چیزی موافق بودن، تلاش برای جلب رضایت همه، جواب هر پرسشی را دادن گرچه می‌دانی که پاسخت نادرست است، دفاع آگاهانه از حکومت خود کامگان، و نقض آگاهانه حقوق بشر همه از ضعف و نادانی شخص فاعل است.

۱۱- اگر با کسانی معاشرت می‌کنیم که الهام‌بخش‌مان نیستند، برایمان ارزشی قایل نیستند، به پیشرفت‌مان کمک نمی‌کنند؛ اگر جایی که باید از خود دفاع کنیم سکوت کنیم، قدرت «نه» گفتن جاییکه لازمست را نداریم، کارهایی می‌کنیم که از نادرست بودن‌شان اگاهی داریم، و به رابطه مسموم ادامه می‌دهیم بی‌تردید به خود ستم می‌کنیم و بنوعی جرم علیه خود مرتکب می‌شویم.

۱۲- پس از حمله نظامی شبانگاه شنبه رژیم اسلامی به اسراییل از برخی از باصطلاح تحلیلگران می‌شنوم که کسی مایل به جنگ و کشتن کسی نیست! واقعا به این تحلیلگران ابکی و ناآگاه از تاریخ و علل جنگها و کشتارها باید افرین گفت! پس این همه جنگهای خونین که در طول تاریخ رخ داد و میلیونها انسان کشته شدند و همچنان ادامه دارد بخودی خود روی داد و میلیون‌ها کشته در جنگ خودکشی کرده اند؟ ای تحلیلگران آبکی جنگ را کسانی راه می‌اندازند که برایشان منافع دارد و آدم می‌کشند چون در فلسفه آنها انسان فاقد ارزش است. انها برای منافع خود به هر جنایتی ازجمله جنگ افروزی و آدم‌کشی مبادرت می‌کنند و بر خلاف نظر این تحلیلگران آبکی با عشق و علاقه هم مرتکب این جنایات می‌شوند.

۱۳- هر سقوطی زیانبار است از سقوط از بلندی و درخت و هوا تا سقوط از مقام و قدرت و محبوبیت و اعتبار، تا سقوط مالی و عاطفی و فکری، ... پس مراقب باشیم که سقوط نکنیم ولی اگر به هر علتی سقوط کردیم مبارزه برای تغییر وضعیت یادمان نرود.

۱۴- غرق شدن تنها در اب نیست بلکه در فساد هم است، در نادانی هم است، در تنفر هم است، در فقر هم است، در ریاکاری هم است، در توهم هم است... یا غرق در کار، قدرت، ثروت، عشق، شادی،...غرق شدن کشنده است از هرنوع ان! مواظب باشیم تا غرق نشویم که رهایی از ان اگر ناممکن نباشد بسیار سخت است.

۱۵- دو نهاد دین و دولت به ویژه زمان‌هایی که ادغام می‌شوند خطرناک‌ترین و زیانبارترین نهادهایی هستند که بیشترین آسیب‌ها را به انسان‌ها وارد می‌کنند. بیشترین جنگها را باعث می‌شوند و آغاز می‌کنند، بیشتر از هر نهاد دیگری آدم می‌کشند، بیشترین تبعیض‌ها را بر انسانها اعمال می‌کنند، تحت نامهای مختلف بیشتر از هر نهاد دیگری انسانها را استثمار می‌کنند و دسترنج انها را به شیوه‌های مختلف می‌دزدند.

۱۶- گاهی یک کار یا هدفی را که خوب می‌دانیم اگر مانعی برای انجام مهمترین کارها باشد که در آن حالت آن کار یا هدف دیگر خوب محسوب نمی‌شود.

۱۷- بسیاری از ما از اینکه نمی‌توانیم تمرکز کنیم شکایت داریم در حالیکه راز تمرکز کردن چیزی جز ازبین بردن حواس پرتی نیست. هر آنچه موجب حواس پرتی می‌شود را ازبین ببریم.

۱۸- شناخت و درک جهان بینی دیگران برای برقراری رابطه و همکاری با انان از اهمیت ویژه‌ای برخوردارست. برای درک اینکه دیگران زندگی، جهان، و هستی را چگونه می‌بینند باید نگاهی بکنیم به داستان زندگی، تجربیات، ارزشها، باورها، اهداف، اولویتها، نیازهای کنونی، تحصیلات، دوستان تاثیرگذار، شیوه تربیت‌شان و محیطی، به ویژه محیط فرهنگی ای، که در

ان رشد و پرورش یافته اند. رهبرانی که درک درستی از دیدگاه شهروندان نداشته باشند محکوم به فنا هستند.

۱۹- یکی از اصول اولیه در تصمیم گیری برای پذیرش یا رد هرموردی مقایسه نتایج تخمینی مثبت و منفی اجرای ان تصمیم است. روشن است اگر در براورد نتایج از دید تصمیم گیرنده نتایج احتمالی منفی بیش از نتایج احتمالی مثبت باشد عقل سلیم حکم به رد ان میکند و بالعکس اگر نتایج احتمالی مثبت بیش از نتایج احتمالی منفی براورد شود پذیرش تصمیم حرکتی خردمندانه است.

۲۰- وقتی احساس می‌کنیم شرایط بر وفق مراد نیست، وقتی از شرایط ناخرسند هستیم، وقتی شرایط برای رشد و موفقیت اماده نیست، وقتی شرایط بحرانی است همان زمان دقیقا مناسب‌ترین زمان برای تغییر است، و باید در تغییر جامعه از طریق اگاهی یافتن و بخشیدن، مبارزه و قاطعیت نقش خود را ایفا کنیم.

~~~

اگر قرار بود در جامعه‌ای زندگی کنم که دو شهر داشت و بر سر دروازه یکی نوشته بود: خدا، و بر سر دروازه شهر دیگر نوشته بود: قانون، بی‌شک من در شهر قانون اقامت می‌گزیدم؛ زیرا در شهری که به ظاهرخداشناسان زندگی می‌کنند، دیگر جایی برای قانون نمی‌ماند!

—کنفوسیوس
~~~

- بیست و هفت -

۱- ما نه تنها حق گزینش داریم بلکه حق افرینش هم داریم؛ حال که حق گزینش از ما ربوده شده به افرینش به پردازیم.

۲- آفرینش و خودزایی از پایه‌های بنیادین نیرومندیست. تقلید نیست، بندگی نیست، دنباله روی نیست، بردگی نیست، ضعف و سستی نیست.... اگر به خواهیم در زندگی زیر سم دیگران له نشویم، اگر به خواهیم حقوق‌مان پایمال نشود، اگر به خواهیم قربانی تبعیض، تهدید، تحقیر، توهین، و تزویر نشویم گریزی جز خودزایی و افرینندگی نیست.

۳- به کژراهه نرویم. خود را به راههای موجود و پیشنهاد شده محدود نکنیم و به گزینش یکی از ان راهها دلخوش نکنیم بلکه راهی متفاوت بیافرینیم. راههای موجود برای ما نیست زیرا ان راهها پیش از ما بودند. ما بهتر از دیگران سود و زیان خود را تشخیص می‌دهیم پس با نپذیرفتن راههای پیشین، راه خود را بگشاییم و مسیر خود را بسازیم.

۴- برای پیروزی در نبرد زندگی، در مبارزه علیه هرچه با انسانیت منافات دارد، و تامین کننده خوشبختی انسان نیست حربه اندیشه راه افرین را بکار بریم.

۵- آنچه می‌آفرینیم اگر دگرگونی مثبت انسان و جامعه را هدف قرار ندهیم، اگر ضرورت مبارزه و پیکار در زندگی را نادیده بگیریم، اگر به ترویج تعصب، خرافات، و خشک مغزی دامن بزنیم، به خود کامگی و بیداد گری بقا بخشیم، انگیزه جنگ افروزی و ویرانگری و کشتار شود همان به که نیآفرینیم!

۶- هر چه و هرکس که مانع حاکمیت انسان بر سرنوشت خود شود باید نابود شود، و این رسالت انسانی ما انسانها است که با همکاری با همدیگر ان

موانع را برای همیشه ریشه کن کنیم هرچند که راهی سخت و طولانی در پیش رو باشد ولی باید گام نخست را برداشت.

۷- ما به عنوان یک انسان اندیشه‌ورز، چالش‌گر، جستجوگر، و پرسش‌گر همیشه از حق آزمایش و قبول یا ردِّ هر نوع حقیقتی که به ما تلقین شده برخورداریم.

۸- کسی که در فلسفه دینی، فکری و سیاسی‌اش من انسان را ناچیز می‌شمارد، برایم حقی قایل نیست یا حق بسیار محدود و اندکی برایم در نظر می‌گیرد، و کشتن من انسان را آموزه فلسفی خود می‌داند، عدالت می‌گوید که من نیز حق کمتر و محدودتری برای او در نظر بگیرم.

۹- تا به مرحله‌ای نرسیم که احساس آزادی‌مان بر احساس دینی‌مان چیره شود هرگز به آزادی نخواهیم رسید.

۱۰- متفکری که در بحث اخلاق به احادیث و کتابهای«اسمانی» برای اثبات نظریات خود استناد و پافشاری کند، و از پذیرش این واقعیت که نظام اخلاقی حاصل مستقیم اندیشه، تجربه و خرد انسان است سرباز زند من چنین فردی را نه تنها متفکر نمی‌دانم بلکه او را فردی ضد خرد و اندیشه انسانی می‌بینم و البته فاقد اخلاق نیکو.

۱۱- هر انسانی سرچشمه نوعی قدرت است. دانش، مال و منال، زیبایی، ارتباطات، توان مغزی، نیروی بدنی، تجربه، شیوه بیان، ... هریک از این عوامل خود به انسان قدرت می‌دهد، و بندرت می‌توان کسی را یافت که دستکم از برخی از این عوامل برخوردار نباشد. اما قدرت داشتن به خودی خود کافی نیست بلکه شیوه کاربرد قدرت است که به قدرت و دارنده ان ارزش می‌بخشد. با داشتن قدرت همزمان می‌توان نابود کرد. قدرتی که در سازندگی بکار نرود برای بقای بشریت خطرناک است.

۱۲- وجود موانع، باید و نباید، ممنوعات، بگیر و ببند، سرکوب، تبعیض، خودکامگی، بازداشتگاهها،... در یک جامعه برای درک و ارزش آزادی از

اهمیت ویژه‌ای برخوردارند. این ویژگیهای جامعه است که انگیزه‌ای می‌شود برای مبارزات آزادیخواهانه.

۱۳- پیش از انتقاد از دشمنان خود از خود انتقاد کنیم. خود انتقادی ما را متوجه نارساییهای‌مان می‌کند و زمینه را در رفع این نارساییها هموار می‌سازد و پیشرفت ما را ممکن. بعکس، زمانی که از دشمنان‌مان انتقاد می‌کنیم آنان را متوجه نارساییها و کاستیهای‌شان می‌کنیم و درسی است که انان در پی اصلاح خود برایند ولی در چنان حالت در واقع ماییم که خوداگاهانه دشمنان را تقویت و خود را تضعیف می‌کنیم.

۱۴- تا در تنوع اندیشه‌ها در یک جامعه نکوشیم چنان جامعه‌ای ناچار است همگون بیندیشد و همگونی اندیشی یعنی حکومت یک اندیشه که نهایتا به سیر خودکاسگی پیش خواهد رفت. جامعه‌ای از بلای خودکامگی ازاد است که حاکمیت ان بر پایه اندیشه‌های متنوع و متکثر باشد.

۱۵- اگر بگوییم همیشه بازنده‌ترین افراد کسانی هستند که می‌ترسند سخنی به گزاف نگفته‌ایم. انسان ترسو مبارزه نمی‌کند، تجارت نمی‌کند، معامله نمی‌کند، با درخواستهای معقول و نامعقول دیگران مخالفت نمی‌کند، با دیگران رابطه برقرار نمی‌کند، سفر نمی‌کند، در گردهمایی‌ها و مهمانیها شرکت نمی‌کند،... بطور خلاصه چون می‌ترسد هیچ کاری را با میل و اراده خود آغاز نمی‌کند مگر اینکه از سوی دیگری وادار به کاری شود یا برای تامین ملزومات اولیه یک زندگی محقرانه کار محدود کند، منطقی بنظر می‌رسد که چنین فردی هرگز مزه پیروزی را نچشد.

۱۶- کسانی که از آزادی می‌ترسند ضعف خود را به نمایش می‌گذارند. طرفداران آزادی با استفاده از همین دو ویژگی ترس و ضعف مخالفان آزادی می‌توانند در مبارزه علیه آنان آزادی را تحقق بخشند.

۱۷- برای متوقف کردن پرخاشگری و تندروی‌های سیاسی- اجتماعی توسل به امنیت نظامی و پلیسی راه حل نیست بلکه باید بر امنیت اجتماعی تاکید ورزید زیرا امنیت اجتماعی می‌تواند ترسی که ریشه پرخاشگری و

تندروی سیاسی- اجتماعی است را کاهش دهد یا ریشه کن کند در حالیکه سرکوب و شکنجه و بازداشت و کشتار و اعدام راه چاره برای مسایل سیاسی، اجتماعی و اقتصادی جامعه نیست.

۱۸- بسیاری از افراد فکر می‌کنند کوتاهی از مجازات متخلفین و مجرمین آسیبهای جدی به جامعه می‌زند در حالیکه واقعیت این است که آسیبی که جامعه از تحسین نکردن کسانیکه کارهای نیک می‌کنند بیشتر آسیب می‌بیند. تحسین نکردن کارهای نیک یعنی مجازات عاملان و مجریان کارهای نیک که پیامد آن آسیبهای شدید به کلیت جامعه است.

۱۹- فردی که با تاکتیک فروتنی بنا به مصلحتی خود را کوچکتر از آن چیزی که هست بنمایاند فردی ریاکار، دروغگو و خطرناک است، و توهین به انسانیت می‌کند.

۲۰- هر حکومتی برای بقا به مفاهیم و تصاویر ذهنی بادوام نیاز دارد. مخالفان حکومت برای مقابله با حکومت باید بتوانند آن مفاهیم و تصاویر ذهنی را در دیده توده مردم متزلزل کنند. ایجاد شک و تردید در این مفاهیم و تصاویر ذهنی که شالوده حکومت است موجب سرنگونی‌اش می‌شود.

~~~

نخستین گام برای از میان برداشتن یک ملت، پاک کردن حافظه‌ی آن است. باید کتاب‌هایش را، فرهنگش را، تاریخش را از بین برد. بعد باید کسی را داشت که کتاب‌های تازه‌ای بنویسد، فرهنگ تازه‌ای جعل کند و بسازد، تاریخ تازه‌ای اختراع کند. کوتاه زمانی بعد، ملت آنچه را که هست و آنچه را که بوده، فراموش می‌کند.

—میلان کوندرا، خنده و فراموشی
~~~

- بیست و هشت -

۱- همه تلاش رژیمهای دیکتاتوری بر پایه دلسرد کردن مردم از داشتن یک زندگی مناسب، همه سیاستهایش براساس مهار مردم به شیوه‌های متفاوت چون کشتار، اعدام، سرکوب، تبعیض، شکنجه، زندان، نقض حقوق شهروندان، ...و تمام طرحها و هدفهایش بقای خود در قدرت است. مردم نه تنها نباید دلسرد شوند و از خود ضعف نشان دهند بلکه باید مبارزه، مقاومت، رویکرد مقابله به مثل، و افشاگری با هدف ریشه کن کردن رژیمهای دیکتاتوری را ادامه دهند.

۲- آن‌هایی که فکر می‌کنند هزینه مبارزه با رژیم‌های خودکامه سنگین است پس دست از مبارزه بکشید تا بفهمید که هزینه مبارزه برای سرنگونی این رژیم‌ها بسیار کمتر است یا بقای چنین رژیم‌هایی.

۳- بسیاری تصور می‌کنند با حذف این فرد یا آن گروه گام به میدان آزادی می‌گذاریم. این خودفریبی یا نادانی است. برای ورود به میدان آزادی باید به مبارزه بافرهنگ خودکامگی پرداخت، باید با روحیه، و خلق و خوی خودکامگی عامه مردم هم جنگید. جامعه‌ای که از مشکل دیرینه و ریشه دار فرهنگ خودکامگی رنج می‌برد باید بتواندنسلی بیگانه با فرهنگ خودکامگی بپروراند تا در پیکار برای کسب آزادی پیروز شود.

۴- اندیشیدن جرم نیست بلکه نیندیشیدن و نداشتن اندیشه مستقل را باید نوعی جرم تلقی کرد. پس اگر ضد خدا، «مقدسات»، «باورها»، و «حقیقت» بیندیشیم و حتی از اندیشیدن محض گذر کنیم و مبارزه عملی با این مقولات را آغاز کنیم جرمی مرتکب نشده‌ایم تا برایش مجازات شویم.

۵- حاصل پذیرش تقصیر یا گناه سرکوب اراده آزاد است. آموزگاران و ماموران و مبلغانی که در پی منفور جلوه دادن گناه و زشت دانستن بیش از

حد تقصیر هستند در صدد ایجاد نفرت از اراده آزادند تا مانع به خطر افتادن موقعیت اربابان قدرت شوند.

۶- اندیشه ضد آزادی اندیشه‌ای فاقد قدرت است. هر فرقه دینی یا گروه ایدیولوژیکی که با آزادی در جامعه و آزادی اندیشه دگر اندیشان مخالف باشد از قدرت واقعی محروم است. اندیشه برخوردار از قدرت از آزادی مردم هراسی ندارد. اعمال زور و قوه قهریه برای نابودی آزادی نه تنها نشانه قدرت کاربران زور و صاحبان قدرت ظاهری نیست بلکه بعکس نشانه ضعف، ترس و وحشت جمع، تفکر، حکومت یا گروهی است که در پی محو آزادی است.

۷- در فارسی ضرب‌المثلی هست که می‌گوید: جلوی ضرر را هر جا بگیرید نفع است. چه با این ضرب‌المثل موافق باشیم و چه نباشیم، اگر یک کاری را ادامه دهیم و در نقطه‌ای بفهمیم راه اشتباه رفتیم و نخواهیم برگردیم، اوج حماقت است.

۸- با بحث با احمقها سطح فکر خود را به حد همان احمق کاهش می‌دهیم اگر نه بیشتر! هرگز نمی‌توانیم در بحث با آنها به نقطه توافق برسیم، و مهمتر از همه خود را زجر می‌دهیم. بحث با احمقها نتایج زیانبار دارد.

۹- مدیر یا رهبری که شیوه مدیریت شکستها، ناکامیها، بحران‌ها، مشکلات، نارساییها و نارضاییها را نداند مدیر و رهبر واقعی نیست و نباید در سمت مدیریت یا رهبری قرار گیرد زیرا که در دوره بحران‌ها، ناکامیها و نارضایتیها فاجعه بار می‌آورد.

۱۰- فرار از مشکلات نه تنها راه حل نیست بلکه ریشه مشکلات متعدد و چه بسا پیچیده‌تر، زیانبارتر، ویرانگرتر، و چاره ناپذیر بعدی خواهد بود. برای مشکلات چاره اندیشی کنیم و نه از آنها بگریزیم به امید اینکه خود بخود حل خواهند شد.

۱۱- جهل و نادانی عده‌ای برای عده‌ای دیگر یا کل جامعه هزینه سرسام اور دارد و گاهی هم حتی زیان‌های آن نادانی‌ها جبران ناپذیر خواهد بود. در ریشه کن کردن جهل و در پرورش نسل دانا و آگاه کوشا باشیم.

۱۲- وقتی در جامعه‌ای قوانین ابزاری می‌شوند برای توجیه اشاعه فساد، ارتکاب جنایات، پایمال کردن حقوق انسان، اعمال قوه قهریه، ظلم و ستم، تبعیض، ... نه تنها سرپیچی از آن قوانین به یک وظیفه تبدیل می‌شود بلکه شورش و طغیان و قیام علیه قانونگذاران و مجریان قانون یک رسالت ملی و انسانی خواهد بود.

۱۳- یکی از مشکلات اساسی جوامع بشری نادانی، ناآگاهی، و ندانستن است ولی مشکل بزرگ‌تر اینستکه عده‌ای «آگاه و دانا» هستند ولی نمی‌خواهند از آگاهی و دانایی خود در رشد و توسعه جامعه استفاده کنند، و عده دیگری از این «دانایان و آگاهان» به کژراهه می‌روند و از این امتیازات علیه بشریت استفاده می‌کنند و فجایعی ببار می‌آورند که همگان شاهد آن هستیم.

۱۴- یک اشتباه خطرناک و گاهی جبران‌ناپذیر است اگر کسی را بیش از آنچه که واقعا هست بپنداریم.

۱۵- در جهان ما روابط کلید پیروزی است. دانش، پول، انرژی و نیرو، فکر، تجربه، و زمان خود را در برقراری روابط هدفمند، سازنده، و آینده نگر سرمایه گذاری کنیم.

۱۶- بدون کینه ورزی، لجاجت، تحقیر، تخریب، توهین، حسادت، شرارت، تهدید، ... دیگران هم می‌توان به خواسته‌ها و اهداف‌مان برسیم.

۱۷- افرادی را می‌شناسم که وقتی به دیگران برخورد می‌کنند بدون درخواست و میل آنان در مورد هر چیزی به مخاطبین خود نصیحت می‌کنند، توصیه می‌کنند، برایشان نسخه می‌پیچند، ما چنین نکنیم که حرکتی توهین‌آمیز و تحقیرآمیز است مگر اینکه مخاطب ما نیاز به نصیحت

داشته باشد ولی به دلایل و مصالحی نتواند درخواست کند، یا اینکه کسی از ما کمک فکری بخواهد و مورد مشورت قرار گیریم.

۱۸- ذهن‌های تغییرناپذیر ذهن‌های بسته‌ای هستند که توان و قابلیت رشد ندارند. اگر به دارندگان چنین ذهن‌هایی فرصت و قدرت داده شود جنایات و فجایعی می‌آفرینند که جامعه جهانی را در حیرت فرو خواهند برد.

۱۹- ترس عاملی بازدارنده است که موجب می‌شود بسیاری از حرف‌هایی که باید زده شود را نگوییم، بسیاری از کارهایی که لازم است انجام گیرد را نکنیم، بسیاری از جنایات را شاهد باشیم و سکوت اختیار کنیم، و برای آینده برنامه‌ریزی نکنیم چون آینده پر از ابهام است و ناشناخته و «ترسناک.»

۲۰- با حرکات کوچک و محدود، با هزینه کم، با زمان محدود، با روابط ساده و صادقانه، گام‌های بظاهر بی اهمیت، و بدون سوءنیت و دسیسه، و ریاکاری هم می‌توان به اهداف بزرگ رسید و از زیبایی‌های زندگی لذت برد.

~~~

هورا کشیدن میلیون‌ها نفر خودکامه را به شعف و لذتی ناگفتنی می‌رساند، اما همان یک نفری که مقاومت کرده و همراهی نمی‌کند، همچون ابر سیاهی آسمان دلش را تیره و تار می‌سازد. خودکامه به درستی می‌داند که تا این یک نفر وجود دارد، خواب راحت نخواهد داشت.

—مانس اشپربرک، بررسی روان‌شناختی خودکامگی
~~~

- بیست و نُه -

۱- هرکسی که چیزی را می‌پرستد حال چه بت، چه الله، چه آفتاب یا هر چیز دیگری را، نه تنها توهین به خرد و شعور خود می‌کند بلکه برخلاف مرام انسانیت هم رفتار می‌کند.

۲- حکومتی که بر اساس فکر و اندیشه باشد قابلیت تغییر و اصلاح خود را دارد ولی حکومتی که بر پایه عقیده شکل گرفته باشد از چنین قابلیتی محروم است و این رسالت ماست که چنین حکومتی را برای همیشه تغییر دهیم و برایش جایگزینی بیابیم که اندیشه شالوده آن باشد و نه عقیده.

۳- اگر اندیشه من انگیزه‌ای برای اندیشیدن شما شود، اگر اندیشه من را نقد کنید، اگر اندیشه‌ام را پخش کنید، یا اگر اندیشه‌ام را مردود بدانید ولی اندیشه‌ای سازنده ارایه دهید مرا در رسیدن به هدفم یاری کرده‌اید.

۴- چرا در اکثر موارد آزادیخواهان مبارز ضد استبداد خود در مسند قدرت به مستبدان تازه بدل می‌شوند؟ پاسخ من دو عامل را بنیادی در این روند می‌داند. نخست آنکه مبارزان ضد استبداد در بسیاری موارد برای حذف مستبدان از شیوه‌های استبداد استفاده می‌کنند و بر این روش‌ها مسلط می‌شوند و در فردای روز پیروزی راه دیگری نمی‌شناسند، دوم آنکه در یک جامعه استبدادی مردم ناآگاهانه یا از روی اجبار در دام فرهنگ استبدادی می‌افتند. گروه آزادیخواه دیروز و قدرتمند امروز با تجربه‌ی کاربرد تاکتیک‌ها و روش‌های استبدادی برای حکومت بر جامعه‌ای با فرهنگ استبدادی برای پیشبرد اهداف خود و تثبیت پایه‌های قدرت خویش همان شیوه استبدادی را دنبال می‌کند. این رسالتی سنگین بر دوش مبارزان آزادیخواه امروز و مردم به ستوه آمده از استبداد حاکم پس از سرنگونی می‌گذارد که نیاز به برنامه‌ریزی از همین حالا دارد، حالا حتی دیر هم شده، تا در فردای آزادی از استبداد حاکم نعلین در دام هیچ نوع از استبداد نیفتیم. از همین حالا در فکر پرستش و مقدس سازی مبارزان آزادی نباشیم

و این واژه را برای همیشه از فرهنگ لغات حذف کنیم. مبارزان آزادی را که داعیه رهبری آینده را دارند از همین حالا پاسخگو و مسئولیت‌پذیر کنیم.

۵- رهبران ضعیف و ناکارآمد برای توجیه مشکلات و بحران‌های جامعه تحت حکومت خود دشمنان خیالی خارجی و داخلی می‌سازند و آنها را عامل نارساییها و مسایل جامعه می‌دانند، و در بسیاری موارد هم مسئولان و رهبران پیشین را هم به فهرست عوامل اضافه می‌کنند در حالیکه کمترین اشاره‌ای به بی کفایتی، نادانی و ناتوانی خود در اداره امور کشور نمی‌کنند. یک رهبر توانا و کاردان باید بتواند علیرغم وجود مشکلاتی که شاید ریشه در گذشته داشته باشد برای حل آن مشکلات برنامه داشته باشد و نه اینکه با مقصر دانستن رهبران پیش از خود. این روش حل مسایل نیست و چه بسا عاملی شود برای تولید مشکلات تازه.

۶- به خود اهمیت دهیم. هرچه بیشتر مورد بی مهری دیگران قرار می‌گیریم، هر چه بیشتر مورد تهمت، تحقیر، توهین، تخریب، لعن، و دشنام قرار گیریم به همان میزان و حتی بیشتر به خود اهمیت دهیم. اهمیت دادن به خود در برابر حملات بی پایه ما را به هدف نزدیک‌تر می‌کند چون حمله کنندگان ناگهان خود را فاقد هر حربه‌ای برای حمله به ما می‌بینند و ضعف‌شان آشکار می‌شود.

۷- برکناری حاکمی که اطاعت از خود را اطاعت از خدا و منبع قدرت خود را ماوراالطبیعه و الهیات می‌داند یک ضرورت انکارناپذیر، و مبارزه علیه چنین حاکمی یک رسالت‌های و انسانی و نشانه خردمندی است.

۸- مهاجرت اجباری یا اختیاری نخبگان یک جامعه همزمان زمینه را برای قدرت گیری پخمگان همان جامعه هموار می‌کند.

۹- کسانیکه می‌گویند هر چه که نام قانون بر آن نهاده شده را باید رعایت کرد حرفی بی پایه، مغالطه‌آمیز و گمراه کننده می‌زنند. قانون اگر پژواک شرایط جامعه و بر پایه نیازهای جامعه و شهروندان تدوین نشود و فقط

تامین کننده و حافظ منافع شمار اندکی از شهروندان باشد و موجب تضییع حقوق دیگران شود باید لغو شود.

۱۰- تاریخ را فاتحان و کسانی که در قدرت هستند بنفع خود می‌نویسند غافل از اینکه اسناد و مدارک نادرست بودن گفته‌ها و نوشته‌های آنها را فاش می‌کنند.

۱۱- وجود مسایل اجتماعی در جوامع انسانی به خاطر پیچیدگی رفتار انسانها پدیده‌ای طبیعی و نرمال است و همزمان آسیبی که مسایل اجتماعی به جامعه و اعضای آن وارد می‌کنند انکارناپذیر، و همین انگیزه‌ای است برای حل مسایل اجتماعی. بسیاری از ما تصور می‌کنیم برای حل یک مسأله اجتماعی با برخورد مستقیم با آن و اندیشیدن دایم درباره‌اش می‌توانیم آن را حل کرد در حالیکه چنین تصوری کاملا نادرست است.حل یک مسأله اجتماعی به حل بسیاری از مسایل دیگر وابسته است که ما حتی ممکنه آنها را مسأله ندانیم و به عنوان بدیهیات اجتماعی پذیرفته باشیم. بدیهیات در ذهن‌مان به عنوان امری مسلم نقش بسته که تردید در آن را جایز نمی‌دانیم و اتفاقا مسایل اجتماعی از همینجا آغاز می‌شود. حل مسایل اجتماعی بدون شک و تردید در بدیهیات اجتماعی و تغییر آنها ممکن نیست و بهمین دلیل وقتی که فکر می‌کنیم مسأله‌ای اجتماعی را حل کردیم بلافاصله با مسایل اجتماعی دیگری، شاید هم پیچیده‌تر، روبرو می‌شویم زیرا عامل بدیهیات اجتماعی را در ظهور مسایل اجتماعی نادیده می‌گیریم.

۱۲- بسیاری از ما به خود حق می‌دهیم که برای نسلهای آینده برنامه‌های سیاسی، فرهنگی، اجتماعی و اقتصادی بریزیم در حالیکه هر چه اندیشیدم نفهمیدم چنین حقی را چگونه بدست آورده‌ایم. به باور من نه تنها ما چنین حقی نداریم بلکه باید به عنوان یک جرم در قوانین کیفری کشورها گنجانده شود تا آیندگان ناچار نشوند بهای تصمیمات غلط پیشینیان را بپردازند.

۱۳- بیاییم درباره اخلاق بیندیشیم در زمانیکه شاهد سقوط نظام اخلاقی هستیم. بیاییم با نوافرینی نظام اخلاقی را نجات دهیم. برای اصلاحات

اخلاقی به حکومتگران متکی نباشیم زیرا بندرت دولتمردی را می‌بینیم از اخلاقیات به عنوان راهنمایی در انجام مسئولیتهایش استفاده کند. اخلاق و نظام سالم اخلاقی می‌تواند پاد زهری برای بسیاری از مسایل اجتماعی باشد.

۱۴- اندیشه‌های سازنده می‌آیند ولی شوربختانه ما شنوندگان دیر می‌شنویم و دیرتر به اهمیت آنها پی می‌بریم و شاید هم هرگز ارزش آنها را درک نکنیم. اندیشه‌های سازنده به هنگام شنیده نمی‌شوند چون ما را عادت داده‌اند که افکار پر سروصدا ولی ویرانگر و زیانبار را بشنویم زیرا ابزار تبلیغاتی در کنترل صاحبان افکار انحرافی و خطرناک است. مای شنونده باید به خود آموزش دهیم افکار پر سر و صدا و زیانبار را نشنویم، گوشهای‌مان را به آنها عادت ندهیم تا بتوانیم اندیشه‌های سازنده را بشنویم، اندیشه‌هایی را بشنویم و بکار بندیم که راه چاره است، عامل تغییرات بنیادی است، ... باور کنید که چنین اندیشه‌هایی در اطراف ما وجود دارند اما ما نمی‌شنویم چون افکار پر سر و صدا تمرکز ما را بهم ریخته. بیاییم برای شنیدن اندیشه‌های سازنده و شنیدنی حواس‌مان را متمرکز کنیم و آن اندیشه‌ها را به اجرا گذاریم که تنها راه رهایی از بن‌بست تاریخی است. باید ابزار تبلیغاتی خطرناک و انحرافی را از کنترل ضاحبان آنها خارج کنیم.

۱۵- هر اندیشه‌ای که مرا در مسیر استقلال فکری بکشاند برایم ارزشمند است، و هر فکری که عامل بندگی، بردگی، اسارت و اطاعت باشد را محکوم می‌کنم و مردود می‌دانم.

۱۶- وقتی برای کسی می‌اندیشیم در زندگی‌اش دخالت می‌کنیم، و استقلال او را سلب می‌کنیم. وقتی درباره چیزی می‌اندیشیم در آن چیز دخالت می‌کنیم. ما حق اندیشیدن برای دیگری نداریم و به دیگری هم اجازه اندیشیدن برای خود ندهیم تا استقلال ما را نتواند نابود کند. اما ما نه تنها حق داریم بلکه بخشی از رسالت ما به عنوان یک شهروند است که درباره کارهای مشترک اجتماع بیندیشیم یعنی در این امور دخالت کنیم

هر چند نیروهایی در جامعه تلاش می‌کنند که ما را از این حق محروم کنند و مانع انجام رسالت‌مان شوند ولی ما باید مقاومت و مبارزه کنیم تا تلاش آنها را خنثی کنیم.

۱۷- سرقت فکری شخص سارق را از اندیشیدن باز می‌دارد، او را عقیم فکری می‌کند و مغزش را فلج و منجمد. در جوامعی که قانون مالکیت فکری ندارند، و در جوامعی که با داشتن قانون مالکیت فکری ناقضان چنین قانونی مجازات نمی‌شوند، حاکمان غیرمستقیم سرقت فکری را تشویق می‌کنند تا نسلی پرورش دهند که به بیماری عقیم فکری مبتلا باشند.

۱۸- ما برکسانی می‌توانیم حکومت کنیم که آنها را قانع کنیم که از آنها بیشتر میدانیم، بیشتر می‌فهمیم، در حل مشکلات و تامین نیازهای‌شان نقش کلیدی داریم، و صلاح آنها را بهتر از آنها می‌دانیم. انانیکه مخالف، و معترض و رقیب ما می‌شوند کسانی هستند که این توانایی‌ها، دانایی‌ها و فهم را در ما نمی‌بینند، و ما هم در عمل نشان دادیم که فاقد این ویژگیها هستیم.

۱۹- هرچه را که دیگران حقیقت می‌پندارند و به ما نیز به عنوان حقیقت تلقین شده است را می‌توان با شک کردن به آن، به حقیقت بودن آن پایان داد.

۲۰- آنان که می‌توانند در این لحظات سرنوشت ساز تاریخ ایران یار و پشتیبان ملت ایران باشند ولی نه تنها از حمایت از مردم ایران خودداری می‌کنند بلکه در کنار دشمنان مردم قرار گرفته اند نه تنها به ایران و ایرانی بلکه به انسان خیانت می‌کنند.

~~~

هر چه ملتی فرومایه‌تر و فقیرتر باشد و هرچه فشار دولت و ستمگران شدیدتر باشد، به همان اندازه لذائذِ جهان اخروی که دین معرفی می‌کند، رنگین‌تر است.

—فروید، آینده‌ی یک پندار
~~~

- سی -

۱- نتایج تصمیمات و عملیات‌مان معیاری برای سنجش مثبت یا منفی بودن این تصمیمات و عملیات است و اگر نتایج منفی باشد و همچنان بر درست بودن تصمیمات و عملیات‌مان پافشاری کنیم نشانه بیخردی است.

۲- هر اندیشه، گفته، و نوشته‌ای را با دقت گوش کنیم یا بخوانیم، بسنجیم، مقایسه کنیم؛ و صاحب، گوینده و نویسنده‌اش را به چالش گیریم، نقد کنیم، و در صورتیکه آن اندیشه، گفته و نوشته را مفید و سازنده یافتیم، بکار بریم.

۳- برداشت‌های‌مان زندگیمان را رقم می‌زند پس تلاش کنیم بهترین برداشت را داشته باشیم تا موفق‌ترین‌ها در زندگی باشیم.

۴- همیشه ابزارها، مهارتها، تواناییها و رویکردهایی که داریم ممکنه ما را در حل مشکل یا رسیدن به هدف بکار نیاید پس راه چاره در خلاق بودن است، در ابتکار است، در آفرینش است،...

۵- در تلاش برای رسیدن به هدف اگر بطور جامع همه امکانات خود را بکار گیریم و بر هدف تمرکز کنیم و راه درست درپیش گیریم و تسلیم حوادث نشویم پیروزی قطعی بنظر می‌رسد ولی اگر فقط بخشی از امکانات موجود خود بهره گیریم تضمینی برای پیروزی نخواهد بود.

۶- هرکسی آزادی را براساس هدف خود تفسیر می‌کند ولی به باور من آزادی در نقد هرچیزی به دور از ترس و مجازات و محرومیت تعریف می‌شود، حتی نقد خدا، «کتب آسمانی»، «مقدسات»، بدیهیات، هر آنچه حقیقت خوانده شده، ایدئولوژی، هر نوع نظام سیاسی، هر آیین و دین و مذهبی، هر مقام و مرجع و قدرتی...

۷- استناد به هر چیزی بدون در نظر گرفتن خرد و تجربه انسان به عنوان برترین معیار برای استناد، سلب اختیار از انسان و بتبع ان تضمین بردگی انسان است.

۸- نتیجه‌ی محتوم جنبشهای اجتماعی، فرهنگی و سیاسی بدون پشتوانه جنبش فکری شکست است.

۹- اگر علم و اندیشه ایستا و ماندگار شوند و تحول نیابند به عقیده تبدیل می‌شوند و احتمالا از عقیده دینی خطرناکتر و ویرانگرتر! برتری اندیشه و علم بر دین تحول پذیری و پویایی انهاست.

۱۰- رهبرانی که بی توجه به نتایج و پیامدهای تصمیمات و سیاستهای خود عمل کنند فاصله و شکاف خود را با شهروندان توسعه می‌دهند و راه سقوط خود را هموار می‌کنند.

۱۱- جامعه‌ای که نتواند مسئولیت انتخاب‌های بد و نادرست خود را بپذیرد، جامعه‌ای که امکان تغییر رهبران و مدیران ناکارامد را نداشته باشد، جامعه‌ای که بین رهبری خوب و رهبری بد تفاوتی قایل نشود جامعه‌ای است درمانده و رو به سقوط!

۱۲- یک فرد یا هدف شخصی‌اش را باهدف ملی و جمعی‌اش عینیت می‌بخشد یا بعکس، اهداف جمعی و ملی را با اغراض فردی‌اش عینیت می‌بخشد. در حالت اول فرد خواسته‌های فردی/ شخصی‌اش را فدای مصالح و منافع ملی می‌کند می‌کند بعکس، در حالت دوم این مصالح ملی و جمعی است که قربانی منافع شخصی می‌شود. حال اگر دولتمردی حالت دوم را برگزیند نتیجه ان می‌شود که در ایران امروز شاهد هستیم.

۱۳- تا زمانیکه تاریخ ملت خود را نخوانده‌ایم و با ان بیگانه‌ایم یا تا زمانیکه از تاریخ ملت خود شرم داریم و از ان متنفریم، تا با تاریخ ملت خود پیوند ژرف برقرار نکنیم و تا زمانیکه با تاریخ گذشته ملت عادلانه برخورد نکنیم یا تا زمانیکه با گذشته تاریخی و گذشتگان منصفانه برخورد نکنیم، و در دام

ایده‌های بیگانگان گرفتاریم و از انها هم فهم نادرستی داریم ادعای ملی گرایی ادعایی پوچ و دروغین است.

۱۴- در این زمانه وانفسا و پر تلاطم و روزگار غریب اگر بر پای خود بایستیم، در برابر کسی سر فرونیاوریم، تسلیم نشویم، دستبوس و پابوس نباشیم، مستقل باشیم، شرف نفروشیم، بندگی و بردگی نکنیم از هنری والا و راستین برخورداریم.

۱۵- رقابت و حسادت همزاد همدیگرند که ضعف یکی عامل تقویت دیگری است. انسانی که توان رقابت دارد و معمولا در رقابتها بر رقیب غلبه می‌یابد و پیروز می‌شود، و بطور مستمر موفق می‌شود با حسادت بیگانه است ولی اگر بصورت مداوم شکست بخورد یا بکلی ناتوان از رقابت با دیگری باشد، و از محرومیت طولانی رنج برده در دام حسادت گرفتار می‌شود و با زهر حسادت به انسانی مسموم تغییر می‌یابد که با ترشح زهر حسادت قصد الوده کردن جامعه را دارد.

۱۶- اگر باور دارید گذشته مسیر مورد نظر شما را ایجاد می‌کند، ادامه دهید. اگر نه، شروع به خلق یک حال جدید کنید که آینده شما را تغییر می‌دهد.

۱۷- رهبرانی که پافشاری بر استراتژی‌های شکست خورده می‌کنند و انتظار دارند انها بشکلی جادویی راه حلی برای پایان بخشیدن به بحران‌ها باشند مسیر شکست را برگزیده اند. چنین رهبرانی هر چه بیشتر در سمت خود باقی بمانند خسارت‌های بیشتری به جامعه وارد می‌کنند. با رهبرانی که مسیر را تغییر داده اند یا توانایی تغییر مسیر را دارند همکاری کنیم.

۱۸- هیچ واژه‌ای در رهبری مهمتر از ‘جلو’ نیست. رهبری موفق است که قدرت به جلو بردن جامعه و شهروندان را داشته باشد. رهبر و قدرتی که نتواند به جلو ببرد، کاملا بیفایده و احتمالا زیانبار و ویرانگر است. رهبری که از حرکت به جلو باز می‌ایستد باید از رهبری کنار رود وگرنه باید به زیر کشیده

شود. هر شهروندی هم که مانعی است در مسیر حرکت به جلو، شهروندی منفی، دردسرساز، شرور، مغرض و گمراه است.

۱۹- به تغییرات باید به عنوان فرصتهایی برای یادگیری و بهتر شدن نگریست. در روند تغییرات به ناکامی‌های گذشته فکر نکنید بلکه به اینده بیندیشید، به اینده‌ای بهتر از گذشته و حال.

۲۰- برای پیروزی بر قدرت حاکم باید قدرت خود را بیش از قدرت حاکم کنیم. وقتی ۷ در صد از جمعیت ۱۰ میلیون واجد شرایط رای دادن در انتخابات تهران شرکت میکنند، و هنوز حکومت به کارش ادامه می‌دهد و در قدرت باقی می‌ماند باید به خود اییم و به افزایش قدرت خود از طریق ائتلافات داخلی و بین المللی بپردازیم تا بتوانیم بر نظام حاکم غلبه یابیم.

~~~

اولین راه برای پی بردن به ذکاوت یک فرمانروا این است که به مردانی نگاه کنیم که اطراف او هستند.

—نیکولو ماکیاولی
~~~

۱- اعتماد یک عامل کلیدی برای تحکیم و بقای روابط بین انسانهاست. رابطه‌ای که در آن بین طرفین اعتماد نباشد رابطه‌ای شکننده و چه بسا زیانبار و خطرناک است. برای اعتمادسازی راههای گوناگونی از سوی کارشناسان روابط انسانی پیشنهاد شده که می‌توان متعهد بودن، توجه به خواسته‌های طرف مقابل و تامین آن در حد توان خود، فروتنی، اثبات شایستگی خود به طرف دیگر در آنچه در رابطه تعهد کردی، عمل به وعده‌ها، تمایل به رشد و پیشرفت یادگیری، و اثبات آن در عمل برای طرف مقابل، شفافیت و آشکارا درباره چالشها حرف زدن، و اعتراف به آسیب پذیری. اعتماد کسب کردنی است. رهبری که فاقد ویژگیهای پیشنهاد شده توسط کارشناسان است هرگز نمی‌تواند اعتماد دیگران را کسب کند. مردمی که افراد غیر قابل اعتماد را به رهبری برمی‌گزینند بخشی از مشکل هستند.

۲- رهبری یک جامعه مشکل‌ترین کاری است که در یک جامعه قابل تصور است. یک رهبر موفق نیاز به اعتماد مردم به خود دارد در حالیکه جامعه متشکل از افرادی با ویژگیها، اهداف، توانایی‌ها، امکانات، پیشینه، و محدودیتهای متعدد است که کار رهبری را سخت‌تر می‌کند. یک آدم فوق العاده خوب، یک آموزگار بسیار کارامد، یک پزشک متخصص، یک استاد باسابقه دانشگاه، یک هنرمند کم نظیر، ... لزوما نمی‌توانند یک رهبر سوفق شوند اگر نتوانند اعتماد مردمی را کسب کنند که قرار است به رهبری آن مردم انتخاب شوند. من به آموزگارم، پزشکم، ... بسیار اعتماد دارم وقتی آموزش می‌دهد، وقتی بیمارم و درمانم می‌کند ولی به آنها اعتماد ندارم که رهبر جامعه‌ام باشند چون شایستگی رهبری را در آنها نمی‌بینم. آقای خامنه‌ای به عنوان یک نوحه خوان و روضه خوان پراوازه بود و مورد اعتماد ولی در سمت رهبری مورد اعتماد نیست چون فاقد ویژگیهایی که من از یک رهبر انتظار دارم، است.

۳- در مبارزات پیروزی علیه رقبا و دشمنان دانا و توانا و تاثیرگذار لذتبخش و ارزشمند است در حالیکه پیروزی علیه کوته فکران، کوتوله‌ها، و کوته نظران چندان افتخاری نیست.

۴- همیشه ممکن است بین گفته‌های من و برداشت شما، و گفته‌های شما و برداشت من تفاوت باشد، بنابراین کوشش کنیم پیش از هر واکنشی برداشتی درست از گفته‌های هم داشته باشیم.

۵- در جامعه‌ای زندگی کنیم که پذیرای ما باشد، در جایی حضور یابیم که تاثیر گذار باشیم، با کسانی همنشینی کنیم که ما را درک کنند، و حرفه‌ای را برگزینیم که اطمینان داشته باشیم که بطور موثری توانایی و دانش لازم برای انجام مسئولیتهای مربوط به آن حرفه را داریم.

۶- تا قواعد و مقررات یک بازی را یاد نگرفته‌ایم در آن بازی شرکت نکنیم که نتیجه‌اش باخت است. اگر می‌خواهیم جنگی را آغاز کنیم پیش از شروع جنگ کاملا قواعد و مقررات جنگی را فراگیریم وگرنه شکست قطعی است. پیش از ورود به مبارزات دمکراتیک قواعد و مقررات و اصول دمکراسی را بیاموزیم و پیش شرطهای آن را آماده کنیم وگرنه به کژراهه می‌رویم و به روند دمکراتیزه شدن یک جامعه آسیب‌های شدید وارد می کنیم، و پیش از شروع فعالیتهای اقتصادی و تجاری مطمین باشیم که با اصول تجاری و مقررات اقتصادی کاملاً آشنا هستیم تا اینکه ورشکست نشویم.

۷- انسان برای ادامه زندگی روابط متعددی برقرار می کند. از این رابطه‌ها اهداف متفاوتی را دنبال می کند، این رابطه‌ها از نظر کیفی یکسان نیستند، دوره‌ی رابطه‌ها هم فرق می کند برخی کوتاه و بعضی شاید برای همه عمر، رابطه‌ها بدلایل مختلفی بهم می‌خورد، رابطه‌ها سالم هستند یا مسموم، مثبت یا منفی اند، سازنده یا ویرانگر و زیانبارند، صمیمانه و دوستانه، رقابت‌آمیز، خصمانه، مشکوک، یا مسالمت‌آمیز، .... در تحکیم و حفظ برخی از رابطه‌ها باید سخت کوشید و به برخی دیگر از رابطه‌ها باید بیدرنگ پایان داد و از پیامدهای فاجعه‌آمیز آن بهنگام پیشگیری کرد.

۸- کسانی که چیزی برای از دست دادن ندارند را به حال خود رها نکنیم و نسبت به آنها بی تفاوت نباشیم چون بسیار خطرناک‌اند. پیش از اینکه قربانی عمل آنها شویم در تغییر شرایط آنها به آنها کمک کنیم، چاره‌ای بیندیشیم و راهی برای زندگی بهتر برای آنها بگشاییم. جامعه انسانی به افراد موسوم به «هیچی ندار»، «بی همه چی»، و مشابه آنها نیاز ندارد، و تغییر شرایط آنها وظیفه همه ماست وگرنه همه ما دیر یا زود،مستقیم یا غیر مستقیم مزه تلخ نتایج رفتارهای آنها را خواهیم چشید.

۹- بارها در پراکنده گویی‌ها نوشتم واژه ترس را از فرهنگ لغات‌مان حذف کنیم. ترس ترمزی است برای رشد و پیشرفت؛ و در حالیکه برای رشد و پیشرفت باید یاد گرفت که چگونه با ترس روبرو شد. در بسیاری موارد در زندگی با گزینه‌های متفاوت روبرو می‌شویم و باید انتخاب کنیم ترسناک‌ترین گزینه بهترین گزینه برای رشد و پیشرفت است. بعبارت دیگر، نه تنها نباید ترسید بلکه باید با ترس روبرو شد، بر آن چیره شد و راه رشد و پیشرفت را هموار کرد.

۱۰- چه خوب می‌شد مجلس شورای اسلامی به جای مجازات برای بی حجابی برای جهالت، نفهمی، نادانی، نااگاهی و بیشعوری قانون وضع می‌کرد تا دولتی‌ها و آخوندها بازداشت و مجازات می‌شدند!

۱۱- کسانی که در انتظار دیگران نشسته اند تا بیایند و نجات‌شان دهند، مسایل و مشکلات‌شان را حل کنند، برای‌شان فکر کنند و برنامه ریزی کنند، برای‌شان هدف و مقصد تعیین کنند، و راه و مسیرشان را مشخص کنند همیشه در انتظار خواهند ماند زیرا آن کسان دیگر به منافع و مصالح خود می‌اندیشند و نه به مشکلات و اهداف من منتظر!

۱۲- برخی از کارشناسان سیاسی بر این باورند که نظام تیوکراتیک حاکم بر ایران با تصمیمات، سیاستها و رفتارهایش در حال خودنابودی است. چنین نظری بظاهر معقول بنظر نمی‌رسد ولی هر نظام سیاسی که مسئولانش از عقلانیت محدود برخوردار باشند، به امال و آرزوهایشان بدون در نظرگرفتن واقعیات، امکانات و محدودیتهای خود فکر کنند، تجربه‌های دیگر نظامها

و حتی تجربه‌های شکست خورده خود را نادیده انگارد محکوم به پرداخت هزینه‌های سرسام اور و نجومی، ناکامیهای پیاپی، کسب نتایج بیحاصل و پوچ و هیچ یا ناچیز است و در واقع سخت در تلاشی بی وقفه برای تخریب خود است.

۱۳- داشتن معلومات و اطلاعات زیاد لزوما نشانه خردمندی، شعور، آگاهی و اندیشه ورزی نیست. دو مقوله جدا از هم هستند.

۱۴- خودکامگی و خودرایی یک دیکتاتور برای یک جامعه و مردمانش شدیدا زیانبار و فاجعه‌آمیز است ولی بدتر و فاجعه‌آمیزتر از آن اطاعت بی چون و چرای شماری از آن مردمان قربانی است که همچنان از چنان خودکامه‌ای حمایت می‌کنند قربانیانی که بقای دیکتاتوری را تضمین می‌کنند.

۱۵- اگر در یک خودرو در باک بنزین آب بریزیم، در جای روغن بنزین بریزیم، و در جای آب روغن بریزیم سیستم اتومبیل از کار خواهد افتاد و کار نمی‌کند. در یک سیستم حکومتی هم وقتی یک روضه خوان جای یک سیاستمدار بنشیند، یک بسیجی یا سپاهی جایگزین استاد دانشگاه شود، یک سرباز وظیفه امیر ارتش شود، یا یک طلبه حوزه «علمیه» قاضی شود چنان حکومتی فلج خواهد شد و کارایی نخواهد داشت.

۱۶- خلاف مرام انسانیت است کسانی که قدرت و ثروت و شهرت دارند از این امکانات علیه دیگران به ویژه افراد کم درآمد و تهیدست، گمنام، و ضعیف استفاده کنند.

۱۷- پذیرش اشتباهات خود، پذیرش مسئولیت کارهای خود، گذشت و بخشش دیگران، تحمل نظر مخالف و دگراندیش، حرف مفت نزدن، اندیشیده و سنجیده سخن گفتن، نگران حرف دیگران نبودن، پیش داوری نکردن درباره دیگران، وارد بحث نشدن با هر کسی از نشانه‌های بلوغ فکری است.

۱۸- کسانی که وقت را تلف نکنند و طوری تنظیم کنند که همه آنچه را که روزانه برنامه ریزی می‌کنند بطور بهینه انجام دهند افرادی هستند که قدرت کنترل زندگی خود را بطور مستقل دارند و شایسته پیروزی اند.

۱۹- «بله گفتن» به هر درخواستی نشانه‌ی ضعف است، نشانه‌ی ترس است، نشانه‌ی تسلیم است، نشانه‌ی نادانی است، نشانه‌ی بردگی است، نشانه‌ی بندگی است، نشانه‌ی مسئول نبودن است. «نه گفتن» را تمرین کنیم یاد بگیریم تا «بله گفتن»های نیندیشیده و نابجای ما زندگی دیگران را نابود نکند.

۲۰- اگر پزشکی دارویی اشتباه برای بیمار نسخه کند که حال بیمار را وخیم‌تر کند، اگر مهندسی در نظارت بر ساختن پلی مرتکب اشتباهی شود که پل خراب شود و به عده‌ای آسیبی وارد شود، اگر یک شهروند عادی از پرداخت مالیات طفره رود، اگر آموزگاری حق دانش اموزی را ضایع کند و نمره‌ای را که سزاوارش است را به او ندهد، اگر راننده‌ای از چراغ قرمز ترافیک عبور کند، اگر همسایه‌ای بعد از ساعت معینی از شب سر و صدا ایجاد کند که آرامش دیگر همسایگان را بهم ریزد، اگر پدر یا مادری در تربیت فرزندش خشونتی بکار برد، اگر... هر یک تحت قوانین مجرم شناخته می‌شوند و تحت پیگرد قانونی قرار می‌گیرند. ولی ای کاش سیاستمدارانی که با پیگیری سیاستهای‌شان جنگ می‌آفرینند و موجب کشته شدن هزاران انسان می‌شوند و میلیاردها دلار از ثروت ملی را برباد می‌دهند در بسیاری موارد از مجازات معاف می‌شوند، یا دولتمردانی که تظاهرات مسالمت‌آمیز شهروندان را برای مطالبات بر حق و قانونی با کشتار و زندان و شکنجه و اعدام پاسخ می‌دهند، یا روشنفکران و فعالان سیاسی ای که مثل آن پزشک نسخه اشتباه می‌پیچند و باعث گمراهی یا مرگ میلیونها انسان، و ویرانی جوامع، و گسترش درگیری‌ها و کشتارهای داخلی و جنگ‌های خارجی می‌شوند نیز بر اساس قوانینی تحت پیگرد قانونی قرار می‌گرفتند.

آقایان و خانم‌های سیاستمدار، روشنفکر و فعال سیاسی، وقت آن رسیده که در تصمیم گیریها، پیشنهادات، ایده‌ها، و کنش‌ها و واکنش‌های خود

بیشتر بیندیشید تا به آنانی که به شما دل بسته‌اند و شما نیز ادعا می‌کنید که برای رفاه و نیکبختی و آزادی آنها تلاش می‌کنید، به استقبال خطر می‌روید از هر نوع آسیبی مصون بمانند.

خانم‌ها و آقایان قانون‌گذار، شما هم در حوزه اختیارات خود قوانینی تدوین و تصویب کنید که طراحان سیاست‌های مخرب، روشنفکران مغرض، فعالان سیاسی بیمایه برای اشتباهات‌شان در برابر جامعه انسانی مسئول و پاسخگو باشند، و نتوانند خارج از چارچوب قانون عمل کنند.

~~~

هیچ‌چیز به اندازه‌ی خرافات برای حکمرانی بر توده سودمند نیست... همواره کوشش فراوانی، صرف آراستنِ مذهب، چه راستین باشد چه کاذب، با فرایض و مراسم شده است، تا توده آن را خیره‌کننده‌تر از هر چیز دیگری بیابد و از آن به شدیدترین درجه‌ای از وفاداری تبعیت کند.

—اسپینوزا، رساله الهی سیاسی
~~~

- سی و دو -

۱- اگر حرف خوبی برای گفتن نداری بهترست خامشی گزینی. در پی هلاکت قصاب تهران در سفر به اذربایجان شرقی این عضو هیأت مرگ و هیأت همراهش، به ویژه بسیاری از دولت‌های اروپایی، سرپرست سیاست خارجی اروپا، مدیرکل آژانس بین‌المللی انرژی اتمی، دبیرکل سازمان ملل متحد،... به حکومت ایران تسلیت گفتند اما همزمان ملت ایران جشن گرفتند، رقصیدند، شیرینی پخش کردند،.... وقتی دولت‌های اروپایی از سوی عده‌ای از نمایندگان پارلمانهای‌شان و دیگران مورد انتقادات تند قرار گرفتند در پاسخ به پروتکل برای در امان ماندن از انتقادات تندتر و بیشتر متوسل شدند. آیا این پروتکل دیپلماتیک برای دولت کانادا وجود ندارد که با بی تفاوتی و سکوت موضع درست گرفت؟ آیا اروپایی‌ها از درد و رنج ملت ایران که حاصل سیاستهای جنایتکارانه و غیر انسانی رژیم اسلامی است بی خبرند؟ آیا نمی‌بینند که رژیم اسلامی در اوکراین در کنار روسیه با اروپا در حال جنگ است؟ آیا از اعمال تروریستی رژیم اسلامی و گروه‌های نیابتی‌اش حتی در قلب اروپا ناآگاهند؟ آیا هنوز نفهمیده‌اند که رژیم اسلامی یک خطر جدی امنیتی برای جهان به ویژه اروپا و آمریکاست؟ ویا توسل به پروتکل فقط بهانه‌ای برای توجیه سخن نابهنگام و بیمورد گفتن و حفظ سودهای کلان اقتصادی است؟

۲- انتخاب‌ها عواقب دارند. هر انتخابی بر زندگی ما، دیگران و نسلهای آینده تاثیر می‌گذارد. رای دادن به هر کسی یک انتخاب است و رای ندادن هم یک انتخاب. اگر فکر می‌کنیم که رای ما در ۴۵ سال گذشته تاثیری بر بهبود شرایط مردم و وضعیت جامعه نداشته، و فقط به رژیم مشروعیت داده و عامل بقای رژیم بوده از شرکت در انتخابات خودداری کنیم تا شریک جرم و جنایات رژیم بیش از این نباشیم.

۳- بار دیگر اما این بار رژیم اسلامی ناخواسته«انتخابات» برگزار می‌کند! آنچه در ۴۵ سال گذشته تحت نام انتخابات در ایران برگزار شده چیزی جز انتصابات نبوده و فقط ادای انتخابات را در می‌آورد که با هیچ معیاری نشانه مردم سالاری در نظم اجتماعی- سیاسی حاکم بر ایران نیست، و البته هیچ کارشناس سیاسی منصف آن را به نشانه مشارکت مردم در تعیین سرنوشت خود تعبیر نمی‌کند.

۴- دروغ و فساد حکومت‌گران و سکوت و بی‌تفاوتی شهروندان هر دو محکوم است و از عوامل ویرانگر و خطرناک برای جوامع.

۵- چه ضرورتی است که گروههای «مخالف رژیم اسلامی» اصرار دارند منافع، مصالح و امنیت و حتی بقای ایران را فدای خواسته‌های باندها، و مسایل و اهداف حزبی خود کنند؟

۶- خودکامگی را می‌توان در هر سطح از واحد اجتماعی و در هر نهاد سیاسی و غیر سیاسی دید. خودکامگی در هر واحد و نهادی چه در واحد خانواده و چه در نهاد دولت و حکومت موجب می‌شود تا خانواده و جامعه‌ای عاری از شرافت را شاهد باشیم. مسئولان واحدها و نهادهای خودکامه هزینه‌های شرافتمندانه زیستن را برای اعضای خود سرسام اور می‌کنند تا بی شرافتی به هنجار اجتماعی و مرام سیاسی تبدیل شود، و هر روز شرافتمندانه زندگی کردن سخت‌تر و دشوارتر شود.

۷- وقتی دولتی باب مذاکره را با شهروندانش مسدود می‌کند، و حس تعلق مردم به جامعه را می‌بندد مرتکب خیانت می‌شود و علیه منافع، مصالح و امنیت ملی اقدام می‌کند.

۸- جوک یا طنز موجب نشاط خاطر می‌شود ولی از گفتن و شنیدن جوکهای سکسی و قومی و ملیتی خودداری کنیم که نقض حقوق بشر گروههایی در هر جامعه می‌تواند باشد. اما جوک یک کاربرد بسیار مهم سیاسی دارد که به سان حربه‌ای از قدرت حاکمان خودکامه تقدس زدایی

می‌کند. یکی از راه‌های مبارزه با رژیم مذهبی حاکم بر ایران جوک گویی علیه مسئولان، نهادها، و کلیت رژیم است.

۹- دولت‌ها برای پنهان کردن ناتوانی خود در تامین نیازهای اولیه شهروندان و مشکلات و مسایل به نیرنگ‌های مختلفی متوسل می‌شوند که از آن جمله می‌توان به تهیه لیست دشمنان خیالی اشاره کرد که در مواقع ضروری از آن استفاده می‌کنند.

۱۰- یک رهبر تاثیرگذار باید بداند و بتواند با ایجاد انگیزش و شرایط مناسب، بر رفتار افراد تحت رهبری خود برای تغییراتی که به پیروزی منجر می‌شود تأثیر بگذارد.

۱۱- اگر بتوانیم درباره موضوعی که با آن مخالفیم فکر کنیم، اگر با کسی که دژمنی داریم به گفت و گو بنشینیم، اگر با هرکسی در حد درک و شعورش رفتار کنیم، اگر ریشه مشکلاتی که در زندگی با آن روبرو می‌شویم در خود جستجو کنیم و نه در دیگران، به بلوغ فکری رسیده‌ایم.

۱۲- یکی از دشوارترین و زیانبارترین کارها در زندگی اینستکه آنطور که دیگران می‌خواهند باشی، و نه آنطور که خود می‌خواهی. پدر و مادری که می‌خواهند فرزندانشان آنطور که آنان می‌خواهند باشند، حکومتی که می‌خواهد شهروندان به هر خواسته معقول و نامعقول، قانونی و غیر قانونی‌اش تن در دهد، نهاد آموزشی ای که می‌خواهد آنچه خود ارایه میدهد دانش آموز/دانش‌جو بپذیرد و از منابع دیگر برای گسترش دانش استفاده نکند،... فرزندانی، شهروندانی، و نسلی وابسته، فرمانبردار، ناتوان از خلاقیت و تحلیل، فاقد استقلال فکری و در اکثر موارد سرخورده و ناامید برای جامعه پرورش می‌دهند.

۱۳- هر لحظه از زندگی که فکر می‌کنی بی نیاز از یادگیری هستیم دقیقا زمانی است که سخت و بیش از هر زمان دیگری به آموختن نیاز داریم.

۱۴- زندگی بدون داشتن خط قرمز ممکنه مشکلاتی ایجاد کند که دیگر نتوان زندگی عادی را ادامه داد.

۱۵- به افرادی که برای وجودشان، وقتشان، چشمشان، زبانشان، افراد دور و برشان، و آینده‌شان ارزشی قایل نیستند اعتمادی نیست.

۱۶- مقایسه بین آنچه به جامعه انسانی داده‌ایم و آنچه از جامعه انسانی در فاصله زاده شدن تا مرگ گرفته‌ایم معیاری است برای سنجش موفقیت ما به عنوان یک انسان. اگر داده‌ها بیش از گرفته‌هاست تردید نکنیم که انسان موفقی بوده‌ایم در غیر اینصورت باید بپذیریم که به عنوان یک عضو جامعه مسئولیت خود را بطور کامل انجام نداده‌ایم.

۱۷- در هر شرایط و سطحی که هستیم، در هر شغل و سمتی که هستیم، در هر سنی که هستیم، در هر جامعه‌ای که زندگی می‌کنیم، از هر قوم و نژاد و مذهبی که هستیم، به هر گرایش سیاسی، به هر طبقه اجتماعی، به هر گروه و نهاد فرهنگی که تعلق داشته باشیم، و از هر جنسیتی که باشیم تاثیر آنچه می‌اندیشیم، آنچه می‌گوییم، آنچه مینویسیم، آنچه می‌کنیم بر دیگران بطور مستقیم یا غیر مستقیم انکار ناپذیر است. پس طوری بیندیشیم، بگوییم، بنویسیم و رفتار کنیم که به رشد و پیشرفت افراد و توسعه و سازندگی جوامع کمک کند.

۱۸- تعصب نسبت به هر چیزی و کسی، و پافشاری بر اشتباهی که به آن پی برده‌ای و از پذیرش آن خودداری می‌ورزی از عوامل تخریب شخصیت ماست.

۱۹- کسی که نتواند آموخته‌های پیشین خود را که دیگر اعتبار و ارزشی ندارند و مفید نیستند فراموش کند و چیزهای تازه بیاموزد به گونه‌ای بیسواد محسوب می‌شود. بازاموزی را در فهرست کارهای روزانه‌مان قرار دهیم، همانطوریکه بازسازی و نوسازی می‌کنیم باز اموزی و نواموزی اگر مهمتر نباشد کمتر از بازسازی و نوسازی یقینا نیست.

۲۰- تا خودفروشی رواج دارد تصور آزادی سرابی بیش نیست. خودفروشان دولتی و خودفروشان مخالف دولتی هر دو دسته مانع پیروزی مبارزان راه آزادی هستند.

~~~

مهم‌ترین چیز در روابط انسان‌ها گفتگو است، اما مردم دیگر با هم حرف نمی‌زنند، به هم گوش نمی‌کنند؛

آنها سینما می‌روند،
تلویزیون تماشا می‌کنند،
به رادیو گوش می‌دهند،
کتاب می‌خوانند،
پست‌های روی اینترنت را به روز می‌کنند،
اما تقریبا هرگز با هم صحبت نمی‌کنند!

اگر بنا داریم دنیا را تغییر بدهیم، چاره‌ای جز این نیست که از نو برگردیم به دورانی که جنگجوها دور یک آتش جمع می‌شدند و برای هم قصه تعریف می‌کردند.

—پائولو کوئلیو، نویسنده‌ی معاصر برزیلی که از سال ۲۰۰۷ سفیر صلح سازمان ملل در موضوع فقر و گفتگوی بین‌فرهنگی است.
~~~

- سی و سه -

۱- هیچ صحنه‌ای برایم توهین‌آمیزتر، اندوهناک‌تر، زشت‌تر و دردناک‌تر از تماشای کسانی نیست که از راههای دور و نزدیک با هزینه‌های سنگین به قبور مردگان ۱۴۰۰ سال پیش می‌روند و برای مشکلات‌شان درخواست کمک از مردگان می‌کنند.

۲- خوشبختی در درک تفاوتهاست. تفاوت نگرشها، تفاوت اهداف، تفاوت رویکردها،... ملتی که تفاوت‌ها را درک نکند و نپذیرد همیشه بدبخت باقی خواهد ماند.

۳- رژیمهای خودکامه با خردگرایی، نقد، خلاقیت، پرسشگری، نخبه پروری، فضای باز... سرستیز دارند در حالیکه در گسترش تقلید، بندگی، خرافه پرستی، بت سازی، فضای بسته، ... سرمایه گذاری‌های نجومی می‌کنند. جوامعی که خرد در زندان و گورستان و جولانگاه خرافات و خرافه پرستان است، جوامعی که نخبه کشی و بت سازی هنجارهای مقبول هستند، در جوامعی که خلاقیت نفی و زمینه برای رشد اطاعت و بندگی هموار است در کنترل خودکامگان است که همگرایی و تلاش جمعی برای تغییر بنیادی چنین شرایطی از ضروریات و رسالتی است انسانی.

۴- اگر مسئولیت کاری را که از عهده انجامش بر نمی‌آییم بپذیریم به مثابه پذیرش اسیب رساندن به خود و دیگران است که نه تنها نتیجه ان منفی است بلکه در موارد زیادی خطرناک، ویرانگر و مهلک است.

۵- یکی از تفاوتهای اساسی خردمندان و بیخردان اینستکه خردمندان هرگز همه چیز را نمی‌دانند در حالیکه بیخردان همیشه همه چیز را می‌دانند و درباره همه چیز اظهار نظر قاطع می‌کنند. بیخردان موجوداتی سمی و خطرناک هستند. از انان دوری کنیم.

۶- زمانی که فکر می‌کنیم دیگر به کسی یا چیزی نیاز نداریم دقیقا زمانی است که ناآگاهانه رشد خود را متوقف می‌کنیم. هر انسانی از پیش از تولد تا بعد از مرگ به دیگران نیاز دارد وگرنه ادامه زندگی را برای خود ناممکن می‌کند.

۷- زمانی که وانمود می‌کنیم همه چیز را با هم داریم همان زمانی است که گام نخست را در مسیر از هم پاشی خود بر می‌داریم.

۸- یکی از تفاوت‌های حرف زدن و گوش دادن اینستکه گوش دادن به ما امکان می‌دهد با نظرات مختلف آشنا شویم و احتمالا مطالب تازه یاد بگیریم در حالیکه حرف زدن و گوش ندادن این امکان را ازما می‌گیرد.

۹- هر انسانی که به دیگری اجازه می‌دهد از او به عنوان ابزار برای پیشبرد اهداف خود بهره گیرد فاقد خرد و شعور است حال چه به ظاهر استاد دانشگاه باشد یا روشنفکر، آموزگار باشد یا روزنامه نگار، نویسنده باشد یا پژوهنده،... بیاییم جامعه‌ای بسازیم که هیچ شهروندی ابزاری برای تامین مقاصد دیگری قرار نگیرد و چنین جامعه‌ای فقط با گسترش خردگرایی شالوده ریزی می‌شود.

۱۰- گفته شد «پول، پول می‌آورد» احتمالا این عبارت را به بسیاری چیزها و پدیده‌ها می‌توان تعمیم داد. فساد، فساد می‌آورد؛ جهل، جهل می‌آورد؛ فقر، فقر می‌آورد؛ بی لیاقتی، بی لیاقتی می‌آورد؛ خرد، خرد می‌آورد؛ دانش، دانش می‌آورد؛ شعور، شعور می‌آورد؛ اعتماد، اعتماد می‌آورد ...

۱۱- مهم نیست در چه مقام، و سنی هستیم یا چه دینی داریم و از چه ملیتی و قوم می‌آییم، و زن هستیم یا مرد، تفکرات و گرایشها ی‌مان چیست اگر متعهد باشیم به زندگی معنا می‌بخشیم، زندگی را هدفمند می‌کنیم، در مسیر درست گام بر می‌داریم، روابط انسانی را تحکیم می‌بخشیم، نیک پندارو نیک گفتار و نیک کردار می‌شویم. زندگی بدون تعهد پوچ، سطحی و غیر انسانی می‌شود. از متعهد بودن نترسیم.

۱۲- اگر هر روز علاوه بر کارهای معمول روزانه یک کار تازه دیگری هم بکنیم، اگر روزانه یک چیز تازه بیاموزیم، اگرهر روز به کسی غیر کسانی که در روزهای پیش کمک کردیم کمک کنیم، ... در پایان سال، ۳۶۵ کار تازه کردیم، ۳۶۵ چیز تازه یاد گرفتیم، و به ۳۶۵ انسان کمک کردیم،.... یعنی سالی پر از دستاورد را سپری کردیم.

۱۳- در زندگی یک دونده واقعی باشیم یعنی چون یک دونده سریع فکر کنیم، و با تمرکز شدید اجرا کنیم. استراحت‌های کوتاه فکری را از یاد نبریم. سریع فکر کردن و تمرکز بر عمل ما را نسبت به دیگران زودتر به هدف می‌رساند.

۱۴- کسانیکه وقت تلف می‌کنند درکی از ارزش زندگی ندارند و بنابراین نه تنها از دوری گزیدن از آنها آسیبی به زندگیمان وارد نمی‌شود بلکه بودن با انها ممکنست زندگیمان را به خطر اندازد.

۱۵- کسانی که مدعی ایجاد تغییرات هستند گام نخست باید تغییر خودشان باشد و تغییر خود با تغییر ذهنیت آغاز می‌شود وگرنه نه تنها شخص مدعی ایجاد تغییر نمی‌تواند عامل تغییر باشد بلکه با وجود ادامه ذهنیتهای غیرقابل تغییر اصولا نباید انتظار تغییر در جامعه داشت. به یاد داشته باشیم که هدف باید تغییرات مثبت و به جلو باشد و نه هر تغییری.

۱۶- جاه طلبی به خودی خود نه تنها منفی نیست بلکه انگیزه بخش و لازم است، جاه طلبی پلکان رشد و پیشرفت است مشروط بر اینکه توام با برنامه باشد. جاه طلبی بدون برنامه و امادگی ناامیدکننده و ویرانگر است. قانع نبودن به زندگی حال و در پی شکوفایی و اینده‌ای درخشان بدون جاه طلبی ناممکن بنظر می‌رسد.

۱۷- اگر رویکردهای گذشته را برای حال و اینده ادامه دهیم انتظار نتایجی متفاوت از گذشته نداشته باشیم. رویکردهای تازه هماهنگ با شرایط حال مارا به سوی اینده‌ای متفاوت به پیش خواهد برد. رویکرد مبارزه برای تغییرات بنیادی در ایران تاکنون نتیجه دلخواه مبارزان را نداده، ایا یک

لحظه‌ای فکر کرده‌اید که رویکردی تازه برگزینید و شانس پیروزی را افزایش دهید؟

۱۸- تعصب، تنفر، تزویر، تردید، تبعیض و تسلیم از عوامل بازدارنده تغییرات مثبت در سطوح فردی و جمعی هستند.

۱۹- تبعیض علیه هر گروهی در یک جامعه به مثابه تبعیض علیه هر فرد عضو آن جامعه است، و مستقیم یا غیر مستقیم بر زندگی همه اعضا جامعه و کل جامعه تاثیر منفی دارد. تبعیض یعنی توهین به شأن و منزلت و توانایی‌ها و شعور انسان.

۲۰- شاید علت بسیاری از مشکلات و بحران‌هایی که در زندگی مواجه می‌شویم جامعه و دیگران باشند اما مسئولیت حل مشکلات شخصی‌مان با خودمان است. مسئولیت پذیر باشیم. مسئولیت ناپذیری‌مان زندگی را بر دیگران ناگوار و دشوار می‌کند، و جامعه را به عصر حجر بر می‌گرداند.

~~~

هیچ موجودی بیش از انسان هم نوعان خود را به قتل نرسانده است. هیچ موجودی به این اندازه هم نوعان خود را به بردگی و بیگاری و استثمار نکشانده است و به تحقیق، هیچ موجود دیگری به این سان هم نوعان خود را استثمار فکری نکرده است.

غلامعلی ملول، عقل پیامبر راستین
~~~

- سی و چهار -

۱- شک کردن گام نخست برای پرواز به مقصد سپهر اگاهی و بیداری است. شک به همه مقدسات جهان، شک به هر چه که از دستگاههای تبلیغاتی به ما منتقل می‌شود، شک به کل آنچه در کتابهای تاریخ می‌خوانیم، شک به هر چه که داوطلبان در مبارزات انتخاباتی برای کسب آرای تو و من به ما وعده می‌دهند، شک به کسانی که به ما وعده‌ی آزادی می‌دهند.

۲- اگر تاکنون از یک ساختار دیکتاتوری انتظار آزادی داشتید انتظاری عبث و بیهوده بود. در ساختار دیکتاتوری آزادی سم مهلکی است برای بقای دیکتاتوری. اگاهی به همین اصل کافی است بدانیم که در یک ساختار دیکتاتوری انتخابات نه تنها هیچ چیز را تغییر مثبت نمی‌دهد چون انتخابات آزاد نیست بلکه چه بسا شرایط را در جامعه بدتر و زندگی شهروندان را بیش از پیش دشوارتر می‌کند. در ساختارهای دیکتاتوری نه مرگ شخص دیکتاتور و نه مرگ هیچ فرد دیگری به تغییرات مطلوب شهروندان منجر نمی‌شود. تنها راه تغییرات سازنده در ساختارهای دیکتاتوری تغییر همه جانبه همان ساختار دیکتاتوری از بنیان است، نه تغییر اعضای چنان ساختاری. شرکت در انتخابات چنین ساختار سیاسی یعنی کمک به بقای این ساختار!

۳- رابطه‌ای مستقیم بین پیروزی کوتوله‌های سیاسی و شکست یک ملت وجود دارد. ملتی که به بقای خود می‌اندیشد باید از ورود کوتوله‌های سیاسی به عرصه سیاسی کشور و کسب قدرت سیاسی از سوی انها جلوگیری کند.

۴- کسی که برای پوست کردن پرتغال از میخ یا سوزن به جای چاقو یا کارد استفاده کند هرگز پرتغالی نمی‌تواند پوست بکند و پرتغال در دستش می‌ماند تا پوسیده شود و بوی گند بگیرد. هواداران سرنگونی یک حکومت خودکامه اگر بجای همگرایی، واگرایی را برای هدف سرنگونی برگزینند

سرانجام شاهد نابودی ملتی خواهند بود که برای رهایی‌اش از دیکتاتوری مبارزه می‌کردند مثل پرتغالی که پوسیده شد. برای انجام هرکاری نیاز به کاربرد ابزار مناسب و گزینش روش معقول است.

۵- طرح، برنامه، ایده، سیاست، مذهب، تصمیمات، پروژه، و عملیات اگر تغییرات مثبت در زندگی فرد و در سطح جامعه ایجاد نکنند باید به دور ریخته شوند. نتایج هستند که به برنامه‌ها، تصمیمات، سیاستها، و عملیات ارزش می‌دهند. هر معیار دیگری جز نتایج برای ارزیابی برنامه‌ها و سیاستها و اقدامات یک اشتباه فاحش است.

۶- با برداشتن گام نخست به مقصد نمی‌رسیم ولی چاره‌ای جز برداشتن گام نخست نیست. کسب آزادی با یک شعار، یک اعلامیه، یک مقاله، یک تظاهرات، یک سخنرانی، ... امکان پذیر نیست ولی باید مبارزه برای آزادی را از جایی/یا کاری هر چند ساده آغاز کرد.

۷- پیروزی تیم ورزشی مورد علاقه‌مان بسیار زیباست و موجب خوشحالی می‌شود ولی خوشحالی بازیگران بسیار بیش از تماشاگران است. اگر خواهان پیروزی هستیم بازیگر باشیم و نه فقط تماشاگر.

۸- مشکلات و بحران‌ها بخشی از زندگی است، گاهی بیشتر و زمانی کمتر، انواع مختلف با تاثیرات متفاوت بر زندگیمان. مسئولیت چاره جویی برای حل مشکلات و بحران‌های شخصی بر عهده خودمان است، ممکنست در روند یافتن چاره از دیگران کمک بگیریم، مشاوره بگیریم ویا به تنهایی به چاره جویی بپردازیم. آنچه که در این روند مهم است اجازه ندهیم که مشکلات و بحران‌ها همه زندگیمان را تحت الشعاع قرار دهند و از دیگر جنبه‌های زندگی غافل شویم. زندگی در مشکلات و بحران‌ها خلاصه و تعریف نمی‌شود.

۹- فرهنگ قدردانی را یاد بگیریم و گسترش دهیم. قدردانی را به هنگام بکنیم. بسیاری از کسانی که شایسته قدردانی هستند در نبودشان مورد قدردانی قرار می‌گیرند و نه در حضور و حَیات‌شان! بسیاری از ما منتظر

می‌مانیم تا شخص بمیرد تا از او قدردانی کنیم؛ اغلب ما از چیزهایی که داریم قدردانی نمی‌کنیم ولی وقتی از دست دادیم قدردان آن چیز از دست رفته می‌شویم. قدردانی را تمرین کنیم و به نسلهای آینده منتقل کنیم. در جامعه‌ای که فرهنگ قدردانی وجود ندارد انگیزه کاهش می‌یابد و کاهش انگیزه به کاهش تولید منجر می‌شود و در نهایت جامعه‌ای غیر مولد، بی انگیزه، ناامید و عقب افتاده تحویل آیندگان می‌دهیم.

۱۰- ما پیوسته در حال تغییر هستیم که عوامل متعددی این تغییرات را سرعت می‌بخشند یا کند می‌کنند، و موجب تغییرات مثبت یا منفی می‌شوند. من امروز با من فردا، با من ماه آینده یاسال آینده من‌های متفاوتی هستند. بعضی عوامل در روند تغییر من امروز به من فردا مهمتر از عوامل دیگر هستند که در مورد افراد مختلف و در شرایط متفاوت بطور ناهمگون عمل می‌کنند. برخی از این عوامل تغییر من امروز به من فردا را من امروز بر می‌گزیند و برخی دیگر از عوامل به من امروز تحمیل می‌شود که در کنترل منِ امروز نیست. ما فقط بر بخشی از زندگی من امروز و تغییر آن به منِ فردا کنترل داریم و بخش دیگر را حوادث طبیعی و غیر طبیعی، و دیگران و فرهنگ‌ها رقم می‌زنند. بر آن بخش از عوامل گزینشی و تحت کنترل منِ امروز باید توجه کرد که گزینشها مطلوب و سنجیده و اندیشیده باشد تا منِ فردا در این روند تغییر انسانی بهتر از منِ امروز و دیگران شوم و نه موجودی ناتوان و خرافاتی و جنایتکار و ویرانگر!

۱۱- ساده‌انگاری پرسش و طرح پرسشهای ساده و پیش پا افتاده نشانه سبک مغزی است. طرح پرسش دقیق و سنجیده اگر دشوارتر و ارزشمندتر از پاسخ نباشد به همان اندازه دشوار و ارزشمند است. پرسش درست مسیر ورود به جهان علم و دانش، سرچشمه معرفت انسانی، کشف اسرار و ناشناخته‌ها، و نشانه درک و شعور پرسش کننده است. پرسشگر با طرح پرسش و مسأله خود را متعهد به جستجوی پاسخ می‌کند و یک پرسشگر واقعی تا یافتن پاسخ به پرسش و حل مسأله بر تعهد خود پایبند است.

۱۲- اگر کسی در مقام رهبری یک جامعه دستور به آدمکشی دهد دیگر رهبر آن جامعه نیست بلکه رهبر جنایتکاران است، رهبر یک گروه مافیایی

است، رهبر یک دسته دزدان است، سرکرده غارتگران است،.... مردمی که به هر شیوه ممکن به این افراد مشروعیت می‌بخشند تا در مسند قدرت باقی بمانند مردمی سبک مغز، ناآگاه، و شریک جنایت جنایتکاران هستند.

۱۳- آن کسانی که در بیدادگاه‌ها احکام اعدام صادر کردند و می‌کنند، کسانیکه زمینه اخراج مغزها را از مراکز علمی و پژوهشی و همچنین موانع ورود مغزهای جوان به این مراکز را فراهم می‌کردند و می‌کنند، افرادی که زمینه را برای فساد فراهم کرده و می‌کنند، کسانیکه با تصمیمات و سیاستهای‌شان باعث عقب افتادگی جامعه، مرگ شهروندان، درگیری و بازداشت و کشتار شده و می‌شوند، کسانیکه دانسته و آگاهانه موجب گمراهی شهروندان شده و می‌شوند، انانیکه با بحران افرینی، فریب توده، ایجاد هرج و مرج، گسترش خرافات، و خدعه و نیرنگ قدرت را قبضه کرده یا می‌کنند همه در زمره جنایتکاران هستند؛ و همه کسانیکه قدرت مبارزه با این جنایتکاران را داشته ولی سکوت کردند، بی تفاوتی پیش گرفتند، تماشاگر بودند، از پذیرش مسئولیت خودداری کردند، و به بقای همین جنایتکاران برای منافع شخصی کمک کردند نه تنها از خرد بی بهره اند، بلکه به رسالت ملی و انسانی خود هم عمل نکردند و شریک جنایات این جبهه تبهکاران هستند.

۱۴- بیاییم یاد بگیریم برای بسیاری از کارها هرگز دیر نیست و برای بسیاری از کارها سن مطرح نیست که بگوییم پیر هستیم. مثلا کمک به همنوعان، مبارزه علیه خودکامگان، حمایت از کسانیکه حقوق‌شان پایمال شده، آگاهی بخشیدن، به تبعیض پایان دادن، و می‌توان صدها کار دیگر به این فهرست افزود که هر زمانی آغاز کنیم نه دیر است و نه پیری مانع انجام آن است.

۱۵- ناآگاهی، زودباوری، گول خوردن، بی تفاوتی، متوهم بودن، سطحی نگری، بی خبری، افکار منفی، بی اعتمادی و بی دقتی بیماری‌های سیاسی- اجتماعی ای هستند که تاوان سنگینی را به کل جامعه تحمیل می‌کنند.

۱۶- بی‌اعتمادی بر مناسبات تاثیر منفی دارد، موجب خرابی رابطه می‌شود، یا ارتباطات را کند می‌کند، انسجام را در جامعه، سازمان، گروه و خانواده ازبین می‌برد، به شادی و نشاط پایان می‌بخشد، افراد را همیشه در وضعیت بیم از ناکامی قرار می‌دهد، و مانع از پیشرفت امور و حل مسایل می‌شود. باید توجه داشت در یک رابطه بر اساس اعتماد، تمرکز بر عمل طرف مقابل شرط لازم و کافی است و نه حرف.

۱۷- از چیزهای خوبی که داریم خوشحال باشیم ولی این بدان معنا نیست که برای بدست آوردن چیزهایی که آرزو می‌کنیم داشته باشیم تلاش نکنیم. اگر از خودرویی که داریم خوشحالیم و می‌خواهیم خانه خوبی هم داشته باشیم باید تلاش کنیم، اگر دوستانی داریم که از داشتن آنها خوشحالیم و آرزو داریم همسر خوبی هم داشته باشیم باید اول همه چیزهایی که برای داشتن همسر خوب لازم است بدست آوریم، اگر خانواده‌ای داریم که از داشتنش خوشحالیم و آرزو می‌کنیم حکومت و دولت خوبی هم داشته باشیم که نداریم باید مبارزه کنیم تا تغییرات مورد نظرمان درباره حکومت و دولت را بوجود آوریم،.... سخن کوتاه آنکه هر چه آرزو می‌کنیم برای کسب و دریافت آن راهی جز تلاش و مبارزه و از خودگذشتگی نیست.

۱۸- مبارزه برای آزادی، دمکراسی، حقوق بشر، عدالت اجتماعی، ... بدون پذیرش مسئولیت به نتیجه نمی‌رسد. حال اگر مسئولیت‌پذیر بودیم و همه این اهداف را به دستاورد تبدیل کردیم نباید تصور کنیم که مسئولیت شهروندی‌مان پایان یافته، نه اصلا چنین نیست. از لحظه پیروزی مسئولیت بزرگ‌تری در حفظ این دستاوردها داریم، امیدوارم به یاد داشته باشیم و فراموش نکنیم. پس از پیروزی چه به عنوان یک شهروند عادی و چه در مقام رهبر کشور همیشه در دفاع از آزادی، دمکراسی، حقوق بشر، عدالت اجتماعی،... مسئول هستیم، این یک مسئولیت جمعی است وگرنه همه دستاوردها نابود خواهند شد. مسئولیت پذیری یک جاده یکطرفه نیست، همه اعضا یک جامعه، یک گروه، یک سازمان، یک خانواده،... در برابر هم مسئولند. مسئولیت یک سویه حاصلی جز بی انگیزشی نخواهد داشت.

۱۹- رخدادهای ناگوار زندگی درس‌های مهمی را به ما می‌آموزد البته با پرداخت هزینه‌های سنگین و سرسام اور ولی مهم اینستکه این درس‌ها را جدی گرفت وگرنه رخدادهای ناگوار تکرار خواهند شد و احتمالا با هزینه‌های بیشتر و آسیب‌های جبران ناپذیر.

۲۰- اشتباه کردن بخشی از زندگی است. آنچه در اشتباه کردن مهم است شیوه برخورد با اشتباه، آموزش از آن، پذیرش آن و پیشگیری از تکرار آن است.

~~~

در اتحاد جماهیر شوروی [پیشین] نبردی دائمی بین یخچال و تلویزیون در جریان است. تلویزیون دائماً از رفاه زندگی شهروندان در شوروی تحت سیطره حزب کمونیست می‌گوید ولی یخچال از واقعیت تلخ زندگی آنها و فقر و نداری... «یخچال» سرانجام بر تلویزیون پیروز خواهد شد.

—سوتلانا الکسیویچ، نویسنده و برنده نوبل ادبیات، روزگار رفته (آخرین سرخ‌ها)، ترجمه فروغ پوریاوری.
~~~

- سی و پنج -

۱- شرکت در انتخابات نه تنها خون تازه‌ای در رگ‌های استبداد تزریق می‌کند بلکه شرکت کنندگان مرتکب جنایتی نابخشودنی می‌شوند که قربانیان آن خود و دیگر مخالفان رژیم اسلامی حاکم بر ایران هستند. شرکت در انتخابات یعنی نا سپاسی به جانباختگان آزادیخواه، شرکت در انتخابات یعنی نادیده گرفتن منافع جمعی، شرکت در انتخابات یعنی تایید اعدام، کشتار، بازداشت، شکنجه، ورشکستگی اقتصادی، نابودی محیط زیست، فحشا، اعتیاد به مواد مخدر، فقر، تبعیض،...

۲- کسی که برده عقاید خود است هرگز اگاهی نمی‌یابد، مهم نیست این عقاید مذهبی است یا غیر مذهبی بلکه آنچه مهم است قدرت عقاید در بازداشتن شخص در کسب اگاهی است.

۳- دین ابزاری است برای غارت اموال مردم، و دین داران افرادی هستند که متاسفانه با خشنودی کامل از این ابزار برای غارتگری استفاده می‌کنند.

۴- اگر اجازه دهیم دیگری به ما زور گوید مرتکب جنایت می‌شویم. در مقابله با هر زورگو و هر نوع زورگویی بهترین گزینش مقاومت و مبارزه است.

۵- یکی از دردناک‌ترین حالتها زمانی است که متوجه می‌شویم مسئولیت حل بحران یا فاجعه‌ای به عهده ماست که هیچ نقشی و سهمی در وقوع آن فاجعه و بحران نداشتیم.

۶- باوری که حاصل اندیشه ژرف و سنجیده، و مطالعه تطبیقی- تاریخی نباشد نه معتبر است و نه قابل دفاع.

۷- دانشمندی که مرامی غیر از انسانیت در پیش گرفته و دانش او کمکی به خوشبختی انسان نمی‌کند، نه می‌تواند الگویی برای انسانها باشد و نه قابل دفاع است.

۸- خرد و اندیشه و تدبیر اضلاع مثلث پیروزی هستند. در فقدان هریک از انها امکان پیروزی نیست یا شاید در بهترین حالت پیروزی به تاخیر افتد.

۹- داروی درمان بیماری‌های سیاسی و اجتماعی اگاهی است، اگاهی است، آگاهی.

۱۰- اگر ایده‌ها، زمان و انرژی‌مان را هزینه توسعه جامعه و رشد اعضای ان کنیم به مثابه پرداخت بدهی‌مان به جامعه است.

۱۱- کاری را که از ان لذت نمی‌بریم انجام ندهیم زیرا ما را ضعیف میکند و اعتماد به نفس‌مان را ازبین می‌برد. بعکس، کارهایی را که از انجام‌شان لذت می‌بریم به ما نیرو می‌بخشد، ما را توانمند می‌کند، اعتماد بنفس را افزایش می‌دهد، و سطح بازده کار را بالا می‌برد.

۱۲- نوع روابط اعضای یک گروه، یک سازمان، یا یک جامعه از عوامل کلیدی در رشد و پیشرفت ان واحد اجتماعی است.

۱۳- یکی از مشکل‌ترین و بدترین کارها ترک کاری است که انجام می‌دهیم بدون اینکه جایگزینی برایش داشته باشیم. بنابراین، همیشه باید در نظر داشت که بدون داشتن جایگزین کاری را رها نکرد.

۱۴- تا بر باورهای غلط غلبه نیابیم انتظار پیروزی در مبارزه برای آزادی انتظاری بیهوده است.

۱۵- اگر تحرک نداشته باشیم تصور رشد و پیشرفت توهمی بیش نیست ولی توجه داشته باشیم که تحرک شرط لازم رشد است و نه کافی.

۱۶- افرادی که از تغییر می‌ترسند می‌خواهند دیگران را هم از تغییر بترسانند. اگر دیگران تحت تاثیر آن فرد ترسو از تغییرکردن خودداری کنند ناخواسته نادانی خود را اثبات می‌کنند.

۱۷- کسانی که بی وقفه در حال بهتر کردن خود هستند و تسلیم حوادث در این روند نمی‌شوند بهترین الگو و الهام بخش‌ترین اعضای جامعه هستند برای دیگرانی که علاقه مند به رشد شخصی و توسعه اجتماعی می‌باشند.

۱۸- خشونت، فساد، سرقت، جنایت، فقر، سرکوب، اعدام،... همه نشانه‌های روشنی است که ما در مسیری گام بر میداریم که سرانجام به دروازه‌های تاریکی می‌رسیم.

۱۹- آگاهی بخشی و آموزش دادن از موارد نادری است که تاثیرات‌شان بی انتهاست و برای نسل‌های پی در پی و چه بسا سده‌ها و هزاره‌ها بعد ادامه دارد. هدف از آنچه آموزش می‌دهیم را بر خوشبختی انسان و هدف آگاهی بخشی را مبارزه برای آزادی انسان قرار دهیم.

۲۰- از برابری حقوقی زیاد شنیده‌ایم. واقعیت اینستکه برابری حقوقی زمانی واقعبینانه است که ما انسانها در درون خود همه انسانها را برابر بدانیم و کسی را برتر از دیگری نبینیم. مادام که خود را برتر و دیگری را پست‌تر ارزش گذاری کنیم پذیرش برابری حقوقی در روابط اموزشی، اقتصادی، سیاسی و اجتماعی فاقد معنا و ادعایی توخالی است.

~~~

اگر به جای اسلحه با معلم به جنگ دنیا می‌رفتیم همه دشمنان نابود می‌شدند.

آتو فون بیسمارک، صدراعظم «آهنین» آلمان
~~~

- سی و شش -

۱- انتخابات در کشورهای دمکراتیک شاید عامل تغییراتی مثبت در جامعه و شرایط زندگی مردم شود ولی در جوامع غیر دمکراتیک مثل ایران به منزله نمایشی مضحک و نوعی سیرک است که رژیم با هدف کسب مشروعیت برگزار می‌کند. تغییر چهره‌ها و مهره‌ها در رژیمهای غیر دمکراتیک تغییر معناداری بنفع مردم ایجاد نمی‌کند. در اینگونه جوامع ساختار مانع تغییرات است و ساختار شکنی یک رسالت ملی.

۲- واپسین دریوزگی رژیم برای فریب مردم برای شرکت در انتخابات فرمایشی/سیرک انتخاباتی. ملت ایران بار دیگر در یک بزنگاه تاریخی قرار گرفته و اگر بخواهد می‌تواند نقش افرینی کند و با خارج نشدن از خانه‌های خود در روز ۸ تیر و خودداری از هر نوع مشارکت در انتخابات نمایشی ضربه نهایی را بر جسد متحرک و متعفن رژیم وارد و مرگش را تضمین کند. شرکت نکردن در انتخابات یعنی باور مندی به فقدان مشروعیت رژیم که می‌تواند مرگ رژیم را تسریع کند.

۳- قدرت یک کشور بر ستون‌هایی چون منابع زیر زمینی، نیروی ماهر انسانی، موقعیت ژیوپولیتیک، فرهنگ و میراث تاریخی، اقتصاد قوی، تکنولوژی پیشرفته، نیروی نظامی مجهز به اخرین تسلیحات نظامی و اموزش دیده، جمعیت مولد و سازنده،... و البته رهبری توانا، اینده نگر، دلسوز، کاردان، پاسخگو، شفاف، بصیر، .... کشوری که تحت حکومت رهبری لومپن، متوهم، غیر پاسخگو، فاسد، ماجراجو، بی توجه به خواسته‌ها و نیازهای مردم، سرکوبگر، دزد،... قرار گیرد علیرغم دارا بودن بقیه ستونهای قدرت به جامعه‌ای تبدیل می‌شود که با فقر، فساد، فلاکت، فحشا و فجایع باید تعریفش کرد.

۴- اعتقادات چیزی جز قفس برای من و توی انسان نیست. قفسی که من و تو مطیع و فرمانبردار سازندگان ان بمانیم، قفسی که با آن بت‌ساز می‌شویم و

برده بت خود ساخته می‌شویم، قفسی که از آزادی محروم‌مان می‌کند، قفسی که مانع اندیشیدن‌مان می‌شود، قفسی که از رشدمان جلوگیری می‌کند تا همیشه ما را در اسارت سازندگان قفس نگهدارد. لازمه شکستن این قفس عمل هماهنگ شده دستجمعی است. با شکستن این قفس است که مزه آزادی را می‌چشیم، فرصت پرواز، اندیشیدن، رشد و انتخاب می‌یابیم.

۵- سید علی خامنه‌ای تازگی گفته هر کسی علاقه مند به ایران قوی است باید در انتخابات شرکت کند، و هر کسی معتقد به لزوم حمایت از نظام جمهوری اسلامی است، باید در این زمینه اهتمام مضاعف داشته باشد. توجه بفرمایید خامنه‌ای مثل همیشه رژیم خود را بر ایران قدرتمند ترجیح داده است. همچنین این پیرمرد آشفته حال و هذیان گو هنوز نمی‌داند که مردم ایرا ن باور راسخ دارند که یک ایران قدرتمند فقط با نابودی رژیم اسلامی حاکم تحقق می‌یابد و نه با حمایت دوچندان از چنین رژیم جنایتکار و ستمگر و فاسد.

۶- کسانی که وارد میدان سیاست می‌شوند چه به عنوان دولتمرد یا چه به عنوان کنشگر سیاسی، اگر از مذاکره کردن حتی با رقیب یا حتی با کشور متخاصم هم طفره روند با الفبای سیاست بیگانه‌اند. مذاکره نه تنها می‌تواند به اختلافات پایان دهد، صلح و مودت به ارمغان اورد، پایه‌های همکاری را تحکیم بخشد، برای مشکلات راه حل بیابد بلکه مذاکره در شرایطی هم به نوعی مبارزه تبدیل می‌شود.

۷- نیروهایی که خود را مخالف رژیم اسلامی حاکم بر ایران می‌دانند دو انتخاب دارند؛ یا به اختلافات خود پایان می‌دهند و با نوعی هماهنگی مسیر گذر از رژیم اسلامی را هموار و پیروزی علیه آن را تضمین می‌کنند، یا آگاهانه (یا ناآگاهانه) به رژیم اسلامی در ویرانی و نابودی ایران کمک می‌کنند.

۸- داوری تاریخ منصفانه‌ترین داوری است به دور از هر حب و بغضی. بارها و بارها نتیجه داوری تاریخ درباره نظام‌های ایدیولوژیک اثبات ضدیت بی چون و چرای این رژیم‌ها با حقوق بشر، آزادی، و انسانیت بوده است.

۹- چین جهان سومی دهه ۱۹۷۰ میلادی کمتر از نیم قرن توانست در جایگاهی قرار گیرد که بقایای یکی از دو ابرقدرت ان زمان به دریوزگی به خدمت رهبرانش روند، و رقیب سرسخت اقتصادی دیگر ابرقدرت ان زمان شود و این تحول ممکن نمی‌شد مگر با گشودن درهایش به روی جهان و استفاده از تجربه کشورهای پیشرفته بویژه غرب. هیچ کشوری بدون رابطه با دیگر کشورهای جهان نتوانسته راه رشد و پیشرفت و توسعه را طی کند و این باید درس عبرتی باشد برای خودکامگانی که راه توسعه را در بستن درهای خود با بخش قدرتمند جهان یعنی غرب می‌دانند، زهی خیال باطل!

۱۰- ایران امروز به ملینا مرکوری‌های یونانی نیاز دارد نه به قالیباف‌ها و پزشکیان‌ها و جلیلی‌ها،... زنی هنرمند که حکومت سرهنگ‌ها را نپذیرفت، و همه فعالیتهای هنری خود را متوقف کرد و به یک مبارز سیاسی تمام وقت تبدیل شد و ارام ننشست تا دمکراسی با مبارزات او و دیگران به کشورش برگردانده شد. قالیباف‌ها، پزشکیان‌ها، جلیلی‌ها،... همه بخشی از رژیمی بودند و هستند که مورد تایید شهروندان نیست، فاقد مشروعیت در پیشگاه ملت است، رژیمی غیر دمکراتیک، تروریست پرور و غارتگر است. یک ملینا مرکوری کافی نیست همانطور که در یونان هم یک نفر برای پایان بخشیدن به حکومت سرهنگان کافی نبود و ملینا تنها نبود ولی او نماد میهن پرستی بود. ما هم به نمادهای میهن پرستی نیاز داریم که تمام وقت با صداقت کامل به مبارزه سیاسی علیه رژیم حاکم برای گذر از ان و آزادی ایران بپردازد.

۱۱- رومن رولان، نویسنده فرانسوی، می‌گوید کسی که در جوانی انقلابی نباشد قلب ندارد و اگر در کهنسالی همچنان انقلابی بماند مغز ندارد. بله همینطور است. جوانی یعنی انقلابی بودن، ریسک پذیری، با شورو هیجان بودن، برای ارمانها جنگیدن و مبارزه کردن، ارام نبودن، به استقبال خطرات متعدد برای ساختن اینده رفتن،... انانی که می‌خواهند جوانان را در زندان نگهدارند، برای‌شان محدودیت ایجاد کنند، مانع رشد جوانان شوند، جوانان را از اندیشیدن باز دارند، آزادی را از جوانان دریغ دارند، هر نوع سد برای تحقق ارزوها و رویاهای جوانان ایجاد کنند متوهمانی بیش نیستند که

از قضا جنایتکارانی بی بدیل می‌باشند. جوان را نتوان مجبور به پذیرش خرافات و اموزه‌های در تناقض با خردش واداشت. هر کسی که جوان را به شیوه‌ای از حرکت به جلو باز می‌دارد به جامعه انسانی جنایت می‌کند و جنایت چنین شخصی به مثابه جنایت علیه بشریت است.

۱۲- قوانین احقانه و ظالمانه مانند هر چیز احمقانه و ظالمانه قابل دفاع نیستند، و رعایت انها نشانه بیخردی و ناآگاهی است، و در واقع اطاعت از چنین قوانینی ستم و توهین به خود و هر انسانی در هر جای جهان است.

۱۳- بارها گفته‌ام که یکی از ویژگیهایی که برای پیروزی بر متجاوزان به حقوق انسان لازم است پذیرش حاکمیت منافع جمعی بر حاکمیت منافع فردی است. شرم اورترین، غیر اخلاقی‌ترین، وحشناک‌ترین و موذیانه‌ترین رفتارها ان نوع از رفتارهایی است که با اهداف و توجبهات اخلاقی و انسانی و در جهت منافع جمعی توجیه شود ولی در واقع شخص در پی اهداف و منافع شخصی خود باشد مثل رفتار افرادی که از مبارزه برای آزادی وخیر و صلاح جمعی حرف بزنند ولی در درون خود فقط به مناقع شخصی خود بیندیشند.

۱۴- کسانی که شاهد جنایات هستند، شاهد بیدادگری هستند، شاهد تبعیض و نقض حقوق بشر هستند، شاهد سرکوب دیگران هستند و همچنان خود را بیطرف می‌دانند، واقعا نمی‌دانند که همدست جنایتکاران، ستمگران، ناقضان حقوق انسان، و سرکوبگران هستند؟ من باورم نمی‌شود.

۱۵- بیشتر ما وقتی واژه مبارزه را می‌شنویم، می‌خوانیم یا به کار می‌بریم به شعار دادن، در تظاهرات شرکت کردن، یا اسلحه بدست گرفتن و کاربرد خشونت در انواع مختلف ان توجه داریم در حالیکه مبارزه و شیوه‌های مبارزه بسیار فراگیرتر از این رفتارهاست. علاوه بر تبلیغات، گفت و گو، اگاهی بخشی میتوان استفاده از جوک و طنز و هجو را هم از ابزار و روشهای مبارزه در نظر گرفت. جوک گفتن و هجو خودکامگان، رهبران غیرمسئول، ... حربه‌ای هستند سخت برنده و کارا. جوک و هجو از قدرتی برخوردارند که از قدرت، تقدس زدایی می‌کنند، هر قدرتمدار و مقدسی را بطور عریان به سخره می‌گیرند و بی اعتبار می‌کنند.

۱۶- از قدرت واژه‌ها غافل نباشیم. شیوه بیان واژه‌ها، زمان کاربردشان، شیوه چینش واژگان، گزینش واژه‌ها در شرایط متفاوت،... می‌توانند شعله‌های جنگ را فروزان کنند، یا زمینه پیمان‌های صلح را فراهم کنند، مرام انسانیت را گسترش دهند یا جنایت علیه انسان را باعث شوند، موجب تحریک افراد برای انجام کارهای زیانبار یا بعکس، مشوق افراد در پیگیری کارهای سازنده شوند، رابطه‌ها را تحکیم بخشند یا تخریب کنند، درک متقابل افراد از همدیگر را موجب شوند یا سو تفاهم ایجاد کنند، معاملات و مبادلات و مناسبات را تسهیل کنند یا مختل یا مختل یا ...،

۱۷- تکیه بر خرد جمعی هم می‌تواند فاجعه افرین باشد. خرد جمعی مثل هر چیز و پدیده‌ای بالقوه می‌تواند رو به زوال رود. زمانهایی پیش می‌آید که شمار زیادی از افراد یک جامعه متوهم می‌شوند و با مشاهده توهمی آن را واقعیت جلوه می‌دهند و دیگران هم پذیرا می‌شوند. در سال ۱۳۵۷ تعداد زیادی عکس خمینی را درماه دیده بودند یعنی دچار توهم شده بودند ولی همین توهم بر اساس خرد جمعی بود که به واقعیت تبدیل شد. در این مثال، خرد جمعی دچار زوال شده بود. امروز هم تعداد زیادی درباره پزشکیان، کاندیدای »ریيس جمهوری« رژیم دچار توهم شده اند و توهمی که شکل واقعیت به خود گرفته و او را متفاوت از دیگر کاندیداها میدانند، و این یعنی همان زوال خرد جمعی!

۱۸- از هرکسی در حد شعورش انتظار داشته باشیم، به هر کسی در حد شعورش احترام بگذاریم، شعور افراد را معیار سنجش انها قرار دهیم، با هر کسی در سطح شعور او رابطه برقرار کنیم. بنظرم اگر شعور سبنای ارتباطات و انتظارات انسانهااز همدیگر قرار گیرد احتمالا بسیاری از سو تفاهمات، دلخوریها، اختلافات و حتی مناقشات کاهش خواهد بافت.

۱۹- یکی از اصول بنیادین هستی اصل تعادل است. برای کسب چیزی حتماً چیزی را از دست می‌دهیم. برای کسب دانش و مهارتها، زمان صرف می‌کنیم، هزینه مالی می‌کنیم، انرژی مصرف می‌کنیم، شاید ناچار شویم موقتا یا برای همیشه از شهر و دوستان نزدیک و بستگان دور شویم به شهر

و ایالت و کشور دیگری برویم،... برای پیشرفت باید از خیلی چیزها بگذریم و خیلی چیزها را رها کنیم از جمله افکار منفی، ترس، مقاومت در برابر تغییر، شکوه و شکایت، باورهای محدود کننده، وابستگی، بهانه جویی، احساس نیاز به کنترل دیگران، نیاز به تحت تاثیر قرار دادن دیگران، مورد قضاوت قرار دادن دیگران، به خواسته دیگران زندگی کردن، برچسب زدن و ...بسیاری چیزهای دیگر را باید برای پیشرفت و رشد رها کنیم. رها کردن و دل کندن از بسیاری از چیزهایی را که بسیار هم دوست داریم مسیر پیروزی ما را در مبارزات آزادیخواهانه و ضد دیکتاتوری هموار و پیروزی ما را تضمین می‌کند.

۲۰- برای ساختن آینده فرار از قفس گذشته ضروری است. هر یک از ما گذشته متفاوتی داشتیم برخی گذشته دشوار و رقت بار، برخی گذشته راحت و پربار، دیگرانی هم گذشته‌ای پر فراز و نشیب،.... ما برای ورود به آینده‌ای دلخواه چاره‌ای نداریم جز گریز از گذشته‌ای که هر چه بود، گیر کردن در گذشته و یخزدگی مغزهای‌مان ما را از حرکت در مسیر آینده باز می‌دارد اما همانطوریکه همیشه گفته ام و تکرار می‌کنم از گذشته باید آموخت، از بد و خوب گذشته، شکست و پیروزی گذشته، دوستیها و دشمنی‌های گذشته، جنگها و پیمان‌های صلح، ... از هر چه گذشته است میتوان درس گرفت مگر اینکه خود را در قفس گذشته محبوس نکنیم.

<div align="center">~~~</div>

دولت ظالم شیوه مبارزه را تعیین می‌کند. وقتی حکومت، نهادهای سیاسی را ممنوع اعلام می‌کند و تمامی فعالیت‌های سیاسی را بی‌رحمانه قلع و قمع می‌کند، از ما انتظار دارید چه بکنیم؟ ما باید متوسل به خشونت شویم تا از خودمان دفاع کنیم.

—نلسون ماندلا (۱۹۹۰)

- سی و هفت -

۱- تقویت فرهنگ و فرهنگ سازی مهمترین عوامل اینده سازی هستند، و جشنها در تقویت فرهنگها نقش اساسی دارند، به ما یاداوری می‌کنند که چه چیزهایی مهم هستند. مثلا چهارم ژوییه (امروز)، جشن استقلال، آمریکاست. این جشن به آمریکاییان و دیگران اهمیت استقلال را یادآوری می‌کند و چگونه مستقل بودن به انسان حق انتخاب می‌دهد و چگونه حق انتخاب آزاد آینده را می‌سازد.

۲- زندگی با زمان تعریف می‌شود و زمان ارزشمندترین کالایی است که به رایگان در اختیار انسان قرار گرفته است. مواظب باشیم آن را مفت نبازیم، از ان غایت بهره برداری را برای ساختن جامعه و جهانی بهتر بکار گیریم. در انتخاب‌های‌مان دقت کنیم تا مجبور نشویم با افراد ناجور زندگی و همنشینی کنیم و هم پیمان شویم....

۳- اگر نتوانم و اجازه نداشته باشم تو را مورد انتقاد قرار دهم بدان معناست که بردگی تو را پذیرفته‌ام. پس از تو انتقاد می‌کنم، تقدست را زیر پرسش می‌برم، توهمت را باطنز و هجو پاسخ می‌دهم، و مبارزه را ادامه می‌دهم ولی برده‌ی تو نمی‌شوم.

۴- نگویم حالا وقتش، نیست اتفاقا همین لحظه وقتش است اگر می‌خواهیم مبارزه کنیم، تغییر کنیم و تغییر دهیم، اگاهی یابیم و اگاهی بخشیم، ریسک کنیم، مذاکره و گفت و گو کنیم، فرصت سازی کنیم و امکانات بیافرینیم،... لحظه بعدی دیر است و ممکنست هرگز هم لحظه بعدی را شاهد نباشیم.

۵- خردمندترین انسانها کسانی هستند که از هر لحظه به بهترین شیوه ممکن با لذت کامل در پیگیری اهداف زندگی، گسترش مرام انسانیت، و تامین خوشبختی انسان بهره می‌برند.

۶- وقتی در روند مبارزه برای پیروزی احساس ناامیدی کردیم به دو گروه بیندیشیم: دوستان وفادار و دشمنان قسم خورده‌مان که هر یک برای جشن گرفتن خود را آماده می‌کنند ولی یکی برای پیروزی‌مان و دیگری برای شکست‌مان، تصمیم و انتخاب با ماست. اگر برناامیدی غلبه یابیم و به مبارزه ادامه دهیم به احتمال زیاد دوستانمان را شاد خواهیم کرد و اگر دست از مبارزه بکشیم حتماً دشمنان‌مان را خشنود خواهیم کرد، تفاوت اینست!

۷- زندگی برای خود فقط بخش کوچکی از زندگی است. زندگی واقعی یعنی زندگی برای همه انسانها، یعنی زندگی توام با همکاری و مهرورزی همگی با هم و برای هم، یعنی یافتن راه حل برای مشکلات انسانی بطور دستجمعی، یعنی تلاش برای تامین خوشبختی یکدیگر، یعنی مبارزه برای رهایی هم از سلطه خودکامگان، .... در دنیای ما انسانها هر روز از هم فاصله می‌گیرند، هر روز مشکلات جهانی افزونتر می‌شود، هر روز انسانها کمتر به فکر همدیگر هستند، غارتگران غارت می‌کنند، جنایتکاران جنایت، خودکامگان سوار بر قدرت، و دزدان چنگ انداخته اند بر ثروت، و همه اینها به بهای نابودی میلیونها انسان. اگر این روند ادامه یابد اعضای جامعه انسانی هر روز بیش از پیش از انسانیت و زندگی انسانی واقعی دورتر می‌شود و با جهانی خطرناک‌تر روبرو خواهیم شد علیرغم همه‌ی نوآوری‌هایی که برایش تبلیغات می‌شود.

۸- مقاومت را به عنوان یک اصل بنیادین زندگی در خود نهادینه و جاییکه لازم است از آن بطور بهینه استفاده کنیم. مقاومت در برابر هر زورگو و قلدر و متجاوز و خودکامه و جنایتکاری، مقاومت در برابر هر قانون غیر عادلانه‌ای، مقاومت در برابر هر انتخاب و انتصاب ضد مردمی، مقاومت در برابر هر تغییر زیانبار و منفی و ویرانگری، مقاومت در برابر جنگهای ویرانگر و خطرناک و مضر و بیحاصل، ...

۹- اشتباه کردن امری عادی است و هیچ انسانی از آن مبرا نیست و کم و بیش مرتکب اشتباه می‌شود ولی آنچه که مهم است شیوه برخورد هر فرد با

اشتباه است. آیا اشتباهات خود را می‌پذیریم؟ آیا از اشتباهات درس و عبرت می‌گیریم؟ آیا تلاش می‌کنیم همان اشتباه را بارها تکرار نکنیم؟

۱۰- تنها دیدن مهم نیست گاهی ندیدن مهمتر است؛ تنها گفتن و شنیدن مهم نیست بلکه «گفتن و شنیدن» کی، و چی هم مهم است؛ تنها نوشتن مهم نیست بلکه چی بنویسیم و برای چه و کی هم مهم است؛ تنها کردن مهم نیست بلکه چی کردن هم مهم است. بعکس گاهی اصلا نکردن و نگفتن و نشنیدن و ننوشتن مهمترین اند.

۱۱- بسیاری از ما تصمیمهایی می‌گیریم و کارهایی می‌کنیم که بعد پشیمان می‌شویم فقط به علت اینکه پیش از تصمیمگیری یا انجام کار همه امکانات، محدودیتها، احتمالات، و عوامل درونی و بیرونی موثر بر نتیجه تصمیم یا کار را در نظر نمی‌گیریم.

۱۲- هیچ چیز مطلق نیست! بارها این جمله را شنیده‌ایم. بنظرم این جمله کوتاه کاملا درست است و همه چیز در ظرف زمان و مکان قابل درک است و البته نسبی. بنا به این اصل، ایا هر چه سقوط کند باختی برای شخص سقوط کننده یا دارنده چیز سقوط کرده است؟ ایا همیشه کارکردن بنفع و صلاح کارکننده است؟ ایا جنگ برای همیشه و همه بد است؟ آیا فقر همیشه و برای همه زیانبار و ویرانگرست؟ .... آشوب‌ها و گرفتاری‌ها چطور؟

۱۳- بعضی کارها در نفس خود احمقانه هستند. مثلا تلاش برای راضی کردن همه افرادی را که در زندگی می‌شناسیم، بحثهای بیهوده‌ای که می‌دانیم به نتیجه‌ای نمی‌رسند، همیشه غر زدن و ایراد گرفتن به دیگران و همزمان غافل بودن از نارساییها و ایرادهای خود، انتظار معجزه نشستن،...

۱۴- از هرکسی و هرچیزی و در هر شرایطی می‌توان اموخت پس دلیلی برای توقف در روند یاد گیری وجود ندارد.

۱۵- از عوامل مهم عقب افتادگی در زندگی و تباه کردن اینده در سطوح مختلف فردی یا گروهی، ناباوری به خود و گیر کردن در گذشته است.

۱۶- حتماً این شعر یا ضرب المثل را شنیده‌اید «خشت اول گر نهد معمار کج - تا ثریا می‌رود دیوار کج». در هرکاری باید پایه را درست بنا کرد تا نتیجه مطلوب حاصل شود از برقراری رابطه تا مبارزه، از پژوهش تا گزینش، از پیشگیری تا چاره اندیشی، از سازندگی تا نوسازی، از یادگیری تا یاد دادن، از انتخاب تا انتخاب تا انتخاب!

۱۷- در زندگی اولویتهای‌مان را در شرایط و زمانهای مختلف تعیین و تغییر دهیم. تعیین اولویتها و تغییر به هنگام انها به ما فرصت تمرکز می‌دهد تا آن اولویتها را به عالیترین شیوه ممکن انجام دهیم. اولویتها در هر زمان و شرایطی هر چه محدودتر، فرصت بیشتر و تمرکز و موفقیت بیشتر.

۱۸- طوری زندگی و عمل کنیم و از خود میراث برجای گذاریم که نتوانند بر سنگ قبر ما بنویسند می‌دانست چه نمی‌خواهد ولی نمی‌دانست، چه می‌خواهد!

۱۹- اگاهی و پیروزی روندهایی هستند که با اندیشیدن، کتاب خواندن، تمرکز کردن، ارتباط داشتن، مشاهده دقیق کردن، تجربه کردن، مبارزه کردن،... ادامه می‌یابند وگرنه متوقف می‌شوند.

۲۰- قدردانی آینده ما را می‌سازد. قدردانی باید بیان شود. قدردانی سم مهلک رشک، خشم، پشیمانی، اشفتگی، رنجش،... است.

~~~

حکومتی که برای درست عمل کردن لازم است رهبرانش فیلسوفان یا اخلاق مداران باشند حکومت بدی است. حکومت خوب، حکومتی است که صرف نظر از کیفیت اخلاقی رهبران و اتباع آن، باز هم درست عمل کند. این فضیلت شهروندان نیست که کیفیت حکومت را تعیین میکند بلکه این کیفیت حکومت است که غیر مستقیم فضیلت شهروندانش را تولید میکند.

<div style="text-align:left">—پی‌یر فرانسوا مورو، *اسپینوزا، حکومت و دین*</div>
~~~

- سی و هشت -

۱- هر عضو هر واحد اجتماعی یا سیاسی که احساس کند در آن واحد سهمی ندارد نه تنها تلاشی در حفظ آن نخواهد کرد بلکه چه بسا حتی برای نابودی آن واحد اقداماتی انجام دهد.

۲- ملتی که از شناخت تاریخش طفره رود عقب ماندن را پذیرفته است. شناخت تاریخ تایید آنچه رخ داد نیست بلکه یادگیری از هرچه اتفاق افتاد و نتایج مثبت و منفی آن است.

۳- در مبارزات سیاسی و جنبشهای اجتماعی پیش از گزینش همرزمان خود برای همرزمان احتمالی شرایط خارق العاده غیرقابل تحملی را ایجاد کنید تا ذات واقعی خود را نشان دهند.

۴- زندگی با هدف تعریف می‌شود و خوشبختی در چارچوب هدف تحقق می‌یابد و افرادی در زندگی پیروز می‌شوند که هدفمند باشند. زندگی پیوندی ناگسستنی با هدف دارد و زندگی بدون هدف غیرقابل تصور است.

۵- در جوامع غیر دمکراتیک امار عمدتا دروغی بیش نیست. اعداد و ارقام باید از سوی عوامل طوری تنظیم شوند که رضایت خاطر رهبر غیر دمکراتیک یا خودکامه را تامین کند.

۶- در هر رویدادی، هر پدیده‌ای، هر ایده‌ای، هر تصمیمی، هر سیاستی، و هر عملی هرچند هم خطرناک، ویرانگر، خونین و با هزینه سرسام اور باشد باز می‌توان جنبه‌های مثبت هم یافت. مثلا یکی از جنبه‌های مثبت انقلاب اسلامی ۱۳۵۷ که انقلابیون شاید به ان نمی‌اندیشدید گرایشی است که بعد از انقلاب به اگاهی یافتن، اندیشیدن، دانستن و یادگیری در بسیاری از مردم بوجود آمده. بعد از بهمن ۱۳۵۷ مردم به بازنگری به تاریخ، مذهب و سیاست روی اورده اند و می‌خواهند به ریشه‌های رویداد ۱۳۵۷ پی ببرند.

رویداد ۱۳۵۷ مردم را به سیاست شدیدا علاقمند کرد، و امروز بیشتر ایرانی‌ها می‌دانند که سیاست تعیین کننده اصلی زندگی انهاست و همین درک موجب شده که در عرصه سیاست به شیوه‌های مختلف حضور یابند.

۷- متاسفانه، پس از ۴۵ سال هنوز عده‌ای بین پزشکیان و جلیلی گیر کرده اند! مسأله ایران ریشه در فرد ندارد و نگاه فرد محوری راه حل مشکل ایران نیست بلکه باید رویکردی سیستم- محوری برگزید.

۸- هر تحصیلکرده دانشگاهی و مدرک دار و فوق تخصص لزوما شعور اجتماعی و سیاسی ندارد. چه بسا کسانی بدون مدرک دانشگاهی و فاقد هرنوع تخصص دانشگاهی از تخصص شعور بالا برخوردارند. انتخابات نمایشی اخیر بار دیگر میزان شعور سیاسی تعداد زیادی از تحصیلکردمان را به نمایش گذاشت!

۹- اگر کسی فکر کند دیگری می‌تواند چیزی به او دهد که خود به تنهایی نمی‌تواند به دست اورد، اشتباه می‌کند و باید بیدرنگ با چنین تفکر و نگرشی خداحافظی کند تا بیش از این به خود اسیب نرساند.

۱۰- هیچ معیاری برای سنجش صداقت افراد دقیقتر از میزان خدمات انها به جامعه نیست.

۱۱- برای داشتن جامعه‌ای با اعضای متعهد و مسئولیت پذیر باید خود متعهد و مسئولیت پذیر باشیم زیرا تا خود چیزی را ندانیم نمی‌توانیم به دیگری یاد دهیم. لازمه یاد دادن مسئولیت پذیری و تعهد به دیگری نیز از این اصل کلی مستثنا نیست.

۱۲- آموزش کودکان و آماده کردن آنان برای مسئولیت‌پذیری و برخورد سنجیده با چالشهای زندگی با گفتن و موعظه کردن کافی نیست بلکه از گفتار باید گذر کنیم و با رفتار خود الگویی برای کودکان باشیم. اموزش دانش، هنر و مهارتها به کودکان پایه نه تنها امیدبخشی برای کودک بلکه تضمینی است برای حرکت در مسیر ساختن جامعه‌ای آبادتر و آزادتر.

۱۳- در زندگی ما برخی موارد بهترین و ساده‌ترین راه حل‌ها دم دست‌مان است ولی چون به دور دست‌ها نگاه می‌کنیم و در جستجوی راه حل هستیم راه حل در دسترس‌مان را نمی‌بینیم. بهترست به اطراف‌مان بیشتر دقت کنیم و به آنچه است بیشتر توجه کنیم.

۱۴- در پیگیری هدفی اگر در حال پیشرفت مقبول هستیم هر چند میزان پیشرفت کمال مطلوب نباشد ولی دلیل موجهی هم برای ناامیدی وجود ندارد. در چنین حالتی بهتر است با ارج نهادن به پیروزی‌های نه چندان خارق‌العاده ولی مداوم و مقبول شعله‌های اتش پیشرفت را فروزانتر کرد.

۱۵- کسانیکه خود را ناجیان مردم می‌دانند در واقع مردم را مورد توهین قرار می‌دهند، و صلاحیت انها را زیر پرسش می‌برند. امدادگران هم در دیگران ناتوانی ایجاد می‌کنند و اگاهانه یا ناآگاهانه موجب سستی، ضعف، تردید و ناباوری‌شان به خود می‌شوند.

۱۶- وقتی دیگران را برای کارهای سازنده و مثبت‌شان مورد تقدیر و تحسین و تشویق قرار می‌دهیم در واقع مسیر تاثیرگذاری بر انها را هموار می‌کنیم. در تغییر دیگران برای سازندگی و مثبت اندیشی کوتاهی نکنیم تا تاثیر گذار باشیم.

۱۷- به امید فرارسیدن روز خوب بودن کافی نیست بلکه روز خوب را باید بسازیم. در هر موردی در زندگی تا گام برای سازندگی برنداریم هر چقدر امیدوار باشیم ره بجایی نخواهیم برد و عقب افتاده می‌مانیم.

۱۸- وقتی می‌شنوم و می‌خوانم که کسی می‌گوید «به عقیده دیگری احترام بگذار» به اینده انسان ناامید می‌شوم. مگر می‌توان عقیده‌ای که بر کشتن، اعدام، سنگسار، کور کردن، ودست بریدن دیگری مهر تایید می‌زند را مورد احترام قرار داد؟ به عقیده‌ای که دیگری را برای دگراندیشی، آزادیخواهی، و دفاع از حقوق انسانی‌اش تحت شدیدترین مجازات‌ها قرار میدهد چگونه می‌توان احترام گذاشت؟ من نه تنها به چنین عقیده‌ای احترام نمی‌گذارم بلکه اماده ام برای نابودی چنین عقیده‌ای تا پای جان مبارزه کنم.

۱۹- باور کردن هر حرفی به اسانی و بی اندیشه و بدون درک انگیزه گوینده می‌تواند پیامدهای خطرناکی داشته و هزینه‌های جبران ناپذیری را در پی داشته باشد. زود باور نشویم تا خود را فریب خورده احساس کنیم و پشیمان شویم.

۲۰- بیاییم خود را به شیوه‌ای تغییر دهیم که تغییر ما منبع تندرستی، پیروزی، بهروزی، شادکامی، رفاه، ارامش و اسایش، آزادی، درست اندیشی، خردمندی، توانایی، دانایی، دلیری، اعتماد بنفس، انسان دوستی، و حفظ طبیعت و محیط زیست باشد.

~~~

خاورمیانه یک رنسانس فرهنگی نیاز دارد، برای زدودن مذهب از جان جامعه، برای بازسازی انسان‌هایی که در اندیشه خودشان به بند کشیده شده‌اند.

—شجاع الدین شفا
~~~

۱- کسانی که در این لحظات سرنوشت ساز ایران از توانایی و اعتبار علمی، فکری، مالی، اجتماعی، سیاسی و فرهنگی برخوردارند و منافع فردی را بر منافع جمعی ترجیح می‌دهند، و از همکاری با و پشتیبانی از مبارزان با هدف نجات ایران خودداری می‌ورزند نه تنها در پیگیری رسالت ملی و میهنی خود کوتاهی می کنند بلکه در انجام رسالت انسانی خود هم ناکام و سرافکنده می‌مانند.

۲- اندیشه‌هایی که در خدمت انسان و برای انسان نباشد و بعکس، علیه انسان و ضد نیازهای اساسی انسان باشد را باید تقبیح کرد و از اشاعه‌ی چنین اندیشه‌هایی خودداری ورزید.

۳- رهبران برجسته قدرت گوش دادن عمیق و دقیق دارند، انگیزه بخش و انرژی دهنده هستند. بعکس، رهبران بی لیاقت نه تنها گوش شنوا ندارند بلکه انگیزه کش هم هستند.

۴- تکیه بر یک منبع و استناد به ان برای اثبات موضع خود حاصل تعصب فکری و خشک اندیشی است، و بر فهم و درک شخص تاثیر منفی می‌گذارد.

۵- ممکنه نتوانیم رفتارهای منفی، ویرانگر و زیانبار دیگران را کنترل کنیم اما می‌توانیم از ان رفتارها تقلید نکنیم و از تمجید ان خودداری ورزیم.

۶- یک ضرب المثل پارسی را همه شنیده‌ایم که می گوید «کار امروز را به فردا مینداز.» این ضرب المثل از چند جنبه مهم است: ۱- اصلا فردایی شاید هرگز برایم وجود نداشته باشد. ۲- کارهای فردا شاید به قدری زیاد باشند که فرصتی برای کارهای معوقه دیروز نباشد۳- فردا شاید برای انجام ان کار بسیار دیر باشد چون ممکنه با انجام به موقع و بدون تاخیر ان کار از وقوع یک حادثه تلخ و ناگوار یا حتی یک فاجعه بزرگ جلوگیری می‌شد.

۷- اگر اندیشه من تو را از اندیشیدن باز می‌دارد پس شرم بر من باد.

۸- تا معیارهای قضاوت خود را نداشته باشیم نمی‌توانیم انتقاد واقعی بکنیم، و در چنین حالتی از قدرتی در جامعه برخوردار نیستیم. برای ارزیابی قدرت خود باید بدانیم که حق قضاوت چه چیزهایی را داریم. آزادی فردی چیزی جز دادن حق قضاوت به فرد طبق معیارهای خود نیست. اگر دیگران برایمان معیار قضاوت تعیین کنند دیگر نه آزاد هستیم و نه از قدرت برخوردار بلکه فقط قاضی مامور دیگران هستیم و در واقع عامل تامین قدرت دیگران.

۹- شناخت درست از قدرت رژیم حاکم بر ایران که دشمن ایران و ایرانی است، نشانه قدرت ماست. اگر قدرتی به رژیم نسبت دهیم که از آن برخوردار نیست در واقع ضعف خود را آشکار می‌کنیم. هر چه دشمن را قدرتمندتر ببینیم خود را در موضع ضعیف‌تری قرار می‌دهیم و اگر این روند را ادامه دهیم به نقطه‌ای می‌رسیم که می‌پنداریم که خود در ضعف محض قرار داریم و دشمن در قدرت مطلق. وقتی چنین پنداری بر ما غالب شد مبارزه را متوقف می‌کنیم چون امید به پیروزی را از دست می‌دهیم و اگاهانه یا ناآگاهانه در خدمت دشمن (رژیم اسلامی) قرار می‌گیریم.

۱۰- هیچ چیز ارزشمند نیست مگر اینکه هدفمند باشد. زندگی زمانی ارزش دارد که هدفمند باشد و به همین شیوه عدالت، آزادی، صلح، پیروزی، حاکمیت قانون، استقلال، حقوق بشر،....

۱۱- کسانی که مرا از انتقاد باز می‌دارند دشمنان قسم خورده‌ی آزادی هستند.

۱۲- تا خود راهی نسازیم ناچار به پذیرش یکی از راه‌های موجود هستیم که دیگران برایمان ساخته اند و چندان هم با حسن نیت نبودند.

۱۳- تا خود را از بندهای اوهام خیالی بیرون نکشیم امید به پیروزی توهمی بیش نیست.

۱۴- در هر موقعیتی بیش از یک دیدگاه وجود دارد. بی توجهی به دیدگاه‌های مختلف و تمرکز بر یک دیدگاه ویژه (دیدگاه خود) ما را تک بعدی میکند، مانع گسترش اندیشه می‌شود و از درک دقیق و جامع موقعیت و شرایط در می‌مانیم.

۱۵- افرادی که به دیگران توهین می‌کنند، افراد حقیر و کوچکی هستند که راه دیگری برای تعامل با دیگران نمی‌بینند و هر چه حقیرتر باشند توهین بیشتر می‌کنند. این افراد حقیر در همه جا حضور دارند و مربوط به ملیت، قوم، مذهب، سن، حرفه، ...خاصی نیستند. تعجبم وقتی بیشتر می‌شود که این توهین‌ها از سوی کسانی به دیگرانی می‌شود که مثلا هدف مشترکی هم دارند. مبارزان سیاسی از توهین به همدیگر برای جبران حقارت‌های خود استفاده می‌کنند.

۱۶- مادام که نخواهیم بفهمیم و در برابر فهمیدن مقاومت کنیم، و دیگرانی را که می‌فهمند مورد اتهامات متعدد قرار دهیم برده و اسیر باقی خواهیم ماند.

۱۷- افرادی که در فکر روزهای خوب و خوش گذشته هستند و رویا و برنامه‌ای برای اینده ندارند هرگز رشد نخواهند کرد.

۱۸- سرگرمی و یادگیری دو عامل سرنوشت ساز زندگی هستند. ما افراد جامعه معمولا به یکی بیش از دیگری گرایش داریم. اگر به سرگرمی بیش از یادگیری اهمیت دهیم احتمالا به یک زندگی معمولی ادامه خواهیم داد و رویاهای بزرگ در سر نداریم و در فکر دستاوردهای عمده در زندگی نیستیم ولی اگر یادگیری را ترجیح دادیم احتمالا موفق‌تر خواهیم شد، رویاهای‌مان محقق خواهد شد و دستاوردهای شگرف از خود به یادگار خواهیم گذاشت.

۱۹- هر حرکتی، هر ایده‌ای، هر طرحی، هر کاری، هر گفته‌ای، هر نوشته‌ای، ... می‌تواند قابل انتقاد باشد. منتقدانی که نقد سازنده می‌کنند را باید ارج گذاشت و سپاس گفت و از آنان یاد گرفت. منتقدانی نیز چون کج‌اندیشان، تنگ‌نظران، نادان‌ها، حسودان، اطرافیان مغرض، ...

دلسردمان می‌کنند، حسادت می‌ورزند، دشمنی آغاز می‌کنند، تحقیرمان می‌کنند، کار و فکر و سخن و نوشته و طرح‌مان را بی‌ارزش می‌دانند ولی ما از این دسته افراد که هیچ حسن نیتی در کارشان نیست می‌توانیم بیاموزیم بدون اینکه آنان بدانند که با آنچه از روی نادانی، حسادت، تحقیر، کج اندیشی و غرض ورزی انجام می‌دهند درسهایی برایمان باشد.

۲۰- سوروکین نویسنده و جامعه شناس روسی که محمد حسن ناصرالدین صاحب الزمانی کتابی درباره او با عنوان«خداوند دو کعبه» نوشته، زمانی گفته بود «نویسنده روس دو امکان دارد: یا بترسد، یا بنویسد. من می‌نویسم.» بنظر می‌رسد برای نویسنده ایرانی هم امروز گزینش دیگری نیست. من نمی‌ترسم. شما چی؟

~~~

مبارزه مسلحانه با دولتی که به واقعیات و حقوق شهروندان توجهی ندارد امری مشروع و منطقی است.

—امیلیانو زاپاتا سالازار، یکی از رهبران برجستهٔ انقلاب مکزیک
~~~

- چهل -

۱- در ایران امروز از یکسو حکومتی حاکم است که راه حلی برای بحرانهای موجود و تامین مطالبات برحق مردم ندارد و از دگر سو کنشگران سیاسی و مخالفان دولت حاکم از ارایه یک طرح جامع برای گذر از حکومت حاکم ندارند که مورد تایید اکثریت کنشگران و مخالفان باشد و اینست مشکل بزرگ مردم که بقای دولت حاکم را علیرغم ناتوانی و ایجاد نارضایتی تضمین می‌کند.

۲- اگر به مبارزه علیه حکومتی بر می‌خیزیم که اسلحه، رسانه، دستگاه قضا و اموزش و سرکوب، و دین، و پول لازم را در کنترل خود دارد باید امکانات خود را بررسی کنیم، همه راههای گسترش امکانات را ارزیابی کنیم و منابع تامین ان را کشف کنیم، شعارهای بی پشتوانه ندهیم، امیدهای توخالی ندهیم، باور به پیروزی را در خود تقویت کنیم، روی پای خود بایستیم، سرخم نکنیم، تسلیم نشویم، سازماندهی کنیم، نیروها را با خود همراه و همرزم کنیم، و خلاصه اینکه بدانیم در مسیری نامطمین، خطرناک و با پرتگاه‌های بسیار پیش میرویم ولی به گواهی تاریخ پیروزی ناممکن نیست.

۳- اگر امکانات و قدرت مبارزه علیه خودکامگان را نداریم دستکم به مبارزه علیه نادانی، مبارزه برای تامین خوشبختی انسان، مبارزه برای خودسازی، مبارزه برای اگاهی خود و دیگران، مبارزه برای دفاع از حقوق خود و دیگران را فراموش نکنیم.

۴- زندگی را میتوان به مثلثی تشبیه کرد که اضلاع ان زیست، مبارزه و تغییر است که بدون هریک از این سه زندگی یا ناقص است یا اصلا زندگی نیست بلکه مرگ است.

۵- اگر به استقبال تغییرات رویم و از تغییرات در مسیر اهداف‌مان کمک گیریم پیروز خواهیم شد.

۶- اگر یاد بگیریم که همیشه چشمان‌مان را باز نگهداریم آنچه را که می‌خواهیم ببینیم خواهیم دید و هیچ چیز از دید ما پنهان نمی‌ماند.

۷- اگر کسی نتواند بر ارزش، بینش، دانش شما بیفزاید در ارتباط بودن با چنان فردی از اشتباهات بزرگ زندگی است.

۸- اگر چیزی را که قادر به کنترلش نیستیم و پس از تلاش طولانی و مداوم به کنترل خود در نیاوردیم، ترک کنیم زیرا ان چیز ارزش کنترل کردن ندارد.

۹- اگر راه حل بحران ایران امروز را فقط سیاسی بدانیم، و از راه حلهای دیگر غافل باشیم بی‌تردید در اشتباهیم و ره بجایی نخواهیم برد. بحران ایران ریشه‌های مختلف دارد و برای حل ان باید همه انها را سوزاند. مثلا باید بر راه حل فرهنگی، راه حل اخلاقی، راه حل فکری، راه حل اجتماعی، ... کار کرد. چگونه تغییر ساختار سیاسی به تنهایی می‌تواند به مشکلات ایران امروز پایان دهد اگر مثلا خرافات همچنان بر جامعه حاکم باشد یا افکار بخشی از اعضای جامعه ارتجاعی باشدیا اخلاق گروههایی در جامعه خشونت‌آمیز باشد، یا ما مردم یاد نگیریم که در حفظ محیط زیست کوشش کنیم یا از حقوق هم دفاع کنیم؟

۱۰- اگر بپذیریم که نگرش، درک، و روش زندگی اعضای جامعه متفاوت است، و این تفاوت اگر عامل مثبت نباشد لزوما عاملی منفی نیست، و دارندگان این نگرشها، درک، و روش زندگی متفاوت لزوما دشمنان ما نیستند در ان حالت امکان همکاری بین هواداران نگرشهای مختلف فراهم می‌شود که تغییرات بنیادی در جامعه را امکان پذیر می‌کند.

۱۱- اگر ملتی از استقلال فکری برخوردار نباشد سخن از استقلال ان ملت و جامعه در بهترین حالت یک جوک است و در بدترین حالت ان جامعه مستعمره کشوری است که افکارش را به جامعه فاقد استقلال فکری صادر کرده است.

۱۲- در هیچ جامعه‌ای انقلاب اصیل اتفاق نمی‌افتد مگر جامعه‌ای که متفکرانی داشته باشد که بتوانند با اندیشه‌های خود تخم انقلاب را بپاشند وگرنه آنچه بعنوان انقلاب در جامعه‌ای رخ می‌دهد و عده‌ای هم فریاد شادی بر می‌آورند که مردم انقلاب کردند بخوبی می‌دانند آنچه اتفاق افتاد پدیده‌ای جز انقلابی وارداتی نیست. بله، انقلاب هم مثل هر کالایی می‌تواند اصیل باشد، وارداتی باشد، بدل یا واقعی!

۱۳- جرمی فریدمن نویسنده کتاب «آماده‌ی انقلاب: برپایی سوسیالیسم در جهان سوم» می‌گوید «جمهوری اسلامی بدون وجود اتحاد جماهیر شوروی غیر قابل تصور بود» و بنظرم امروز هم بدون روسیه پوتینی و حامیان پنهان و آشکار غرب و شرق بقای جمهوری اسلامی غیر قابل تصور است.

۱۴- روشنفکرانی که در برابر جنایات خودکامگان سکوت یا بی تفاوتی پیش می‌گیرند یا ابراز رضایت می‌کنند همکاران و حامیان خودکامگانند و از عاملان عمده بقای خودکامگان در مسند قدرت.

۱۵- بسیاری از ما برای پیروزی در هدفی لیستی از کارهایی که باید انجام دهیم اماده می‌کنیم و ان لیست را پیگیری می‌کنیم تا به پیروزی برسیم ولی هرگز پیروز نمی‌شویم و علت آن را نمی‌فهمیم. بسیار ساده است ما لیستی از کارهایی که نباید می‌کردیم را اماده نکرده بودیم. تهیه لیستی برای فقط کارهایی که باید بکنیم کافی نیست بلکه کارهایی را هم که نباید بکنیم هم مهم است.

۱۶- واژه «ملی» مورد تجاوز قرار گرفت! این روزها ایرانیان بسیاری در داخل و خارج کشور ادعای ملی بودن می‌کنند درحالیکه ملی بودن بدون دفاع از منافع ملی بی معناست. کسی که ادعای ملی بودن می‌کند باید درک دقیق از مفهوم منافع ملی داشته باشد و مدافع ان باشد. کسی که از حکومت آخوندی دفاع می‌کند نمی‌تواند ملی باشد.

۱۷- پذیرش دروغهای آخوندها، بی تفاوتی، ترس، سکوت، و باورهای غلطمان همه فاجعه افرین هستند. ما قربانیان سکوت، بی تفاوتی، ترس و

باورهای غلط و پذیرش دروغهای آخوندها از سوی نسلهای پیشین هستیم ما از گذشته عبرت گیریم و با خود عهد کنیم چنین الگویی برای نسل‌های بعد نباشیم.

۱۸- کسانی که زندگانی را جهاد در راه عقیده می‌دانند ضد زندگانی هستند. من از زندگانی‌ام دفاع می‌کنم چون باور دارم که زندگانی بسیار فراتر از هر دین، ایدیولوژی یا عقیده است. زندگانی اصل است و بقیه فرع.

۱۹- برای نابودی یک کشور راههای مختلفی وجود دارد ولی یکی از ساده‌ترین و شوربختانه موثرترین راهها استفاده از احمق‌ها برای اداره امور کشور است که به علت نادانی از توانایی خاص و بینظیری در تخریب برخوردارند.

۲۰- اگر مبارزات سیاسی روابط حاکم و ساختار حکومت را هدف قرار ندهد و اشخاص حاکم مورد هدف قرار گیرند نتیجه ادامه بحران، لجام گسیختگی، فساد، نقض حقوق بشر، بیدادگری و ... خواهد بود. اگر هدف از مبارزه ایجاد تغییرات بنیادی است روابط حاکم و ساختار حکومت را هدف قرار داده و نابود کنیم.

~~~

اگر می‌خواهید ملتی را نابود کنید کمترین، بی هزینه‌ترین و راحت‌ترین راه تورم است. یک تورم بلند مدت ایجاد کنید زیرا ارام، ارام تمام بنیانهای اخلاقی و اقتصادی ان ملت، نابود می‌شود.

—جان مینارد کینز، فیلسوف و اقتصاددان برجستهٔ انگلیسی قرن بیستم و بنیانگذار یک مکتب فکری در علم اقتصاد که به نام اقتصاد کینزی شناخته می‌شود.
~~~

- چهل و یک -

۱- هر تفکر و اندیشه و گرایشی که هدف حذف مخالفان خود در روند مشارکت سیاسی و تصمیم گیری را دارد با اصول دمکراسی بیگانه است.

۲- یکی از هزاران مشکل جامعه ایران افرادی هستند که ظاهرا در مبارزه اند تا در ایران ساختار سیاسی دمکراتیک ایجاد کنند ولی تاکنون نتوانسته اند از خود یک عضو دمکرات جامعه بسازند. هر تغییری که می‌خواهیم در جامعه بوجود آوریم نخست باید همان تغییر را در خود ایجاد کنیم.

۳- ممکنه اجماع نیروهای سیاسی دمکراتیک مخالف رژیم اسلامی حاکم بر ایران کلیدی برای سرنگونی رژیم باشد ولی مشکل اینستکه اکثر گروه‌های مخالف فقط خود را دمکراتیک و بقیه مخالفان را غیر دمکراتیک می‌دانند و خواهان حذف آنها از صحنه سیاسی هستند.

۴- یک جامعه فقر زده با یک قشر بسیار محدود طبقه متوسط در کنار نهادهای غیر دولتی غیر مستقل هرگز نمی‌تواند به یک جامعه دمکراتیک تبدیل شود.

۵- بهترین و موثرترین ابزار تغییر خود و جامعه آموزش است و تغییر دمکراتیک بدون آموزش فرهنگ سیاسی دمکراتیک ممکن نیست.

۶- با نفرت، تعصب، خشونت، مذهب، و بت پرستی و قهرمان سازی هرگز به دمکراسی نمی‌رسیم.

۷- حق انتخاب آزاد از حقوق اساسی انسان است و در جوامع دمکراتیک به این حق شهروندان احترام گذاشته می‌شود اما اگر شهروندی در استفاده از این حق خردمندانه عمل نکند نتیجه انتخابش فاجعه اور خواهد بود.

۸- افراد قوی و با اراده در مبارزه و تلاش برای رسیدن به هدف با یک شکست تلاش را متوقف نمی‌کنند بلکه تا پیروزی حتی شکستهای پیاپی را تحمل می‌کنند و از هر شکستی درسی می‌گیرند و به تلاش و مبارزه ادامه می‌دهند. این از ویژگیهای جوامع دمکراتیک است که شانس پیروزی پس از شکستهای متوالی را به شهروندان می‌دهند، بعکس در جوامع غیر دمکراتیک با نخستین شکست با سرزنش شهروندان را دلسرد می‌کنند و از رشد و رسیدن به هدف باز می‌دارند.

۹- شهروندان در جوامع دمکراتیک حق دارند که با نظر هر کسی در هر زمینه‌ای بدون پاداش، توبیخ و با مجازات موافق یا مخالف باشند در حالیکه در جوامع غیر دمکراتیک مخالفت با نظر بعضی‌ها حتی ممکنه شما را روانه دیار عدم کند.

۱۰- رقابت سالم و سازنده نه تنها از ویژگیهای جوامع دمکراتیک است بلکه از عوامل رشد و پیشرفت این جوامع نیز است.

۱۱- هر چه فرایند تصمیمگیری در یک دمکراسی شهروندان بیشتری را در بر گیرد و هر چه شهروندان احساس کنند که در جنبه‌های گوناگون تصمیمگیری بیشتر اهمیت دارند، و نقش شهروندان به انتخابات یا نمایش انتخابات در هر چند سال محدود نشود، و مشارکت فعالانه و آزادانه آنها در ابعاد گسترده و فراگیر محسوس باشد، دمکراسی قویتر و شانس پایدار ماندن آن بیشتر می‌شود.

۱۲- ترس دراغلب موارد فرد را به اجتناب وا می‌دارد؛ اجتناب از مبارزه، اجتناب از معامله، اجتناب از ازدواج، اجتناب از بچه دارشدن، اجتناب از تصمیمگیری درباره بسیاری از چیزهایی که در زندگی روزانه یا در طول زندگی برای ادامه حیات باید آنها را انجام دهد. اتفاقا همین اجتناب از تصمیمگیری از سوی فرد چه بسا فجایعی را در پی خواهد داشت که غیرقابل تصور است. اجتناب از تصمیمگیری موجب می‌شود که دیگران برایمان تصمیم بگیرند، دیگرانی که حتی ما نشناسیم و از اهدافشان آگاهی نداشته باشیم ولی اختیار تصمیم گیری در کارهای خرد و کلان

زندگی‌مان را به آنها می‌سپاریم این دگران ممکنه غیر دمکراتیک و خودکامه باشند و این است آغاز فاجعه بسوی جامعه‌ای غیردمکراتیک و رهبرانی خودکامه.

۱۳- بسیاری از فجایع غیرطبیعی حاصل قرار گرفتن افراد در جایگاهی است که در چنان جایگاه نباید قرار گیرند، و این وضعیت عمدتا در کشورهای غیردمکراتیک روی می‌دهد. مثلا در کشوری مثل ایران ملا رهبر کشور، پزشک رییس جمهوری، سپاهی رییس مجلس، ...

۱۴- یک جامعه دمکراتیک شرایطی ایجاد می‌کند تا اعضایش ناممکن‌ها را بتوانند ممکن سازند در حالیکه در یک جامعه غیر دمکراتیک تلاش می‌شود ممکن‌ها به نا ممکن‌ها تبدیل شوند.

۱۵- یکی از ویژگی‌های نظام‌های دمکراتیک امکان مشارکت عمومی در تصمیمگیری است. هر چه مشارکت معنادار و هدفمند بیشتر و فراگیرتر؛ تاثیر پایدار افزون‌تر، گسترده‌تر و عمیق‌تر.

۱۶- در نظام‌های سیاسی دمکراتیک مکانیسم انتقال مسالمت‌آمیز قدرت به ویژه در دمکراسی‌های پایدار نهادینه شده و از انقلاب خونین یا کودتای نظامیان خبری نیست.

۱۷- انتخابات آزاد، و منصفانه که بطور منظم با فواصل چندساله برگزار می‌شود سنگ بنای یک نظام دمکراتیک می‌تواند باشد و به عنوان یکی از شروط لازم برای تشکیل یک نظام دمکراتیک شناخته شده ولی به هیچوجه کافی نیست.

۱۸- برخی از فلاسفه اندیشیدن را دشوارترین کاری می‌دانند که یک انسان انجام میدهد و به این عبارت اضافه می‌کنم اندیشیدن به شیوه دمکراتیک و پرورش اندیشه دمکراتیک از اندیشیدن محض هم دشوارتر است.

۱۹- بسیاری از مدعیان دمکراسی در جستجوی تشکیل یک نظام دمکراتیک با تحمیل عقاید خود می‌خواهند دیگران را به شکل مورد دلخواه خود دراورند‌اما این دمکراسی نیست بلکه نوعی سلطه خودخواهانه بر دیگران است که حاصلش نه تنها دمکراسی و رهائی دیگران نیست بلکه به اسارت در آوردن و بردگی کشیدن آنان است.

۲۰- در جامعه‌ای که تنها یک عقیده است و به تنهایی حکومت می‌کند از حاکمیت ملی خبری نیست، و حاکمیت تک عقیده می‌خواهد همه همان عقیده را داشته باشند یا بر همه آن عقیده را تحمیل می‌کند و فضایی برای اندیشیدن دیگری باز نمی‌گذارد، اندیشه دیگری محکوم و مطرود است صاحبان اندیشه‌های دیگر یا در زندانند یا در شکنجه‌گاهها یا در تبعید یا در کنج عزلت. بعکس، جاییکه همه طور دیگر می‌اندیشند و آزادند که طور دیگر بیندیشند دیگر یک عقیده یا یک ایدیولوژی حق حکومت به تنهایی ندارد بلکه همه اندیشه‌ها در حکومت نقش دارند و حاکمیت ملی برقرار است. جامعه تک عقیده جامعه‌ای دیکتاتوری است ولی جامعه‌ای که همه حق آزادی اندیشیدن دارند جامعه‌ای دمکراتیک است، اولی جامعه‌ای بسته و. دومی جامعه‌ای آزاد است. در جامعه غیردمکراتیک یک نفر عقیده‌ای دارد بقیه باید پیرو آن عقیده شوند ولی در جامعه دمکراتیک به اندازه اعضای جامعه اندیشه وجود دارد.

~~~

کسی که از ترس فاشیست به شارلاتان رأی می‌دهد سزاوار هر دوی آن‌هاست و راه را برای هر دو هموار می‌کند.

—ژاک رانسیر، فیلسوف فرانسوی
~~~

- چهل و دو -

۱- مغزها به اجبار از ایران می‌گریزند یا ایران را ترک می‌کنند و به بی مغزها فرصت می‌دهند که بر مردم حکومت کنند، این یکی دیگر از مشکلات عمده ایران است.

۲- اعتیاد به رسانه‌های اجتماعی از اعتیاد به مواد مخدر خطرناک‌تر است. از رسانه‌های اجتماعی در حدی استفاده کنید که به ان معتاد نشوید.

۳- اگر در تنهایی یاد بگیریم که قوی باشیم، توان رویارویی با هر طوفان، بحران و نشیبی در زندگی را یاد می‌گیریم.

۴- یکی از معیارهایی که میزان دقیق رشد ما را در یک دوره خاص مشخص می‌کند مقایسه خود با خود است. اگر در مقایسه امروز خود با دیروز، هفته پیش، ماه پیش، و سال پیش احساس موفقیت کنیم یعنی رشد کرده‌ایم و گرنه شکست خورده و پسرفته‌ایم.

۵- انزوا گرایی در هر سطحی زیانبار است چه در سطح فردی و چه در سطح جامعه. شخصی که انزوا می‌گزیند عمدتا با خود سر ستیز دارد و به خود اسیب می‌رساند. رهبران جامعه‌ای که سیاست انزواگرایی اتخاذ می‌کنند در واقع دشمنان جامعه هستند.

۶- اگر امروز ورزش نکنیم در اینده هزینه‌هایی که باید صرف سلامت خود کنیم کمرشکن خواهد بود. اگر امروز کتاب نخریم و نخوانیم در اینده هزینه‌هایی که بعلت کتاب نخواندن می‌پردازیم نجومی خواهد بود. اگر امروز خود را برای اینده ناشناخته و چالش برانگیز اماده نکنیم به راحتی از رشد و پیشرفت باز می‌ایستیم و به یک عضو بی خاصیت اگر نه خطرناک تبدیل می‌شویم. اگر امروز از زمان سنجیده استفاده نکنیم منتظر اینده درخشان و زندگی راحت نباشیم. اگر امروز نیازهای کودکان را جدی نگیریم

و به ان پاسخ مناسب و مطلوب ندهیم جامعه‌ای از خود به یدکار خواهیم گذاشت با اعضایی بی کفایت، ضعیف، نادان، ناتوان، ناسالم، ...

۷- اگر برای مشکلاتی که در زندگی با ان روبرو می‌شویم چاره‌ای بیابیم و مشکل‌مان بر طرف می‌شود ان راه حل را به هر طریقی که صلاح می‌دانیم برای استفاده دیگرانی که با مشکلات مشابه روبرو هستند یا خواهند شد، پخش کنیم. یادمان باشد مسایلی که برای خود حل می‌کنیم پاسخ‌هایی هستند که دیگران به ان نیاز دارند.

۸- یکی از اهداف‌مان در زندگی تاثیرگذاری ماندگار است. کاری کنیم که نه تنها بر زندگی نسل دوران ما بلکه نسلهای بعد از ما نیز تاثیر داشته باشد اما باید مراقب باشیم تظاهر به چیزی که نیستیم نکنیم زیرا تاثیر گذاری پایدار را کاهش و محدود می کند. هر چه شایستگی و صلاحیت بیشتری داشته باشیم فرصتهای بیشتری برای تاثیر گذاری ماندگار خواهیم داشت.

۹- به آنچه که تولید می کنیم و آنچه که می‌سازیم ارزش اضافه می‌دهیم که نتیجه کار، تلاش و مبارزه ماست. پس بیاییم در روابط‌مان با دیگران طوری رفتار و تلاش کنیم که درانها نیز ارزش اضافی تولید کنیم.

۱۰- بی‌تردید از کلیدهای پیروزی برنامه ریزی سنجیده، بررسی امکانات و محدودیت‌ها، اجرای برنامه، و موانع را پشت سر گذاشتن است ولی بی شک به انتظار این و ان نشستن نه تنها مارا بسوی هدف نمی‌برد بلکه کاملا در جهت خلاف هدف می کشاند.

۱۱- هیچ ضربه‌ای دردناک‌تر از ضربه‌ای که از کسی می‌خوری که به او باور راسخ و اعتماد عمیق داری، نیست. مواظب اطرافیان، دوستان و نزدیکان باشید. باور و اعتماد محمدرضا شاه به فردوست‌ها و ملایان مفتخور و همزمان پایان کار او را هرگز از یاد نبرید.

۱۲- در اصول انعطاف ناپذیر و در بقیه موارد انعطاف پذیری و سازش پیشه کن اگر خواهان پیروزی هستی.

۱۳- تاریخ تنها آموزگاری است که شاید ما را از ارتکاب اشتباهات فاجعه‌آمیز باز دارد اگر آن را دقیق بخوانیم، عمیقا درک کنیم، و قاطعانه در مواقع لزوم بکار گیریم.

۱۴- اگر اجازه دهیم افراد متوهم تصمیمات کلان بگیرند از فاجعه استقبال می‌کنیم. اشخاص متوهم قدرت و امکانات خود را بیش از آنچه که واقعی است، می‌بینند و بر اساس همین فرضیه نادرست تصمیم می‌گیرند و هر تصمیمی بر پایه فرضیات غلط فاجعه‌آمیز و بحران زا است.

۱۵- رشد و پیشرفت حق هر شهروندی در هر جامعه‌ای است اما همیشه مسیری اسان نیست، با موانعی بر می‌خوریم که ممکنست تسلیم ان موانع شویم. منابع موانع متعدد هستند که ممکنست خودمان باشیم مثلا بیش از حد در برخورد با مانع از خود انتقاد کنیم یا به توانایی خودتردید کنیم؛ ممکنه منابع موانع دیگران باشند مثلا انرژی منفی دهند، دلسرد کنند، انگیزه را در دیگری بکشند؛ یا نهادهای مختلف در جامعه مانع ایجاد کنند مثلا نهادهای دولتی با تصویب قوانین و مقررات، تبعیض، تامین نکردن شرایط لازم برای رشد و پیشرفت همه شهروندان یک جامعه،...

۱۶- اگر یاد بگیریم که چگونه هر لحظه از زمان محدودی که در فاصله تولد تا مرگ به ما داده شده را به تجربه‌ای پایدار و ماندگار تبدیل کنیم بی‌تردید در جایگاه موفق‌ترین و نیکبخت‌ترین زنان و مردان جهان قرار خواهیم گرفت.

۱۷- دوستان خود را از میان افراد دانا یا افراد نادانی که به نادانی خود دانایند برگزینیم. دانا بر دانش و اگاهی و خردمان می‌افزاید، و ما می‌توانیم اگاهی، خرد و دانش دوستان نادان اگاه به نادانی خود را بیفزاییم و از شمار نادانان جامعه کم کنیم.

۱۸- انتظار وجود فرزانگان، دانش اندوزان، پژوهشگران، و خردورزان از یک جامعه فقیر و گرسنه و نامن به جز در موارد استثنایی انتظاری نابجاست.

۱۹- اگر کسی در مقایسه با رقیب یا دشمن خود قدرتمندتر باشد ولی از قدرت بیشتر خود و ضعیف‌تر بودن رقیب ویا دشمن ناآگاه باشد در مبارزه با رقیب یا دشمن محکوم به شکست است و رقیب یا دشمن ضعیف ولی اگاه، برنده میدان مبارزه است.

۲۰- اشاعه‌دهندگان افکار منفی خود از قربانیان نخستین افکار منفی خواهند شد.

~~~

عدالت اجتماعی حرف اول را می‌زند. قانون دستگاهی برای تحقق آن است.
—وودرو ویلسون، ۲۸مین رئیس جمهوری ایالات متحده
~~~

۱- امروز ایران در شرایطی قرار گرفته که نگرش «سیاه و سفید» به تاریخ معاصر ایران، ایرانیان را از این بن بست تاریخی نجات نخواهد داد بلکه بیش از هر زمان دیگری برای برنامه ریزی و تعیین مسیر سیاسی- اجتماعی آینده ایران تغییر نگرش به خاکستری دیدن جامعه‌ی معاصر ایران یک ضرورت انکار ناپذیر است.

۲- هرچه سطح آگاهی و دانش جامعه بالاتر رود آخوند و ملا دربدرتر، خرافات و افکار مخرب کمتر، ارزش مقدسات کمتر و درب بیشتر مساجد و امام زاده‌ها و حرم‌ها بسته می‌شود.

۳- بی‌تردید یکی از مهمترین، موثرترین، فوری‌ترین، و نخستین گامهایی که یک کشور خواهان رشد و توسعه باید بردارد، تغییر افکار و رویکرد است. رهبران و مسئولان کشوری را که با افکار ۱۴۰۰ سال پیش می‌خواهند در جهان پیچیده امروز کشور را «اداره» کنند و «توسعه» دهند بی‌تردید باید هر چه زودتر به بیمارستان‌های روانی رساند.

۴- یک فرد نادان را که بداند نمیداند می‌توان با آموزش دانا کرد، یک فرد ناآگاه را که از ناآگاهی خود آگاه است می‌توان با روشهایی آگاه کرد ولی یک شخص نفهم را سخت است، فهمیده کرد، و بدتر آنکه یک، فرد بیشعور و بیخرد را نتوان باشعور و خردمند کرد.

۵- شاید یکی از عجیب‌ترین رفتارهای شهروندان شرکت در انتخابات برای گزینش نامزد مورد نظرشان باشد که با شوق و ذوق فراوان و با افتخار مثلا رای می‌دهند ولی بدون اینکه ذره‌ای بیندیشند اگر این نامزد «منتخب‌شان» خلاف وعده‌هایش عمل کرد چه کنند؟ «انتخاب» پزشکیان مخصوصا از سوی آن عده که البته خود را آگاه و خردمند و باشعور هم می‌دانند و دیگران

را هم تشویق به رای دادن کردند و امروز کمتر از یک ماه کاملا از عملکرد سه هفته‌ای او ناراضی و خشمگینند، حیرت انگیز است؛ ولی راهی برای رهایی مردمی را که گول زدند نیندیشیده بودند و مردم هم باید ۴ سال و اگر نه ۸ سال که دستپخت بخشی از این «آگاهان» است را تحمل کنند. آیا فکر نمی‌کنید که این «آگاهان و خردمندان» باید روانه بیمارستان‌های روانی شوند! چون هر شهرونداایرانی حتی با هوش پایین هم باید تاکنون فهمیده باشد که هیچ فردی، حتی فرض کنیم با حسن نیت، در چارچوب ساختار حکومت اسلامی هیچگونه تغییر اساسی بنفع مردم نمی‌تواند بوجود آورد یا سیاستی برپایه منافع و مصالح ملی را پیگیری کند؟

۶- هر مشکلی که داریم حاصل غیاب اندیشه، یا عمل یا هر دو است. یا بی اندیشه عمل کردیم یا در مرحله اندیشیدن توقف کردیم و اندیشه را به مرحله عمل نگذاشتیم. یادمان باشد که ترکیب اندیشه و عمل است که محصول ببار می‌آورد وگرنه با مشکل برخورد می‌کنیم و گاهی هم مشکلاتیکه ایجاد می‌کنیم که دهها و سدها دیگران باید غرامت ان مشکلات را بپردازند.

۷- بسیاری از انسان‌ها وقتی واژه«پیشرفت» را می‌شنوند با خود می‌گویند پیشرفت و موفقیت یعنی دایم رو به جلو رفتن، در حالیکه جلو رفتن لزوما همیشه با پیشرفت مترادف نیست. اگر راه غلطی را کیلومترها رفتیم، متوجه اشتباه خود شدیم و بر گشتیم و راه درست را برگزیدیم موفقیت و پیشرفت است یعنی همان برگشت. همه مبارزان و مخالفان رژیم ملایان حاکم بر ایران که ۴۵ سال راه اشتباه رفتند وقت آن رسیده که بر گردند و مسیر درست را برگزینند اگر خواهان پیروزی هستند.

۸- انتقادناپذیری عاملی است برای تحدید پتانسیل، انسداد اذهان، کاهش رشد فکری، و نشانه ضعف فرد انتقادناپذیر.

۹- یکی از اشکالات اساسی بخشی از مخالفان حکومت ملایان رویکرد فرد- محوری آنان است در حالیکه در جهان مدرن امروز رویکرد سیستم- محوری غالب است. مادام که برای درک شرایط نابسامان یک جامعه و ارایه راه حل بر فرد- محوری تاکید ورزیم، مشکلات و بحران‌ها باقی خواهند ماند.

۱۰- اگر این فرضیه را بپذیریم که زندگی یک نمایشنامه است و ما بازیگران آن، و همچون هر نمایشنامه‌ای پایانی دارد شاید نقش خود را طوری بازی کنیم که مثبت و تاثیرش ماندگار باشد و مرزهای جغرافیایی را در نوردد و زندگی نسلها را تحت تاثیر مثبت قرار دهد.

۱۱- تا همه باورهای محدود کننده خود را دور نریزیم راه رشد خود را هم محدود می‌کنیم، راه انتخاب آزاد را بر خود می‌بندیم، ارتباطات‌مان را نیز محدود می‌کنیم، از هر نوع محدودیت دیگری استقبال میکنیم و زندگی را در محدودیتها تعریف می‌کنیم، و با زندگی در فضای آزاد سرستیز خواهیم داشت.

۱۲- بسیاری از ما تلاش می‌کنیم نمیریم در حالیکه آنچه که مهمتر است تلاش برای خوب زندگی کردن، با کیفیت عالی زیستن است. کمتر به کمیت بیندیشیم و بیشتر بر کیفیت تمرکز و تاکید کنیم. یک گروه مصمم، منسجم، هدفمند، و کاردان ۱۰ نفره از یک گروه ۱۰۰ نفره پراکنده،مردد، بی هدف و تازه کار احتمالا موفق‌تراست و زودتر به هدف می‌رسد.

۱۳- تاریخ پیشاپیش هشدارهایی نسبت به انحطاط و نابودی جوامع می‌دهد. یکی از این هشدارها حضور رهبران ضعیف و ناکارآمد و فاسد در راس هرم قدرت است. وقتی رهبران امروز بسیاری از جوامع را با رهبران همان جوامع در ۵۰ یا ۸۰ یا ۱۰۰ سال پیش مقایسه می‌کنم تردیدی ندارم که برخی از جوامع در نقاط مختلف جهان به ویژه در غرب در مسیر انحطاط پیش می‌روند.

۱۴- برخی از رهبران جهان آگاهانه یا ناآگاهانه مسیر جنگ جهانی سوم را هموار می‌کنند. چه چنین رویداد فاجعه‌آمیزی روح دهد و چه ندهد ما شهروندان کشورهای مختلف نیازمند تغییر بنیادی در سبک زندگی خود هستیم. ما نیاز داریم برای بقای جوامع بشری تعادل و توازنی بین نیازهای فیزیکی و معنوی برقرار کنیم اگر چنین نکنیم در واقع بنوعی اقدام به خودتخریبی می‌کنیم و مسئول فجایع ناشی از آن هستیم.

۱۵- در زمان سختیها و دوره رنجهای عمیق و شرایط متلاطم و بحرانی شیوه واکنش ما تعیین کننده جایگاه ما در جامعه است. واکنش خردمندانه و عقلانی، یا تصمیمات هیجانی و احساسی. واکنش خردمندانه راه خروجی از دشواری‌ها، بحران‌ها و رنج‌ها است در حالیکه واکنشهای هیجانی و احساسی به دور از خرد نتایج ناگوار و فاجعه‌آمیز ببار خواهد آورد. جامعه امروز ایران بیش از هر زمان دیگری به رویکردهای خردمندانه نیاز دارد و نه به برخوردهای احساسی و هیجانی.

۱۶- ایدیولوژی و علم دو مقوله کاملا متفاوتند که تفاوت ماهوی دارند. علم آگاهی بخش است در حالیکه ایدیولوژی حامل نا آگاهی یا آگاهی کاذب، علم نقد پذیر است ولی ایدیولوژی نقد ستیز، علم تغییر را می‌پذیرد ولی ایدیولوژی تغییر ناپذیر، علم در راه تکامل است در حالیکه ایدیولوژی چنین نیست، علم و شناخت علمی بر برهان عقلی استوار است در حالیکه ایدیولوژی بسته کشف حقیقت را در اختیار دارد و نیازی به برهان و استدلال نمی‌بیند، .... فریب ایدیولوژی‌ها را نخوریم!

۱۷- بیشتر کارهای روزانه‌مان بر اساس عادات، فرهنگ و تصمیمات دیگران هدایت می‌شود و خود از ان بی خبریم. عادات را ارزیابی کنیم و عادات زیانبار را ترک کنیم زیرا عادات زیانبار را که معمولا روزانه ناآگاهانه هم تکرار می‌کنیم می‌تواند زندگی‌ها را ویران کند.

حتی المقدور سعی کنیم که به دیگران اجازه دخالت و تصمیم گیری در زندگیمان ندهیم که کم‌کم به کنترل زندگیمان از سوی دیگران تبدیل می‌شود و به فردی فاقد هر نوع اختیار و حق انتخاب تبدیل می‌شویم.

۱۸- حذف کردن یکی از پایه‌های رشد و پیشرفت و پیروزی است. در مسیر پیروزی و پیشرفت بسیاری چیزها و کسانی هستند که باید حذف شوند وگرنه پیشرفت و پیروزی ممکن نمی‌شود. مثلا افراد سمی را باید از زندگی حذف کرد یا باورهای ویرانگر یا اشیایی که دیگر هیچگونه کاربردی ندارند،...حذف کردن یک هنر است که فرد برای رسیدن به هدفی بهتر از

چیزهایی که دوست دارد یا عادت دارد صرف‌نظر می‌کند، نوعی شجاعت است.

۱۹- یکی از نتایج حکومتهای خودکامه و سرکوبگر ازدیاد شمار کودنها در جامعه است زیرا مانع گسترش آگاهی که برای خردورزی و عقلانیت لازم است، می‌شوند. ازدیاد کودنها در هر جامعه‌ای به معنای پسرفت و سرانجام نابودی جامعه است.

۲۰- افراط گرایی نه تنها به آزادی منجر نمی‌شود بلکه خودکامگی در پی خواهد داشت و از عوامل توسعه نیافتگی است. اگر تاریخ معاصر را ورق بزنیم و به هر گوشه ای از جهان بنگریم افراط گرایی آسیب‌های جبران ناپذیری به جوامع مختلف وارد کرده و نه تنها خشونت‌گرایی را گسترش داده بلکه توسعه اجتماعی، اقتصادی، سیاسی، فرهنگی،... را متوقف یا حتی به عقب رانده است.

~~~

انتظار کشیدن برای اصلاح احمق‌ها، احمقانه‌ترین کار دنیا است.

—فردریش نیچه
~~~

- چهل و چهار -

۱- زندگی ما حاصل تلاش‌های خود و تاثیرهایی که دیگران بر زندگی ما می‌گذارند پیوسته در حال تغییر است. انسانها مستقیم یا غیر مستقیم، با شدت و ضعف بر زندگی دیگران حتی کسانی که همدیگر را نمی‌شناسند و هرگز نخواهند شناخت تاثیر می‌گذارند، حتی تاثیر یک تن می‌تواند مهم باشد و مسیر زندگی و آینده ما را تغییر دهد. تاثیرگذار باشیم ولی تاثیر مثبت، سازنده و ماندگار.

۲- بارها از حق انتخاب آزاد گفتم و نوشتم و باز هم تکرار می‌کنم زیرا به باور من انتخاب‌های ما در فضای آزاد و بدور از هراس می‌تواند سرنوشت ساز و عامل تغییرات بنیادین در جوامع متعدد برای رهایی و آزادی انسانها از سلطه رژیم‌های خودکامه باشد.

۳- سن تعیین کننده بلوغ فکری انسانها نیست زیرا هر یک از ما در زندگی خود با افرادی برخورد کردیم که در سنین بالا بودند ولی هیچ نشانه‌ای از بلوغ فکری در آنها دیده نمی‌شد. بلوغ فکری ارتباط تنگاتنگ و مستقیم با درک ما از نادانی ما دارد. به عبارت دیگر، زمانی می‌توانیم مدعی بلوغ فکری باشیم که به مرحله‌ای رسیده باشیم که بدانیم دانای کل نیستیم و از میلیاردها چیز ریز و درشت آگاهی نداریم.

۴- کسانی که ما را درک نمی‌کنند، برایمان ارزش قایل نیستند، ما را دستکم می‌گیرند، به توانایی‌های ما باور ندارند، ما را در راه رسیدن به اهداف‌مان دلسرد می‌کنند و در کارهای‌مان کارشکنی، اهمیت کارهای ما را وارونه جلوه می‌دهند، و به ما با دیده تحقیر می‌نگرند را برای همیشه ترک کنیم.

۵- کسانی که دیگران را به سکوت، تحمل، بی تفاوتی، صبر و انتظار در برابر هر جنایتی دعوت می‌کنند و ترمزی در برابر تغییرات و تحولات، فریادهای دادخواهی، مقاومت در برابر ستمگری، تحمل ناپذیری، واکنش سنجیده و

بهنگام هستند خواسته یا ناخواسته، آگاهانه یا نا آگاهانه دشمنان انسان و انسانیت هستند.

۶- بسیاری از عادات می‌توانند ویرانگر باشند ولی از سوی دیگر، بسیاری عادات خوب هم وجود دارد که نبود انها بر زندگی آسیب می‌رساند. عاداتی مثل صرف صبحانه و نهار و شام در ساعات معینی بطور روزانه، هر شب در یک زمان خاص خوابیدن و بامداد در ساعت معینی برخاستن، هر روز زمانی به کتاب خواندن گذراندن، سر وقت بودن در هر کاری و هر قراری،... همچنین یکی از عادات فوق العاده خوب در حال زندگی کردن و از زیستن لذت بردن فارغ از هر نوع نگرانی از آینده و حسرت از گذشته، و تمرکز بر حال است.

۷- در هر رابطه‌ای فواصل مناسب را حفظ کنید، فواصل مناسب بهترین فواصل هستند و نه لزوما نزدیکترین. در هر رابطه‌ای گفت و گو را حفظ کنید، گفت و گوی سازنده کلید ادامه رابطه است. در هر رابطه‌ای درک متقابل شرایط همدیگر، داشتن هنر سازش، و داشتن هدف مشخص از ملزومات است.

۸- اگر کتاب نمی‌خوانیم نه تنها مایه افتخار نیست بلکه ننگ است. بیاییم بخاطر کودکان کتابخوانی را به عادتی تبدیل کنیم تا الگویی سازنده و مثبت برای کودکان امروز و سازندگان و نقش آفرینان فردا باشیم. کتاب خواندن را به کودکان یاد دهیم، کودکان را به کتاب خواندن تشویق کنیم، و روزی را بدون کتاب خواندن، و تشویق کودکان به کتابخوانی نگذرانیم.

۹- رابطه‌ای مستقیم بین آزادی، گفت و گو و عقلانیت وجود دارد، و باز هم آزادی پایه و اساس است. هرچه آزادی بیشتر به همان نسبت گفت و گوی سازنده بیشتر، هر چه گفت و گوی سازنده بیشتر به همان نسبت امکان گسترش عقلانیت بیشتر. به سخن ساده در جامعه‌ای که آزادی تابو است انتظار گفت و گوی سازنده بیهوده است و در نتیجه فقدان عقلانیت به هنجار ثابت در چنان جامعه تبدیل می‌شود، و در نبود عقلانیت انتظار رشد و پیشرفت جامعه خواب و خیالی بیش نیست.

۱۰- جلد کتاب هر چند زیبا باشد لزوما به نشانه با کیفیت بودن محتوای کتاب نیست. ظاهر یک فرد هر چند جذاب باشد لزوما منعکس کننده شخصیت واقعی او نیست. فریب ظاهر افراد و حرفهای انان را نخورید چه بسا افرادی با ظاهری جذاب و زبانی شیرین و بیانی فصیح فردی خطرناک در واقعیت باشد. حتماً در زندگی‌تان دستکم به تعدادی از این افراد برخورد کردید. مراقب باشید تا نگویید گول خوردیم!

۱۱- کارل مارکس آلمانی، فیلسوف و جامعه شناس سده ۱۹ میلادی، دین را افیون توده‌ها می‌دانست. آیا واقعا هیچ ماده مخدری را می‌شناسید که خطرناک‌تر از دین باشد؟ بهتر از دین بتواند انسان را متوهم کند؟ آیا هیچ ماده مخدری در سرتاسر جهان بیش از دین عامل کشتار انسانها بوده است؟ آیا هیچ ماده مخدری بیش از دین برای یک فرد هزینه دارد؟ آیا هیچ ماده مخدری بیش از دین عامل نفاق و تفرقه بین انسان‌ها یا بین گروه‌ها در یک جامعه شده است؟ آیا هیچ ماده مخدری چون دین انسان را دگماتیست، بی منطق، خرافاتی، و متعصب می‌کند؟ در مقایسه بین مواد مخدر و دین، کدام حتی برای لحظاتی موجب شادی می‌شود؟ در مقایسه بین مواد مخدر و دین، کدام خاصیت دارویی دارد و در پزشکی برای مداوا و درمان بیماران استفاده می‌شود؟ آیا جنایاتی که قاچاقچیان مواد مخدر مرتکب می‌شوند بیش از جنایاتی است که مبلغان دین مرتکب می‌شوند؟ ....(اشتباه نشود قصد دفاع از مواد مخدر را ندارم فقط در مقایسه با دین، مواد مخدر را کمتر زیانبار می‌بینم.)

۱۲- بسیاری از ما به اشتباه تصور می‌کنیم تصمیمات و سیاستهای اشتباه موجب ضرر و زیان فراوان برای تصمیم گیران و سیاستگذاران و دیگران می‌شود در حالیکه در بسیاری موارد برای تصمیمگیران و سیاستگذاران سودهای کلان دارد و پایه‌های قدرت انها را تحکیم می‌بخشد و به ریش دیگران می‌خندند!

۱۳- ویران کردن سنجیده و بر مبنای خرد پایه شکوفایی و توانمندی است. ویران کردن باورهای غلط و زیانبار، افکار کهنه و پوسیده، عادات زشت و

منفی، رویکردهای گمراه کننده، دیدگاههای ضد انسانی، ... همه موجب رشد و توانایی می‌شود.

۱۴- جنایتکاران و خردمندان در دوقطب متضاد قرار دارند. بسیاری را می‌بینم که از جنایتکاران انتظار کارهای خردمندانه دارند. یک جنایتکار بر اساس خرد رفتار نمی‌کند وگرنه هرگز جنایتکار نمی‌شد. هنوز کم نیستند کسانی که در انتظار رفتار خردمندانه از حاکمان جنایتکار در نقاط مختلف جهان هستند غافل از اینکه جنایتکاران با خرد بیگانه‌اند.

۱۵- افراد مسموم را از دور و بر خود دور کنید. افرادی که همیشه فکر می‌کنند حق با انهاست و دیگران حق انها را ضایع می‌کنند، افرادی که چاپلوس و متملق هستند، افرادی که دروغگو هستند، افرادی که همیشه در فکر فریب دادن دیگران هستند، افرادی که همیشه در حال برنامه ریزی برای کنترل دیگران هستند، افرادی که از مصاحبت با انها خسته و فرسوده می‌شوی و احساس می‌کنی بودن با انها اتلاف وقت است، افرادی که به به شما حسادت می‌ورزند و همیشه تلاش می‌کنند که با شیوه‌های مختلف شخصیت شما را تخریب کنند، به شما انرژی منفی می‌دهند، شما را دلسرد می‌کنند، همچون سدی از راههای مختلف مانع رشد شما می‌شوند، همیشه از شما انتقاد غیر سازنده و مغرضانه می‌کنند، دستاوردهای شگرف شما را کم اهمیت جلوه می‌دهند، ... همه افراد سمی هستند و دوری از انها لازم و ضروری.

۱۶- کشوری، که از منابع و عناصر مختلف قدرت در حد کافی برخوردار باشد ولی فقط از سیاستمداران دانا، با کفایت، کاردان، و حافظ منافع و مصالح ملی محروم باشد، با مشکلات و بحران‌های متعدد مواجه خواهد شد، فقر در جامعه فراگیر خواهد شد و کشور رو به قهقرا می‌رود. بهترین نمونه ایران تحت رژیم اسلامی است که بابرخورداری از ۱۱ در صد منابع طبیعی جهان و بسیاری از عوامل متشکله قدرت به جامعه‌ای با بحران‌های متعدد و مشکلات بسیار تبدیل شده است.

۱۷- حکومتی که ناتوان از پرورش نیروهای مولد در کشور باشد، نتواند شرایط و امکانات تولید را فراهم کند، تولید کنندکان محدودی هم که در جامعه باقی مانده به شیوه‌های مختلف دلسرد کند نباید در قدرت باقی بماند چون کشور را به مسیر نابودی پیش می‌برد. فرجام جامعه غیر مولد نابودی است.

۱۸- یکی از عوامل عمده مشکلات و اختلافات و جنگها و بحران‌ها در جامعه بشری، بین کشورها، بین گروهها در داخل کشورها و حتی بین اعضای یک جامعه اینستکه عده‌ای دیدگاه ویژه‌ای دارند و می‌خواهند آن دیدگاه را به دیگران تحمیل کنند حتی اگر لازم باشد هزاران تن را بکشند و نابود کنند، می‌خواهند دیگران، دیگر گروهها، دیگر جوامع،... همه حوادث ریز و درشت را از زاویه دید انها ببینند.

۱۹- ما عادت کردیم به مکانی که دانش اموز پس از پایان دوره تحصیلات دبیرستانی برای ادامه تحصیل می‌رود دانشگاه بنامیم و دل خوش کنیم که دانشگاه می‌رویم و مدرک دانشگاهی می‌گیریم ولی به مکانی که در ان آزادی اکادمیک وجود ندارد نباید دانشگاه گفت. در جوامع دیکتاتوری و در حکومت‌های ایدیولوژیک انتظار آزادی اکادمیک بیهوده است و به تبع آن صحبت از وجود دانشگاه در چنین جوامعی مضحک است.

۲۰- خودشناسی، خودسازی و بازنگری تعاریف ذهنی از نخستین گام‌هایی است که لازم است برای پیشرفت و پیروزی برداریم. برای آنچه که براساس روشهای تربیتی غلط، همنشینی با افراد منفی، زندگی در جامعه گرفتار خرافات، آموزش در نهادهای تحت کنترل مطلق حکومت‌های دگماتیست،... در وجود ما نهادینه شده و با خرد و تدبیر در تضاد است را پاکسازی، اصلاح یا کاملا تغییر دهیم و هر چه بوی خرافات می‌دهد را از ذهن‌مان تخلیه کنیم.

~~~
~~~

اجازه دهید این حقیقت بنیادی را هرگز فراموش نکنیم: دولت منبع پولی ندارد، جز پولی که مردم خودشان به دست می‌آورند. اگر دولت بخواهد بیشتر خرج کند، فقط با قرض گرفتن پس‌انداز شما یا مالیات بیشتر گرفتن از شما می‌تواند این کار را انجام دهد. فکر کردن به اینکه شخص دیگری هزینه آن را پرداخت خواهد کرد، خوب نیست - آن «شخص دیگر» شما هستید. چیزی به عنوان پول عمومی وجود ندارد؛ تنها پول مالیات‌دهندگان وجود دارد.

—مارگارت تاچر، نخست وزیر پیشین بریتانیا

- چهل و پنج -

۱- یکی از مشکلات جدی و بزرگ ایران امروز در محاصره و کنترل بودن ابلهان مذهبی است. این مذهبی‌های حاکم ابله هستند زیرا با افکار (بخوانید توهمات) ۱۵ سده‌ی پیش بادیه‌نشینان صحرای حجاز می‌خواهند نه تنها ایران بلکه جهان را مدیریت و رهبری کنند.

۲- دولتمردان بی کفایت، ناکارامد، ضعیف، فاقد ابتکار، و ناتوان از انجام وظایف‌شان، و مسئولیت ناپذیر؛ بیگانگان، دشمنان خیالی و مخالفان خود را عامل شکست‌ها، ناکامی‌ها، مشکلات، و بحران‌ها می‌دانند، و فقط در موارد بسیار نادری ممکنست خود را مقصر بدانند.

۳- یکی از ادعاهای بی پایه رژیم اسلامی حاکم بر ایران اینستکه در منطقه پرتلاطم خاورمیانه توانسته امنیت جانی شهروندان را که از وظایف اولیه هر حکومتی است تأمین کند در حالیکه این دروغی بیش نیست! رژیم مستقیما بارها در کشتار شهروندان نقش مستقیم داشته، و همچنین نتوانسته از کشتن و قتل شهروندی توسط شهروند دیگری جلوگیری کند، رژیم در اعدام (قتل حکومتی) هم سرامد کشورهای جهان است. واقعا این چه امنیت جانی است!؟ علاوه بر ناتوانی رژیم در تامین امنیت جانی، باید شکست مفتضح بار رژیم در تامین امنیت شغلی، امنیت آموزشی، امنیت مالی،... را هم اضافه کرد.

۴- قوانین چه فایده‌ای دارند اگر ما شجاعت اجرای آنها را نداشته باشیم یا مسئولان قوای سه گانه کشور در هر فرصتی قوانین را نقض کنند؟ بسیاری از ما قانون را راه حل مشکلات یک جامعه می‌دانیم در حالیکه اگر قوانینی غیر منصفانه باشند، یا نقض شوند یا اجرا نشوند،... چگونه می‌توان انتظار داشت قوانین بخودی خود راهگشا باشند؟

۵- در ایران تحت سلطه رژیم اسلامی صدها هزار شهروند کودک و نوجوان به علت ناتوانی رژیم حاکم برای تامین امکانات اموزشی از تحصیل محروم شده اند. جامعه‌ای که نیازهای اولیه کودکان را از جمله اموزش را تامین نکند در مسیر سقوط است. هر جامعه‌ای که نتواند کودکان را خلاق، پرسشگر، برخوردار از روحیه مشارکت، کار تیمی، گفت و گو، و تعامل پرورش دهد خود را از توسعه محروم می‌کند که ایران تحت سلطه حکومت مذهبی مثال بارز آن است.

۶- پذیرش بی چون و چرا و کورکورانه هر چیزی هم ابلهانه است و هم خطرناک. کسانیکه ادعایی بدون مدارک، دلایل و شواهد میکنند و دیگران ان ادعاها را می‌پذیرند هم مدعیان و هم قبول کنندگان هر دو از گروه‌های خطرناک در جامعه هستند.

۷- کسانیکه کتابهای مخالف نظر خود را نمی‌خوانند و از گفت و گو با افرادی که مثل آنها نمی‌اندیشند سرباز می‌زنند و با سرسختی بر درستی نظرات و باورها و عقاید خود پافشاری می‌کنند هم نادانند و هم خطرناک.

۸- کسانی که از آموختن دوباره طفره می‌روند، از دور ریختن آموخته‌های کهنه که دیگر کاربردی ندارند سرباز می‌زنند، پسرفت را بر پیشرفت ترجیح می‌دهند. در دورانی که همه چیز به سرعت نور در حال تغییر و تحول است تلاش در حفظ آموخته‌های قبلی و خودداری از بازآموزی و به روز کردن خود شاید یکی از ابلهانه‌ترین کارهایی باشد که یک عضو جوامع امروزی می‌تواند انجام دهد.

۹- مراقب واژه‌هایی که در گفتار و نوشتار بکار می‌بریم، واکنشها به گفتار و نوشتار دیگران، شیوه نگاه به مخاطبین، و هر نوع کاربرد زبان غیر گویای دیگری باشیم که واژه‌ها بجا، سنجیده، و بدون در نظر گرفتن موقعیت بر زبان آورده نشوند؛ واکنشها با توجه به ظرفیت طرفهای مورد نظر باشد؛ و نگاهها و دیگر اشکال زبان غیرگویا توهین‌آمیز و تهدید تعبیر نشوند تا گفت و گوها سازنده و روابط ادامه‌دار باشد.

۱۰- تضاد بخشی از زندگی است. جهان هستی سرشار از تضادها است و در واقع این تضادها به زندگی معنا می‌بخشند. جنگ و صلح، آزادی و اسارت، دمکراتیک و غیر دمکراتیک، نور و تاریکی، دانایی و نادانی، ثروتمند و فقیر، دادگری و ستمگری، ... ولی برای درک هر مفهوم و پدیده‌ای باید معنای پدیده متضاد را هم بخوبی درک کنیم مثلا برای درک آزادی باید اسارت را درک کنیم، برای درک دادگری باید ستمگری، برای درک نور باید تاریکی،... را هم درک کنیم.

۱۱- اگر از روایات بی پایه مذهبی در باره آغاز افرینش که دروغی بزرگ بیش نیست بگذریم هنوز علم نتوانسته به این پرسش که جهان هستی و اجزا ان چگونه شکل گرفته و منبع پیدایش انسان کجاست پاسخ دقیق و مستدل بدهد. آنچه که از این پرسش مهمتر است ریشه یابی انگیزه کسانی است که در پی ویرانی و نابودی جهان هستند تا شاید با حرکت دستجمعی جهانی بتوان از چنین فاجعه‌ای جلوگیری کرد.

۱۲- همه ما اشتباه می کنیم ولی مهم اینستکه اشتباهات خود را اصلاح کنیم و تکرار نکنیم. نادیده گرفتن اشتباه باعث تکرار اشتباه می‌شود و سرانجام به اسیب‌ها و زیانهایی غیر قابل جبران منجر می‌شود.

۱۳- برای سود کردن باید ریسک کنیم، برای پاداش گرفتن باید تلاش کردن را یاد بگیریم، برای کسب تجربه باید خطر پذیر باشیم، برای پیروزی باید مبارزه کنیم، برای اینده درخشان باید از همین لحظه برنامه ریزی کنیم و سختیها را تحمل کنیم، برای انسان بودن باید کینه و نفرت و دیگر آزاری را از وجود خود دور کنیم، و برای زندگی کردن باید آمادگی همه جانبه برای ناکامی و کامیابی، خوشی و ناخوشی، سقوط و صعود، سود و زیان، نفرت و عشق، کینه و بخشش، دشمنی و دوستی، قدرت و ضعف، دارایی و نداری،... باشیم.

۱۴- کسی که فکر می‌کند در بحث با یک احمق پیروز می‌شود خود یک احمق است. بحث با احمقها وقت تلف کردن است.

۱۵- معمولا کسانی که از خرد، عقل، شعور و منطق (هر یک از اینها یا همه) بی بهره و محروم هستند ولی مدعی دانایی هستند، و اجازه تصمیم گیری برای دیگران هم دارند یا به خود چنین اجازه‌ای را می‌دهند، نتیجه عملکردشان ویرانی و نابودی است و تصمیمات‌شان زیانبار.

۱۶- هنر پرسیدن و طرح پرسش سنجیده یکی از مهمترین مهارتهای هر شخصی می‌تواند باشد. در طرح پرسش نیاز است که واژه‌ها و چینش واژه‌ها درست انتخاب شوند تا پاسخ مستدل دریافت کنیم وگرنه باید منتظر پاسخهای احمقانه و بی اساس باشیم.

۱۷- نمی‌دانم ایا هرگز در شرایطی قرار گرفته‌ای که به عنوان یک انسان نه می‌توانستی چیزی را تغییر بدهی و نه می‌توانستی آن را تحمل کنی، و اگر در چنین شرایطی قرار گرفته‌ای چه حسی داشتی و چگونه خود را از چنین شرایطی نجات دادی؟ ایران امروز دقیقا در چنین موقعیتی است و علیرغم آنچه عده‌ای مغرضانه یا دلسوزانه، اگاهانه یا نا اگاهانه می‌گویند که ما مردم ایران می‌توانیم تغییر ایجاد کنیم در حالیکه کارنامه ۴۵ ساله خلاف این شعار را ثابت می‌کند. ما ایرانیان ثابت کردیم نه توانایی تغییر دادن وضعیت حاضر را داریم و نه قدرت تحمل ان را. پرسش اصلی »چه باید کرد؟« است. ما نشان دادیم که خواستار تغییر هستیم و از شرایط موجودخسته‌ایم و ناخشنود اما هنوز دقیقا نمی‌دانیم راه حل چیست یا نمی‌توانیم راه حل را به اجرا در آوریم. به این بیندیشیم و تا دیرتر نشده به شرایط کنونی پایان دهیم زیرا ما ایرانیان شایسته زندگی در شرایط بسیار بهتری هستیم.

۱۸- دشمنان‌مان همه جا حضور دارند، از انها بیاموزیم، روشهایی برای استفاده از انها بکار گیریم، دشمنان خود را زخمی نکنیم بلکه نابود کنیم، روی قلب و مغز دشمنان کار کنیم، برای انجام کارها از افراد با صلاحیت و کاردان حتی دشمنان استفاده کنیم مشروط به اینکه انها را تحت کنترل و نظارت داشته باشیم.

۱۹- بیاییم جامعه‌ای بسازیم که نه تنها نخبگان را ارج نهیم بلکه نخبگان تازه هم پرورش دهیم و شرایطی فراهم کنیم که نخبگان جوامع مختلف

جذب ما شوند و نه بر خلاف برخی حکومتها شرایطی برای فرار و مهاجرت نخبگان ایجاد کنیم. جامعه‌ای که از نخبگان قدردانی نمی‌کند و دافع انها است، زمینه را برای صعود پخمگان اماده می‌کند و نتیجه ان سقوط چنین جامعه‌ای است.

۲۰- یکی از انتخاب‌هایی که هر فردی بارها در زندگی خود می‌کند انتخاب دوست است که می‌تواند مسیر زندگی فرد را کاملا تغییر دهد. در انتخاب دوستان دقت کافی بکار بریم که افرادی را برگزینیم که عامل تغییرات مثبت در زندگیمان باشند. چنین افرادی دوستان واقعی هستند و نه مگسان گرد شیرینی.

<center>~~~</center>

دولتها نمی‌خواهند یک جمعیت هوشمند داشته باشند، زیرا بر افرادی که تفکر انتقادی دارند نمی‌توان حکومت کرد. آن‌ها مردمانی می‌خواهند که فقط تا اندازه‌ای هوش داشته باشندکه بتوانند با ماشینها کار کنند و به اندازه‌ی کافی احمق باشند که همیشه رای و مالیات بدهند.

—جرج کارلین، استنداپ کمدین، منتقد اجتماعی، بازیگر و نویسنده آمریکایی

- چهل و شش -

۱- دو چیز هرگز یادمان نرود: چیزی که بدون آن امکان بقا نیست ممکنست به عامل نابودی و ویرانی هم تبدیل شود مثل آب که مایه حیات است ولی وقتی سیلاب شود می‌تواند ویرانگر و نابود کننده باشد؛ و آن دیگر هر آنچه که کشنده و ویرانگر است می‌تواند عامل نوآوری و شکوفایی هم باشد مثل جنگ، بیماری بی‌درمان، فقر،...که هر یک می‌توانند انگیزه‌ای برای اختراعات و اکتشافات شوند.

۲- هرگز لازم نیست که راجع به همه چیز نظر بدهیم ولی کسانی هستند که نسبت به هر چیز قاطعانه نظر می‌دهند، و هرگز لازم نیست به همه پرسشها پاسخ دهیم ولی باز در عمل افرادی را می‌بینیم که برای هر پرسشی پاسخی آماده دارند. چرا نمی‌خواهیم بفهمیم که حتی بزرگترین فلاسفه و برجسته‌ترین اندیشمندان جهان هم نمی‌توانند راجع به هر چیزی اظهارنظر قاطع کنند، و برای هر پرسشی پاسخ معقول و سنجیده داشته باشند. چرا عده‌ای واژه «نمی‌دانم» را یاد نگرفته‌اند؟ چرا عده‌ای جمله «صلاحیت اظهار نظر در این زمینه را ندارم» را نیاموخته اند؟ واقعا چه اصراری داریم که با پاسخ به هر پرسشی و اظهار نظر قاطع در هر موردی دیگران را گمراه کنیم و جامعه‌ای را به ویرانی و نابودی بکشانیم؟

۳- آیا حفظ کردن هر جزیی و آموزش ِ کتاب‌های ِ درسی ِ روشهای ِ درستی ِ برای درک شرایط زندگی امروز است؟ آیا در کلاسهای درسی که آموزگاران به دانش‌آموزان اجازه پرسش و نقد گفته‌های‌شان را نمی‌دهند موثر و سازنده هستند؟ آیا می‌توان برای جامعه‌ای که حاکمانش مانع آموزش اعضایش با روشهای مدرن و علمی می‌شوند آینده‌ای شکوفا انتظار داشت؟ آینده‌ی جامعه‌ای که حاکمان امروزش در نهادهای آموزشی تأکید را بر ایدئولوژی و نه علم می‌گذارند چه خواهد شد؟

۴- افرادی که از شرایط، فرصتها، امکانات، قدرت، و قوانین سوءاستفاده می‌کنند اگاهانه یا ناآگاهانه دیگر اعضای جامعه را به سوءاستفاده دعوت می‌کنند و جامعه‌ای با اکثریت سوءاستفاده کننده شکل می‌گیرد که نتیجه‌اش بی اعتمادی همه از همه است. بی اعتمادی بین دولت و شهروندان، بی اعتمادی بین شهروندان، بی اعتمادی بین گروها، بی اعتمادی بین اعضای خانواده، بی اعتمادی بین پزشک و بیمار، بی اعتمادی بین اموزگار و دانش اموز، بی اعتمادی بین رییس و زیردست،....، بی اعتمادی یکی از بدترین بیماریهای اجتماعی است که میتواند موجودیت جامعه را به خطر جدی بیندازد.

۵- در مبارزات اهدافمان را از دشمنان، مخالفان، رقبا و دوستان حسود پنهان کنیم، انها را در ابهام نگهداریم، علامت‌های اشتباهی و گمراه کننده بدهیم، پیامهای ستناقض بفرستیم، غیرقابل پیش بینی باشیم، در نیمه راه پیروزی توقف نکنیم، تا شکست کامل دشمن، مخالف و رقیب از پای ننشینیم، در طول مبارزه حتی به شیوه‌های گوناگون اعتمادشان را جلب کنیم، و از انها استفاده کنیم و یاد بگیریم.... کوچکترین اشتباه می‌تواند بزرگترین ضربه به هدف وارد کند و به شکست قطعی منجر شود.

۶- مادام که همه چیز و همه کس را سیاه یا سفید ببینیم، شر یا خیر، دیو یا فرشته، تاریکی مطلق یا روشنایی مطلق محکوم به ایستایی در مرداب رژیم آخوندیسم هستیم و هرچه دست و پا بزنیم ره بجایی نخواهیم برد.

۷- در هر جامعه‌ای بخشی از جمعیت را اصطلاحا قشر خاکستری می‌گوییم که البته در جوامع مختلف در صد قشر خاکستری از کل جمعیت فرق می‌کند. برای تغییرات بنیادی در بسیج کردن این قشر هر گونه تردیدی اشتباهی بزرگ است.

۸- اگر بگویم احمقها هم به احتمال قوی می‌دانند که چه نمی‌خواهند سخنی به گزاف نگفتم اما کلید پیروزی در دانستن چیزی است که می‌خواهیم و فعالانه در پی کسب ان هستیم. افرادی که نمی‌دانند چه

می‌خواهند همیشه در حالت ایستا بسر خواهند برد در حالیکه رمز پیروزی در پویایی است.

۹- نقطه آغاز تغییر تخیل، رویا، ارزو، پندار، ایده است، و در مسیر تغییر به ایستگاه بعدی یعنی گفت و گو می‌رسد، و فرجام مسیر تغییر رفتار و کنش است که رویا و تخیل تغییر را به صورت واقعیت به نمایش می‌گذارد.

۱۰- اولویت‌های زندگیمان را مشخص و برای آنها برنامه‌ریزی کنیم. اگر برنامه ریزی برای اولویتها نکنیم اولویتها چیزهایی بیهوده خواهند بود.

۱۱- کسانیکه وقت‌شان را بطور رایگان در اختیارمان می‌گذارند برایمان ارزش قائلند زیرا مهمترین سرمایه زندگی‌شان را بدون چشمداشتی به ما می‌دهند و بنابراین، ما نیز موظفیم که از آنها قدردانی کنیم.

۱۲- هیچ جامعه‌ای و هیچ انسانی بدون مشکل نیست فقط نوع و شدت مشکلات یکسان نیست. راه حل مشکلات رویارویی و مقابله با انهاست و نه فرار و گریز از انها. شوربختانه، هم در سطح فردی و هم در سطح جامعه کم نیستند کسانی که راه حل و چاره را در فرار از مشکلات می‌دانند که در واقع نه تنها چاره مشکلی که از آن فرار می کنند نیست بلکه با فرار از یک مشکل، مشکلات دیگری هم بروز می کنند. مشکلات را سرسری نگیریم، نسبت به مشکلات موجود بی توجه نباشیم، برای حل بعضی از مشکلات به هزینه زیاد نیاز است از هزینه آن نهراسیم چون اگر انتظار داشته باشیم مشکلات به خودی خود رفع می‌شوند در اشتباه هستیم و در اینده ناچار خواهیم شد هزینه سر سام آوری بپردازیم.

۱۳- اگر تاکنون در همنشینی و مصاحبت و مبارزه فرقی بین آدم‌های مثبت و منفی قایل نشده‌ایم از همین لحظه با خود عهد کنیم که دیگر هرگز با آدم‌های منفی هم صحبت و همرزم نشویم زیرا همین افراد منفی ما را به سقوط و قهقرا می‌کشانند بدون اینکه حتی متوجه این روند تدریجی پسرفت بشویم.

۱۴- مغز انسان از قدرتی خارق العاده برخوردار است مشروط بر اینکه از خرد برای گزینش غذایی که به آن می‌دهیم استفاده کنیم. در گزینش فیلمهایی که تماشا می‌کنیم، در گزینش کتابها و مقالاتی که می‌خوانیم، در گزینش موسیقی و سخنرانی‌هایی که به آن‌ها گوش می‌دهیم، در گزینش افرادی که با انان به بحث و گفت و گو می‌نشینیم سنجیده و خردمندانه عمل کنبم چون اینها غذایی است که به مغزمان می‌خورانیم.

۱۵- در جامعه‌ای که سانسور مطبوعات حاکم است، نهادهای آموزشی در کنترل حکومت قرار دارند، بودجه سازمانهای تبلیغاتی و مذهبی دولتی نجومی و همزمان بودجه نهادهای علمی و پژوهشی غیر مذهبی محدود است، امکانات آموزشی برای نسل مدرن بسیار محدود است، «آموزگاران و استادان» بدون داشتن سواد، تخصص، و تجربه کافی در کلاسهایی با سوژه‌هایی متفاوت از حتی این باصطلاح اموزگاران و استادان مدعی تخصص در ان هستند انتظار ظهور نابغه در چنین جامعه‌ای با منطق ناسازگار است.

۱۶- فقط کسانی که نمی‌اندیشند می‌توانند مقدسات را درک کنند و حتی بپرستند. برای یک انسان اندیشه ورز باور به چیزی بنام مقدسات توهین به موجودیت و کرامت انسان است.

۱۷- یکی از نشانه‌های با شعوربودن خودداری از همکلامی و همگامی با ابلهان و بیخردان است.

۱۸- هیچ فرد خردمندی در خدمت خودکامگان قرار نمیگیرد. افرادی که با ادعای خردمندی در خدمت خودکامه گانند بیخردانی هستند در لباس خردمندان. هر خردمند واقعی که در خدمت خودکامگان قرار گیرد توهینی است که به خرد انسان می‌کند.

۱۹- مبارزه با هرکسی و گروهی و حکومتی که در حال بازآفرینی افکار مخرب گذشته و تحجر، و مخالفت در برابر گسترش و بکارگیری اندیشه‌های

نوین است ضرورتی انکار ناپذیر است، و سکوت به مثابه همکاری با مبلغان و هواداران تحجر است.

۲۰- هیچکسی نمی‌تواند در مورد همه چیز اظهار نظر دقیق کند. بهتر انستکه درباره چیزهایی که علاقه داریم دانش‌مان را گسترش دهیم تا بتوانیم دقیق‌تر و سنجیده‌تر در مورد موضوعات مورد علاقه‌مان نظر دهیم وگرنه حرف مفت یاوه و البته گمراه کننده می‌زنیم.

~~~

در خطاب به جوانان: چشمان خود را به قرن جدید بدوزید، قرنی که از آن شماست، و رؤیاهایی را در سر بپرورانید که نسل ما نمی‌تواند، و به سرنوشتی فکر کنید که فقط از آن شماست.

—جرج بوش (پدر)، ۴۱مین رئیس جمهوری آمریکا
~~~

- چهل و هفت -

۱- جامعه ایران به ویژه جامعه ایرانیان خارج کشور دچار ذهنیت خرچنگی شده است به این معنا که خرچنگ اگر چیزی را نداشته باشد نمی‌خواهد خرچنگ دیگر آن چیز را داشته باشد و از دسترسی خرچنگ دیگر به چیز مورد نظر جلوگیری می‌کند و این خصوصیت در خرچنگ حتی در شرایطی که خطر مرگ خود و دیگر خرچنگ‌ها وجود داشته باشد ادامه خواهد داشت. داستانی است آشنا در جامعه ایرانیان بویژه در خارج کشور!

۲- هیچ پدیده‌ای شاید به اندازه مذهب نتواند بر مغز پیروان خود تاثیر منفی بگذارد که بجای خرد و استدلال به هذیان‌گویی بیفتند و از اراجیف و خرافات برای دفاع از مذهبشان استفاده کنند.

۳- بی‌تردید یک تراژدی است که افرادی می‌خواهند از رژیم اسلامی گذر کنند ولی نوع بزک کرده افکار ۱۴۰۰ سال پیش برخی اعراب حجاز را برای کشور داری تجویز می‌کنند غافل از اینکه اگر ملت ایران با افکار پوسیده ۱۴ سده پیش قانع می شد رژیم حاکم را می‌پذیرفت و نیازی به جان باختن نمی‌دیدند.

۴- اگر در جامعه‌ای نقش کلیسا، مسجد، کنیسه، و هر سازمان مذهبی دیگر در سیاست آن گسترش یابد باید منتظر فساد گسترده و بی‌اخلاقی در چنان جامعه‌ای بود.

۵- در جامعه‌ای که دولت تنها نهاد ایجاد اشتغال است و یا نهادهای غیردولتی اشتغال‌زا و کارآفرین بسیار ضعیف هستند فقر ، گرسنگی بیشتر و سرکوب و بازداشت مخالفان و معترضان بسیار عادی و یا اصولا معترض دولت و سیاست‌هایش چاره را در سکوت می‌بیند.

۶- روشنفکری و سیاست زدگی دو مقوله کاملا جدا از هم هستند. اولی اگر فاقد شالوده خردگرایی باشد تردید نکنید به سیاست زدگی منجر می‌شود و در یک جامعه خرافات‌زده و ناآگاه این روشنفکران بی‌خرد (تاریک‌اندیشان) برای خود جایگاهی ممتاز می‌یابند، و مردمان خرافاتی و ناآگاه را گمراه‌تر می‌کنند.

۷- اگر فکر یا ایده‌ای را زیانبار تشخیص دهیم آنرا رها می‌کنیم و از آن دور می‌شویم ولی در رابطه با دین چه می‌کنیم؟ بیشتر به آن می‌چسبیم و به انتظار نتایج مهم و مثبت و مفید آن در دراز مدت می‌نشینیم. تصور می‌کنیم یا به ما تلقین شده که دین عامل نجات روح ما در دنیای پس از مرگ است و بدترین و خطرناک‌ترین آسیب‌ها و زیان‌هایی که دین به ما وارد می‌کند را تحمل می‌کنیم به امید آینده‌ای روشن و درخشان در سایه دین، به امید رستگاری، به امید اینکه ما را به راه راست هدایت می‌کند، و از این امیدها و انتظارات واهی و خیالی.

۸- نظامی گنجوی می‌گوید: «می‌کوش بهر ورق که خوانی/کان دانش را تمام دانی». به‌عبارت دیگر، اگر بخوانیم ولی درباره‌اش نیندیشیم، آنچه خواندیم درست درک نکنیم، مورد نقد قرار ندهیم، و نتوانیم به کار بندیم، خواندن اتلاف وقت است و بهترست آن وقت را صرف کار سازنده‌ای بکنیم.

۹- تا درباره چیزی دقیق نمی‌دانیم و نفهمیدیم، تا تعصب یار و همراه ماست، منابع مورد مطالعه‌مان کتاب‌های آسمانی است، مقدسات برایمان حرف اول و آخر را می‌زنند، و کسی را دقیق نمی‌شناسیم از ورود به عرصه قضاوت درباره چیزی یا شخصی پرهیز کنیم.

۱۰- حقوق حیوانات به مثابه حفظ حفوق انسان است ولی بسیاری از آدم‌ها این اصل ساده را نمی‌فهمند.

۱۱- کسانی که ادعا می‌کنند « آزادی، عدالت، امنیت » را نمی‌شود همزمان داشت یا به کلی از شرایط در بسیاری از کشورها ناآگاهند یا شیادانی مردم فریب هستند.

۱۲- گزینش نوع دوستان‌مان در شکست و یا پیروزی‌مان در نبرد زندگی از اهمیت ویژه‌ای برخوردار است. انتخاب دوست از معدود مواردی است که کم و بیش آزادی داریم و حق آزادی انتخاب برایمان مسپولیت ایجاد می‌کند. دوستانمان را از میان کسانی برگزینیم که در تغییر مثبت زندگیمان نقش به عهده گیرند و حتی در بالابردن سطح معرفت و جایگاهمان در صورت لزوم ما را مجبور کنند. این اصل قابل تعمیم به دیگر موارد زندگی چون گزینش همسر، گزینش همرزم سیاسی، حتی گزینش کارمند از سوی مدیر است.

۱۳- از اندیشه‌ها و ایده‌های نوینی که هسته مرکزیشان نگاه به انسان و خوشبختی اوست استقبال کنیم تا بتوانیم از افکار پوسیده و فرسوده خود را رها کنیم.

۱۴- اندیشیدن با تقدس‌گرایی در تضاد کامل است و چون می‌اندیشم هیچ چیز را مقدس نمی‌دانم.

۱۵- بیشترین آسیب‌ها در جنگ‌ها به کسانی وارد می‌شود که نقشی در تصمیم‌گیری ندارند. جوانان و نوجوانانی که در جنگ شرکت می‌کنند معمولا به اجبار به جنگ می‌روند و اجسادشان از میادین جنگ بر گردانده می‌شوند. این جوانان و نوجوانان جان می‌دهند نه اینکه می‌خواهند و یا اینکه در تصمیم‌گیری برای آغاز جنگ نقشی داشتند بلکه جان می‌بازند فقط به دلیل اینکه نمی‌توانند تصمیم بگیرند، قربانی تصمیمات دیگران هستند. توجه داشته باشیم که در هر موردی برای زندگیمان دیگران تصمیم بگیرند باید آماده پرداخت هزینه باشیم. یاد بگیریم برای خود تصمیم بگیریم و البته تصمیمی آگاهانه، سنجیده و کارساز.

۱۶- آیا زمان آن نرسیده قوانین لازم الاجرایی برای محاکمه روشنفکران یا تاریک فکرانی که در گمراهی مردم و ایجاد فجایع نقش ایفا می‌کنند در نظام حقوق بین‌الملل منظور شود؟

۱۷- ترس انسان را به بردگی و اطاعت می‌کشاند، و این چیزی نیست که حکومت گران از آن ناآگاه باشند. حکومت‌گرانی که به ترس و وحشت و ارعاب برای کنترل مردم و حفظ قدرت خود متوسل می‌شوند به نقطه پایانی خود نزدیک‌ند و ازاین حربه به عنوان آخرین ابزار استفاده می‌کنند که شاید در کوتاه مدت موفقیت‌هایی هم بدست آورند ولی در نهایت مقاومت و مبارزه مردم حربه ترس را نیز خنثی می‌کند و سقوط چنین حکومت‌هایی را تسریع می‌بخشد.

۱۸- امید دادن و امیدوار بودن در زندگی امری مهم است مشروط به اینکه امید واهی و توخالی ندهیم که حاصلی جز کشتن انگیزه ندارد. اگر امیدی که به دیگران می‌دهیم برآورده نشود نتیجه‌ای جز نومیدی و سرخوردگی ببار نخواهد آورد. رهبری که وعده‌های پوچ و واهی به شهروندان می‌دهد و از پیش کاملا می‌داند نه توانایی تحقق بخشیدن به چنان وعده‌هایی دارد و نه تمایلی به برآورده کردن آنها، و تنها هدفش ایجاد سرخوردگی در جامعه است. چنین فردی نباید اختیار تصمیم‌گیری برای جامعه داشته باشد زیرا آگاهانه و هدفمند در نومیدی، سرخوردگی و بی‌انگیزگی شهروندان نقش دارد و عاملی می‌شود برای عقب‌افتادگی، فساد، جرم و جنایت،...در جامعه.

۱۹- هر فکر و ایده و دین و ایدیولوژی و مرام و عقیده و حکومتی که از دادن آزادی به اندیشه‌های دیگر ترس و وحشت داشته باشد از پایه قدرت واقعی برخوردار نیست. هیچ فکر و ایده و مرام و مذهب و ایدیولوژی و حکومتی که از قدرت واقعی برخوردار باشد نباید از آزادی دگراندیشان هراسی داشته باشد. کاربرد زور برای نابودی آزادی، بهترین و مهمترین مدرک و نشانه ترس و وحشت صاحبان قدرتهای ظاهری است.

۲۰- تغییر اجتماعات با تغییر واژه‌ها آغاز می‌شود. منظورم تغییر یا انقلاب زبانی است یعنی حذف خرافاتی که در بعضی از واژه‌ها ریشه دوانیده و نهادینه شده است. انقلاب زبانی شالوده انقلابات اجتماعی – سیاسی

هستند. شوربختانه، وقوع انقلاب زبانی ممکن است دهه‌ها و یا حتی نسل‌ها طول بکشد.

~~~

برای کشتن یک جامعه روشی ساده به کار گیرید، بر فرهنگ آنان تمرکز کنید، ابتدا کتاب را از آنها بگیرید و بعد سرشان را درون تلویزیون فرو کنید...

—کارل پوپر
~~~

- چهل و هشت -

۱- یادمان باشد که هر چه را که از طریق جنگ، بحران‌آفرینی، ارعاب، زور، قلدری،... کسب کنیم برای نگهداشتن‌اش هم چاره‌ای نیست مگر به همین شیوه‌ها متوسل شویم.

۲- اگر تحت حکومتی غرق در فساد، ناکارآمد، ماجراجو، تنش‌آفرین، ویرانگر،... قرار گرفته‌ایم نقش رسانه‌های حکومتی و غیر مستقل، و همچنین رسانه‌های غیر حکومتی مغرض و بیمار و غیر متعهد را نادیده نگیریم که در بقای چنین حکومتی ایفا می‌کنند. این رسانه‌ها به حکومت امکان می‌دهند که تمام اشتباهات، تصمیمات غلط، عملکرد منفی، جنایات، سرکوب،... را نتیجه تهدیدات بیگانه جلوه دهند، و با شستشوی مغزی مردم بی‌کفایتی‌های خود را پنهان کنند.

۳- نقاب‌ها برای پنهان کردن واقعیت‌ها بکار گرفته می‌شوند اما تاثیر آنها یکسان نیست. یکی از خطرناک‌ترین این نقاب‌ها، نقاب تقواست که برای پنهان کردن ریاکاری شخص نقابدار استفاده می‌شود. به عبارت دیگر، فرد در واقع ریاکاری ماهر و ورزیده است که با نقاب تقوا در جامعه ظاهر می‌شود و بسیاری از ما را می‌فریبد.

۴- همکاری با افراد سازنده، آینده‌نگر، نیک‌اندیش، خیرخواه دیگران، منصف، آزادی‌خواه،... یک رسالت انسانی و یک وظیفه اخلاقی است و دوری از افراد شرور، ریاکار، جنایتکار، شیاد، ستمگر، ناقض حقوق بشر، ... هم یک رسالت انسانی و مبارزه با آنها یک وظیفه اخلاقی است.

۵- آنانی که تماشاگران صحنه‌های جنایت هستند و سکوت اختیار می‌کنند از جنایتکاران برای جامعه خطرناک‌ترند.

۶- جامعه‌ای که توسط دشمنان داخلی و سوداگران بیگانه برای چند دهه یا حتی طولانی‌تر به گروگان گرفته می‌شود در فرجام کار با تجربیاتی که در طی این دوره کسب می‌کند نه تنها خود را از چنگ گروگانگیرهای خودی و بیگانه می‌رهاند بلکه جامعه‌ای می‌آفریند که مایه افتخار هر انسان آزاده، مبارز و دادگری است.

۷- اگر هدف اصلی خود را بر شناخت خود قرار دهیم و هر لحظه از زندگی را بیش از پیش در رفع نارسایی‌های خود بر اساس شناخت خود از خود متمرکز کنیم بی‌تردید در مسیر پیروزی گام می‌گذاریم.

۸- یکی از واقعیت‌های ماندگار و انکارناپذیر هستی تغییر است. آنانی که تلاش می‌کنند که در برابر تغییرات سد ایجاد کنند سر انجام خود با سدی بس مستحکم‌تر برخورد خواهند کرد که هرگز توان گذر از آن سد را نخواهند داشت.

۹- بسیاری از ما تصور می‌کنیم اگر امور بر اساس برنامه‌ریزی ما پیش نرود و به نقطه دلخواه ما نرسد پایان همه چیز است و باید شکست را پذیرفت و از صحنه مبارزه خارج شد، چنین تصوری کاملا باطل و مردود است. بعکس، این شکست نیست بلکه آغاز پیروزی است. در پیچ و خم‌های زندگی همه چیز بر اساس نقشه ما قرار نیست پیش رود، بعکس این ماییم که باید از این پیچ و خم‌ها بزرگترین درس‌ها را یاد بگیریم، و با ذهنی باز، پذیرش واقعیت‌ها، امید به پیروزی، با انرژی و مقاومت به راه خود ادامه دهیم.

۱۰- نمی‌توانیم خود را پیرو مرام انسانیت بدانیم مگر اینکه به کمک کسی بشتابیم که بدانیم هرگز تحت هیچ شرایطی نمی‌تواند کمک‌مان را جبران بکند. انسانیت در اولویت قراردادن تامین نیازهای انسان‌ها برخواسته‌های نامعقول شخصی است.

۱۱- یکی از دلایل عمده ظهور و رشد خودکامگان، عوام فریبان، و روانپریشان نبود اندیشه‌های سیاسی معتبر و علمی و کمرنگ بودن نقش نخبگان و فرزانگان جامعه در هدایت افکار عمومی است.

۱۲- ملتی می‌تواند به تمدن گذشته‌اش، فرهنگ و دستاوردهای گذشته‌اش، و آیین‌ها و سنت‌هایش ببالد که امروز و فردایش را فدای گذشته‌اش نکند. ملتی که به گذشته‌اش بیش از آینده‌اش فکر کند و اهمیت دهد محکوم به نابودی است.

۱۳- اندیشیدن بی‌تردید مهمترین و ارزشمندترین کاری است که یک انسان انجام می‌دهد ولی اندیشیدن به موارد بی‌ارزش قاتل خلاقیت و اتلاف وقت است.

۱۴- یکی از کارهایی که یک انسان باید برای رشد و پیروزی در زندگی انجام دهد ترک باورهای محدود کننده است.

۱۵-زمانی معنای خوشبختی و شادی در زندگی را درک و حس خواهیم کرد که بر اساس خواسته‌های خود و نه دیگران بیندیشیم، برنامه‌ریزی کنیم، بگوییم، بخوانیم، بنویسیم، رفتار کنیم، رابطه برقرار کنیم، ...و تصمیم بگیریم.

۱۶- مطالعه تاریخ برای عبرت گرفتن و آموختن است و نه برای تکرار تاریخ! سازندگان از تاریخ می‌آموزند در حالی که درماندگان تاریخ را تکرار می‌کنند.

۱۷- بعضی کارها به قدری با ارزش هستند که حتی انجام آنها تا واپسین لحظات زندگی هم از ارزش آنها نمی‌کاهد در حالی که بعضی کارهای دیگر بقدری بی‌ارزش هستند که یا نباید هرگز انجام داد یا زمانی که به بی‌ارزش بودنشان پی بردیم باید بیدرنگ متوقف کنیم.

۱۸- اگر بیاموزیم سطح انتظارات خود از دیگران را به صفر برسانیم نه تنها فردی موفق، انسانی آفریننده، شهروندی سازنده خواهیم شد بلکه جامعه‌ای مسقل را شکل خواهیم بخشید.

۱۹- نقطه شروع تغییر دیگران و جامعه تغییر خود است. کسی که نتواند خود را تغییر دهد هرگز نمی‌تواند تغییری در جامعه و دیگران ایجاد کند. از

قضا مشکل بزرگ ایران امروز هم همین است چون همه می‌خواهند دیگران را تغییر دهند، نه حکومت و نه هواداران و نه مخالفانش نمی‌خواهند خودشان را تغییر دهند.

۲۰- زندگی زمانی ارزشمند می‌شود که از بد به بدتر نرویم بلکه از بد، خوب بسازیم و از خوب، خوب‌تر، و از خوب‌تر، به سوی خوب‌ترین پیش رویم. مهم این مسیری است که در آن پیش می‌رویم و مسیری درست است، این مسیر درست را ادامه دهیم و توقف نکنیم چون شرط پیروزی و رسیدن به مقصد در ادامه دادن مسیر درست است.

~~~

بزرگترین دشمن سعادت و آزادی انسان‌ها دفاع کورکورانه از عقاید و باورهای غلط است.

—برتراند راسل
~~~

- چهل و نُه -

۱- از قدرت کار تیمی، قدرت کار جمعی، و قدرت اجتماع غافل نشویم. شاید کمتر قدرتی در جهان بتواند با چنین قدرتی برابری کند. همین قدرت بوده که در جاهای مختلف و درزمان‌های مختلف دیکتاتورها و قدرت‌های خودکامه را به زیر کشیده است.

۲- حکومت‌هایی که راه احساس تعلق شهروندان به جامعه را می‌بندند مرتکب جنایت می‌شوند و زمینه‌ی افول خود را آماده می‌کنند.

۳- شنیده‌ایم و خوانده‌ایم قدرت فساد می‌آورد ولی بی‌تردید کمتر شنیده‌ایم و خوانده‌ایم یا اصلا نشنیده‌ایم و نخوانده‌ایم که نداشتن قدرت نیز فساد در پی دارد. یکی از ویژگی‌های قدرت این است که ما را نسبت به نقاط ضعف و نارسایی‌های ما کور می‌کند و زمینه‌ای فراهم می‌کند که فرد دارنده قدرت احساس برتری کند و همین حس کم کم شخص را فاسد می‌کند. از دگر سو کسی که از قدرت بی‌نصیب مانده به کارهایی مثل اخلال و فریب و خلاف متوسل می‌شود.

۴- یکی از مشکلات جهان کنونی فقدان قدرت سالم، مسئولانه و قدرتمند فروتن است. قدرتمندی که از مهارت‌ها و توانایی‌هایش برای خدمت به دیگران و جامعه استفاده کند، و نه منافع و مصالح شخصی خود را بر منافع و مصالح جامعه ترجیح دهد. استفاده فروتنانه از قدرت به شخص برتری می‌بخشد. تقسیم قدرت می‌تواند به سالم ماندن قدرت کمک کند.

۵- شهروندان برای ابراز نارضایتی و ناخشنودی از حکومت و رهبران به شیوه‌های مختلف متوسل می‌شوند. طنز گفتن و جوک ساختن و هجو کردن هم از آن شیوه‌ها هستند. طنز گفتن و جوک ساختن و هجو کردن ابزاری برای تقدس‌زدایی، به چالش گرفتن رهبران، و کاهش ابهت آنان است. از اهمیت و قدرت این ابزار غافل نباشیم.

۶- گاهی خود را مورد مطالعه قرار دهیم، خود را نقد کنیم، نارسایی‌های خود را بپذیریم، و برای اصلاح و بهبود و تغییر خود تلاش کنیم.

۷- روشنگری با هر نوع محافظه کاری بیگانه است و پرسشگریِ آزاد در ذات آن قرار دارد.

۸- دین نتیجه توهم گروهی از افراد است که از خرد بهره‌ای نبرده‌اند.

۹- مدیریت انرژی خودمان مثل مدیریت بسیاری چیزهای دیگر برای پیروزی ضروری است.

۱۰- کسانی که انرژی خود را نادیده یا دستکم می‌گیرند به وجود، پتانسیل و هوش خود توهین می‌کنند.

۱۱- رهبری نیاز به انسانیت دارد و نه کمال. رهبری با پذیرش انسانیت شکل معتبرتر و عمیق‌تری از رهبری را نشان خواهد داد که می‌تواند همه چیز را تغییر دهد. رهبری که از نارسایی‌های خود آگاه نباشد، یا آگاه باشد ولی اقدامی برای رفع آن نارسایی‌ها نکند راه سقوط را در پیش گرفته است.

۱۲- کسانی که تصور می‌کنند با جان باختن جامعه‌ای بهتر شکل می‌گیرد در اشتباهند، این نوعی بیخردی است. بودن من است که امکان تغییرات را فراهم می‌کند مشروط به اینکه بخواهم ولی نبودن من هیچ چیزی را تغییر نمی‌دهد. خردمندان با بودنشان و پس از مرگشان با میراثشان بر دیگران تاثیرات مثبت می‌گذارند ولی بی‌خردان در بودنشان انرژی منفی پخش می‌کنند و در نبودشان کاملا فراموش می‌شوند.

۱۳- اگر تاکنون متوجه مرتبط بودن همه چیز در هستی نشده‌ایم از همین لحظه کوشش کنیم تا به این واقعیت پی‌ببریم. درک این واقعیت جهان بینی ما را تغییر خواهد داد و این تغییر می‌تواند منبع تغییرات خرد و کلان در سطوح مختلف شود.

۱۴- اگر از انجام کاری لذت نمی‌بریم از انجام آن خودداری کنیم اگر امکانش را داریم. اگر از مبارزه در زندگی، مبارزه برای اهدافمان، مبارزه برای ایجاد تغییرات مثبت، مبارزه علیه بیدادگران و خودکامگان و هر نوع مبارزه‌ای لذت نمی‌بریم به نشانه این است که یک انسان مبارز نیستیم و ادامه مبارزه ما در چنان حالتی احتمالا نه تنها برای ما بلکه برای دیگران هم زیان‌بار خواهد بود.

۱۵- تجربه و تاریخ گواهانی هستند که اگر برای باورهای خود ایستادگی و مبارزه کنیم، و از اراده قاطعی برخوردار باشیم دیگران را در ادامه مبارزه به خود جذب می‌کنیم و احتمال پیروزی را بالا می‌بریم.

۱۶- همرنگ جماعت نشدن شعور و خرد می‌خواهد و شهامت، هزینه سنگین دارد. همرنگ جماعت شدن می‌تواند فاجعه آفرین باشد.

۱۷- زمانی که لازم است سکوت کنیم اگر بتوانیم سکوت کنیم یک فرد خردمند هستیم، و زمانی که لازم است سکوت نکنیم ولی سکوت کنیم یک جنایتکار محسوب می‌شویم.

۱۸- بستن دهان مردم نه تنها سانسور است و ضد آزادی بلکه حتی هر چقدر هم قدرتمند باشیم در بستن دهان مردم، گمان نکنید از قدرت کافی برخوردار هستید.

۱۹- هر زمان که خود را بی‌نیاز از یادگیری می‌دانیم دقیقا زمانی است که بیش از هر زمان دیگری به یادگیری نیارمندیم و بیدرنگ باید اقدام کنیم.

۲۰- در سختی‌ها، بحران‌ها و چالش‌های زندگی چون گاومیش باشیم که بطرف طوفان می‌رود و نه چون گاو که از طوفان می‌گریزد.

~~~
~~~

کسانی که نمی‌خواهند به عقایدشان شک کنند «متعصب» هستند. کسانی که نمی‌توانند به عقایدشان شک کنند «احمق»اند. و کسانی که می‌ترسند به عقایدشان شک کنند «برده» هستند.

—برتراند راسل

- پنجاه -

۱- کسی که خود را تحقیر می‌کند، به خود بی‌احترامی می‌کند، به خود توهین می‌کند، و خود را می‌فریبد انتظار احترام از دیگران به خود را نباید داشته باشد. در واقع، به دیگران مجوز توهین و تحقیر و گول زدن خود می‌دهد و این دقیقا چیزی است که بخشی از مردم ایران با خود می‌کنند.

۲- خلق شرایط و امکانات، مشورت با افراد موفق و دانا، و بر اساس اندیشه خود عمل کردن از عوامل کلیدی پیروزی و رشد ما هستند و مسیر پیشرفت را هموار می‌کنند. نبود این ویژگی‌ها در بخش بزرگی از ایرانیان مانع پیروزیشان در مبارزات آزادی‌خواهانه است.

۳- افراد به ظاهر دانایی که کراراً فریب می‌خورند برای هر جامعه‌ای از هر نادان و ابلهی خطرناک‌ترند.

۴- رهبرانی که از شهروندان بیش از آنچه که برای شهروندان می‌کنند، انتظار دارند رهبرانی خودکامه، و فاسدند، رهبرانی که از شهروندان انتظار پاسخگویی دارند و خود پاسخگو نیستند، احمقند و شایسته رهبری نیستند، و رهبران مسئولیت ناپذیر نباید انتظار مسئولیت پذیری از شهروندان را داشته باشند، و هیچ یک از این رهبران نباید در مسند قدرت باقی بمانند، و باید برکنار شوند.

۵- مدیران و رهبرانی که مدیریت خُرد و نظارت مستمر در پیش می‌گیرند زمینه ساز شورش در سازمان یا در جامعه هستند.

۶- کوشش کنیم آنچه می‌گوییم دیگران را به تامل و تفکر وادارد و تاثیری ماندگار و مثبت بر زندگی دیگران داشته باشد.

۷- در زندگی به مرزگذاری و خط قرمز نیاز است. اگر زمان «نه و بله گفتن» را عوض کنیم و زمانی که باید «نه» بگوییم «بله» بگوییم و بعکس، مسیر بن‌بست را می‌پیماییم و خود را در برابر سدی قرار می‌دهیم که گذر از آن غیر ممکن می‌شود. ما وقت محدود داریم و به همه در خواست‌ها نمی‌توانیم پاسخ مثبت دهیم، ما نیاز داریم بین امکانات و مسئولیت‌ها تعادل مناسب برقرار کنیم. ما ظرفیت نامحدود نداریم، نیاز به استراحت و کسب انرژی برای فعالیت دوباره داریم. «نه» گفتن را بیاموزیم و هر زمان که لازم بود استفاده کنیم.

۸- ای کاش به جای گسترش فقر و فساد و فحشا در یک جامعه فهم و فضیلت و فرهیختگی فراگیر می‌شد.

۹- وفاق ملی با توافق بین جناح‌های دولتی دو مقوله متفاوت هستند. وفاق ملی باید فراگیر باشد و معترضان، مخالفان و منتقدان دولت را هم در بر گیرد. در وفاق ملی هیچ گروهی چه مذهبی، چه قومی، چه سیاسی، چه سنی، چه جنسیتی، چه حرفه‌ای، چه روشنفکری، و... نباید کنار گذاشته شود.

۱۰- از کسی که به او حق انتخاب نمی‌دهند، حق تصمیم‌گیری نمی‌دهند، و اختیارات و قدرت نمی‌دهند نباید انتظار مسئولیت‌پذیری داشت.

۱۱- از پوشیدن لباس‌های سیاه و تیره خودداری کنید زیرا از یک سو رنگ‌های تیره و سیاه در ایجاد ناامیدی و تزریق انرژی منفی فوق‌العاده قوی هستند و از دگرسو به نشانه نوعی مبارزه علیه رژیم‌های خودکامه است که اصرار دارند شهروندان را وادار به پوشش‌های سیاه و تیره کنند تا از این طریق میزان ناامیدی را در جامعه افزایش دهند.

۱۲- ترس عاملی است برای ایجاد شکاف بین انسان و آرمان‌هایش، ترس در اکثر موارد ترمزی است که رشد و پیشرفت انسان را متوقف می‌کند، ترس دشمن شماره یک انسان است. وقتی تردید به قدرت خود با ترس ترکیب شود فاجعه آفرین است. اگر تردید کنیم که مثلا توان مبارزه نداریم و از

مبارزه کردن بترسیم تردید نکنیم که یا اصلا مبارزه را آغاز نخواهیم کرد یا اگر هم با تردید و ترس مبارزه‌ای را آغاز کنیم پایان آن شکست مفتضح بار خواهد بود. تردید، ترس، نفرت، اندیشه‌های منفی، و حسرت‌ها دشمنان واقعی انسان هستند از این‌ها برحذر باشیم و بر آنها غلبه یابیم.

۱۳- توجه کردن از عوامل رشد است. هر چه بیشتر به فرزندان‌مان، کودکان و نوجوانان، دانش آموزان و دیگران توجه کنیم بیشتر به رشد آنها کمک می‌کنیم. بی‌توجهی موجب دلسردی آنان می‌شود و همچو ترمزی رشد را متوقف می‌کند. بی‌توجهی بین انسانها شکاف ایجاد می‌کند و آدم‌ها را از یکدیگر دور می‌کند که موجب خشنودی خودکامگان می‌شود. توجه به هم، توجه به خواسته‌ها و نیازهای همدیگر عاملی برای پیوند بین ما است که خود نوعی مبارزه با دشمنان ماست.

۱۴- بهترین، موثرترین، اخلاقی‌ترین، و انسانی‌ترین تصمیمات حاصل کاربرد توامان مغز و قلب است. عقل و الهام.

۱۵-یکی از تفاوت‌های عمده افراد متعهد با غیر متعهد این است که گروه اول در پی یافتن راه و راه حل هستند در حالی که گروه دوم در پی ایراد گرفتن‌اند.

۱۶- باورهای مشترک به گونه‌ای می‌توانند اعضای جامعه را به هم پیوند دهند که منطق از انجام آن ناتوان است.

۱۷- زمانی صحبت کنیم که فهمیده باشیم که چرا باید صحبت کنیم. هرگز بدون دلیل موجه صحبت نکنیم. فراموش نکنیم دلایل کاربرد زبان این است که چیزی را بهتر از پیش کنیم، تاثیری مثبت بگذاریم، تغییری مورد نیاز ایجاد کنیم، آگاهی بخشی کنیم، آموزش دهیم.

۱۸- تصور توسعه و پیشرفت در جامعه‌ای که مداح و ملا و روضه خوان و فالگیر و دلال و ... از آموزگار اعتبار و منزلت بیشتری داشته باشند خیالی بیش نیست.

۱۹- تصور توسعه در یک اقتصاد بسته توهمی بیش نیست.

۲۰- اگر نتوانیم مجراها و دریچه‌های مختلف ذهن را باز گذاریم و با دیدگاه‌ها و اندیشه‌های مختلف و متنوع نقادانه، آگاهانه، فعالانه، سنجیده، و منطقی برخورد کنیم سدی در برابر رشد فکری خود ایجاد می‌کنیم و عقب ماندگی خود را تضمین.

~~~

بارزترین تفاوت انسان با حیوان قدرت تفکر است و چه بسیارند کسانی که هنوز حیوان هم نشده اند چه رسد به انسان.

—فرانسوا ماری آروئه (ولتر)، از نامدارترین فیلسوفان و نویسندگان عصر روشنگری
~~~

- پنجاه و یک -

۱- گوش‌هایی که از روی مصلحت کر شده و صدا و فریاد ما را نمی‌شنوند نمی‌توانند انگیزه‌ای شوند تا ما خاموش بمانیم.

۲- خلاقیت بدون پرسشگری ناممکنست. به عبارت دیگر اگر پرسشگر نباشیم خلاق هم نمی توانیم باشیم. پیش از خلق هرچیزی باید همه چیز را تحت پرسش قرار دهیم.

۳- هر مبارزه ای هزینه ای دارد اما هیچ مبارزه ای ارزش جان باختن ندارد. هر مبارزه ای را با هدفی شروع و پیگیری می کنیم ولی هدف مبارزه یک فرد خردگرا نمی تواند مرگ و نابودی و نیستی باشد بلکه مقاومت و ادامه مبارزه تا رسیدن به هدف و پیروزی است.

۴- یک زندگی هدفمند به ما انگیزه می‌بخشد تا دشواری‌ها را تحمل کنیم، از مستحکم‌ترین دیوارها گذر کنیم، دشمنی‌ها را خنثی کنیم، دردها را درمان کنیم، و دست دزدان آمال و آرزوهای انسان را کوتاه کنیم.

۵- خودکامگان طرفدار برابری بین شهروندان هستند، البته برابری در فقر، بیسوادی، نادانی، ناتوانی، بیشعوری، بدبختی، بی لیاقتی، و نوکری شخص دیکتاتور.

۶- جامعه ملل در سال ۱۹۳۷ اعلام کرد «قانون شکنی و بی‌اعتنایی به اصول و ارزشها در سراسر جهان به صورت یک بیماری همه‌گیر در آمده و تمدن بشری را تهدید می‌کند.» شرایط امروز جهان بی‌شباهت به سال ۱۹۳۷ نیست که دو سال بعد از آن جنگ دوم جهانی آغاز شد. آیا با شرایط کنونی و با توجه به تجربه‌ی تاریخی باید منتظر جنگ سوم جهانی باشیم؟

۷- برای پایان دادن به انحصار یک مذهب در هر جامعه ای تنها راه ممکن اعلام آزادی کامل همه مذاهب است همانطور که در فرانسه ۴ سال پس از انقلاب اتفاق افتاد و به انحصار مذهب کاتولیک پایان داد.

۸- در هر نوع تبعیضی اعم از تبعیض نژادی، تبعیض جنسیتی، تبعیض سنی، تبعیض مذهبی، ... انسان قربانی اصلی است. مبارزه با هر نوع تبعیض در هرجامعه ای یک رسالت انسانی است.

۹- اگر بپذیریم یک خواننده، یک ورزشکار، یک بازیگر، یا هر هنرمند دیگری لزوماً اندیشمند سیاسی و یک متفکر اجتماعی نیست ولی به خاطر حرفه و هنرش در جامعه از محبوبیت ویژه‌ای برخوردار است باید همچنین بپذیریم که چنین ورزشکار و یا هنرمندی نباید با سخنان خام و نسنجیده ولی احساساتی و شعار گونه اش ملتی را گمراه و سردر گم کند و به بیراهه های تاریخ بکشاند. بیاییم مبارزه‌ی تابوشکنی و نقد کردن سلبریتی‌ها را راه بیندازیم و در نقد هیچکسی هر چند محبوب استثنا و تبعیضی قایل نشویم.

۱۰- سکوت انسان‌های شرافتمند، بردبار، نیک پندار، درست کردار و دانا قمه کشی، عربده کشی، و چاقو کشی رجاله ها، لومپن ها، و بی اصل و ریشه ها را درپی دارد. سکوت شما انسان های پاک سرشت راه کسب قدرت را برای رجاله ها، لومپن ها، و چاقو کشها هموار کرده است. شکست سکوت شما نیکان و دانایان سقوط لومپنها و بی اصل و ریشه ها را در پی خواهد داشت. اگر سکوت تان به فریاد تبدیل شود ملتی آزاد خواهد شد.

۱۱- یکی از بزرگ‌ترین اشتباهاتی که ممکنست هر فردی در زندگی اش مرتکب شود از دست دادن فرصت است. فرصتهایی در زندگی هر فردی پیش می اید که می تواند سرنوشت ساز باشد و کلید پیروزی و موفقیت. همین اصل در زندگی جوامع نیز صادق است. فرصتها را به رایگان از دست ندهیم.

۱۲- گاهی هزینه ای که برای تاخیر باید بپردازیم بیش از هزینه ای است که برای اشتباه می پردازیم. هر تصمیمی را به هنگام بگیریم و هر عملی را به

موقع انجام دهیم. به تاخیر انداختن تصمیمات و اقدامات بدون دلیل موجه ممکنست زیان‌هایی جبران ناپذیر در پی داشته باشد.

۱۳- ما هم برای کارهایی که انجام دادیم و به خود و دیگران آسیب رساندیم، و هم کارهایی که می توانستیم برای مصالح خود و دیگران انجام دهیم ولی نکردیم باید خود را مسئول بدانیم و مورد انتقاد قرار دهیم.

۱۴- اگر دانش‌مان را به دیگران منتقل نکنیم، اگر از قدرت مان سو استفاده کنیم، اگر ثروت مان را برای آبادانی و توسعه جامعه بکار نبریم، و اگر از توانایی ها و مهارت هایمان برای ارائه خدمات به دیگران استفاده نکنیم در مسیر نادرست گام بر می داریم و به عضوی بی خاصیت و ناکارآمد در جامعه تبدیل می شویم.

۱۵- مدیران و مسئولان جامعه‌ای که نه تنها ناتوان از ارائه امکانات لازم برای کارآفرینان در تحقق رویاهایشان هستند بلکه عامداً در پی تضعیف کارآفرینان هستند جامعه را به سوی ورشکستگی کامل اقتصادی سوق می‌دهند.

۱۶- حتی با سخت ترین دشمنان می توان برای تامین منافع و مصالح ملی به توافق رسید مشروط به اینکه طرفین آمادگی و ظرفیت شنیدن و گوش دادن حرفها و خواسته های همدیگر را داشته باشند، با اصول و چارچوب مذاکره آشنا باشند، با خشم و تنفر از طرف مقابل در میز مذاکره حضور نیابند، با هدف توافق در جلسه مذاکره شرکت کنند، آماده امتیاز دادن و گرفتن باشند، و باور عمیق به مذاکره به عنوان بهترین راه حل اختلاف و پایان بخشیدن به دشمنی داشته باشند. تاریخ از این نمونه ها بسیار دارد.

۱۷- ناامیدی خطرناک‌ترین مانع برای رسیدن به هدف و پیروزی در همه امور زندگی است. هرگز ناامید نشوید بلکه همیشه امیدوار باقی بمانید. زندگی هر لحظه اش با مبارزه تعریف می شود و در مبارزه ناامیدی بی معنا می شود. مبارزه مادام العمر است و نه یک روز و یک هفته و یک ماه و یک سال،... در مبارزه بنا به شرایط ابزار و تاکتیک‌ها تغییر می کنند گاهی باید فریاد برآورد و سرو صدا برپا کرد، و گاهی سکوت کرد و آرام بود، گاهی از قلم

کمک گرفت و گاهی به تفنگ توسل جست، ولی امید و انگیزه و استقامت، و باور به پیروزی اجزا تغییرناپذیر هر مبارزه ای هستند.

۱۸- حتما زمان‌هایی است که ما احساس می کنیم فاقد هر قدرتی برای تغییر هستیم، فاقد قدرت برای پایان دادن به نقض فاحش حقوق بشر، بیدادگری، فقر، آدمکشی، فساد فراگیر،...اما ناتوانی واقعی زمانی است که خود صدای اعتراض خود را خاموش کنیم.

۱۹- حمایت از میهن رسالتی است دایمی و دفاع از آن بی قید و شرط، ولی حمایت از دولت و حکومت فقط و فقط زمانی یک وظیفه است که دولت و حکومت استحقاق انرا داشته باشند، از نظر اکثریت مشروعیت داشته باشند، در انتخاباتی آزاد، منصفانه، با شرکت اکثریت و عاری از هر نوع تقلبیِ انتخاب شده باشند، در زمانی که در قدرت هستند، به تمام وظایف و مسئولیتهای خود عمل کنند، و هر زمان اکثریت بخواهند بدون مقاومت از قدرت کناره گیری کنند.

۲۰- قانون شکنی برای انجام کارهای درست نکته اصلی در نافرمانی مدنی است. وقتی قانونی خلاف منافع و مصالح ملی و عمومی باشد نقض آن یک ضرورت انکار ناپذیر است. وقتی اکثریتی در جامعه با قانونی مخالفند حفظ چنان قانونی از سوی حکومت، هر نوع بی قانونی از سوی آن اکثریت را توجیه می کند.

~~~

جنگ کشتارگاه کسانیست که همدیگر را نمی شناسند ، به نفع کسانی که یکدیگر را می شناسند ولی همدیگر رو نمی کشند. قربانی بزرگ همیشه مردم عادی بودند و هستند ، چون براحتی گول سیاستمداران را می خوردند و متعصبانه بر اساس آن رفتار می کنند.

—مارکوس تولیوس سیسرو، نویسنده، فیلسوف، متفکر، حقوقدان، نظریه‌پرداز، شاعر، و سیاستمدار رُم
~~~

- پنجاه و دو -

۱- ما بطور غریزی از چیزهایی مثل شکست، بدبختی، تهدید، خطر، سختی و مشکل، ناراحتی،...دوری می جوییم در حالیکه هریک از این ها می توانند انگیزه ای شوند برای رشد و پیشرفت، منبعی باشند برای قوی شدن و دریچه ای باشند برای پیروزی.

۲- بهانه‌جویی نوعی مسئولیت‌ناپذیری است. بهانه‌جویی از ارزش و اعتبار ما می کاهد و کم کم ما را از اجتماع دور و به بوته فراموشی می برد. بهانه جویی نشانه ضعف است و مانع پیشرفت و پیروزی.

۳- قوی شدن به خودی خود و تصادفی اتفاق نمی افتد بلکه به کار و مبارزه وابسته است، به پافشاری در تصمیم‌گیری مرتبط است، با اعتماد بنفس پیوند تنگاتنگ و ناگسستنی دارد، و با هر مانعی برای قوی شدن سر ناسازگاری دارد. بعکس، راحت طلبی و تنبلی، نادیده انگاشتن موانع مسیر به مقصد، ناتوانی در تصمیم‌گیری و تردید به خود راه ضعف و زوال است.

۴- مراقبت بیش از حد به تضعیف اراده قاطع در تصمیم‌گیری منجر می شود. پدر و مادرها باید کاملا مراقب این موضوع حساس در رابطه با کودکان خود باشند و در مراقبت از انها در دام افراط و تفریط نیفتند.

۵- یکی از ویژگیهای یک رهبر کارآمد ایجاد تنوع فکری است. برای بسیاری پذیرش نظرات مخالف سخت و دشوار است ولی برای حفظ یک سیستم شاید مهمترین کاری باشد که یک رهبر باید انجام دهد، و همزمان در حذف چاپلوسان بر اید که مانعی هستند برای رشد و پیشرفت و نواوری و خلاقیت.

۶- از بسیاری از افراد می شنویم که می گویند اگر شرایط مناسب بود چنین و چنان می کردیم! به این افراد باید گفت شرایطی را که دوست دارید و بنظرتان مناسب است منتظرش نباشید بلکه با کوشش خود اماده کنید.

۷- یکی از معیارهای سنجش دروغ گفتن تکرار زیاد یک موضوع است. اگر کسی درباره یک موضوع خاصی بطور غیرعادی بارها حرف می زند تردید نکنید که دروغ می گوید.

۸- من ترجیح می دهم اگر اکثریتی راه نادرست را برگزیدند با آنها همراه و همگام نشوم و تنها به راه درست خود ادامه دهم. شما چطور؟

۹- با طبیعت دوست شویم و با طبیعت همان رفتاری را داشته باشیم که با دوستان زندگی‌مان داریم. همانطور که دوستان در زندگی مهم هستند طبیعت اگر بیشتر از دوستان مهم نباشد حداقل در حد دوستان در زندگی ما لازم و مهم است، همانطورکه انتظار داریم دوستان ما سالم باشند و اسیبی از هیچکسی نبینند درباره طبیعت نیز چنین احساسی داشته باشیم و نگذاریم طبیعت آلوده و ناسالم شود، نگذاریم طبیعت آسیب بیند،....، آسیب به طبیعت آسیب به خودمان است، سالم نبودن طبیعت سلامت ما را به مخاطره می اندازد. پس بیاییم با خود عهد کنیم که طبیعت را دوست داشته باشیم همانطور که مادران مان را دوست داریم و به طبیعت به مثابه مادر که بهترین دوست زندگی است بنگریم.

۱۰- هر کاری که برای نیکبختی انسان در توان ماست که انجام دهیم ولی با توسل به بهانه های متعدد از آن طفره رویم جنایتی است که به جامعه انسانی می کنیم.

۱۱- در هر جامعه ای که زندگی می کنیم و به هر جامعه ای که تعلق خاطر داریم در ایجاد شرایط مناسب سیاسی، اجتماعی و اقتصادی اش کوشا باشیم. زنان و کودکان جامعه را جدی بگیریم و تامین نیازهای مختلف انان را ارجحیت شماره یک قرار دهیم. در تصمیمات خرد و کلان انان را مشارکت دهیم. امکانات رشد و پیروزی انان را فراهیم کنیم. هیچ جامعه ای پیشرفت نخواهد کرد اگر به این دو گروه توجه کامل نشود. اینده هر جامعه ای وابسته به شیوه برخورد امروز ما با این دو گروه است.

۱۲- کم نیستند رهبران و مدیران و دیگرانی که از بازخورد به گفتار و نوشتار و رفتارشان نمی اموزند و در صدد اصلاح خود بر نمی ایند در حالیکه استفاده از بازخورد می تواند ضعیف را قوی کند، ناقص را کامل کند، نارساییها را بر طرف کند، اعتماد بنفس شخص دریافت کننده بازخورد را تقویت کند، به او در انجام مسئولیتهایش کمک کند، و راه موفقیت اش را هموار کند.

۱۳- وقتی برای مردم صحبت می کنیم باید بدانیم مردم چه می خواهند بدانند و بیاموزند و در جستجوی چه هستند، و نه اینکه ما چه می خواهیم بگوییم.

۱۴- همنشینی اجباری با افراد نادان و ابله بی تردید یکی از سخت ترین لحظات زندگی یک فرد داناست اما سخت تر و دردناک تر از ان زندگی کردن و کار کردن اجباری همان فرد دانا در جامعه ای تحت سلطه ابلهان است.

۱۵- اندیشیدن شهروندان یکی از مواردی است که رژیمهای سیاسی خودکامه از ان وحشت دارند و به روش های مختلف و ابزارهای متفاوت و پیشرفته متوسل می شوند تا شهروندان را از اندیشیدن بازدارند. یکی از این روشها که از سوی رژیم مذهبی حاکم بر ایران در ۴۵ سال گذشته بطور مستمر بکار گرفته شده گسترش غم و اندوه در جامعه بوده که مانعی است برای اندیشیدن. در یک جامعه اندوهگین و ماتم زده با اعضایی غمگین اندیشیدن امکان پذیر نیست. شهروندان هر جامعه خودکامه باید ولو بظاهر شاد باشند و شادی کنند تا فرصت اندیشیدن، یابند و صد البته نوعی مبارزه با رژیم های ضد شادی است.

۱۶- هر کسی که کار فیزیکی و یا فکری می‌کند سازنده است. سازندگان جامعه ما هستیم، ما شهروندان کشورهای مختلف، ما اعضای جوامع مختلف جهان. اکثریت سازندگان آدم‌های معمولی هستند که ادعایی هم ندارند. آن اموزگار دبستان در آن روستای دور افتاده، آن کارگر در آن معدن، آن پرستار در آن درمانگاه، آن مادر بیسواد در آن روستای کوهستانی، .... همه سازنده هستند، سازنده امروز و فردای جامعه ولی حتی کمترین توجه

به آنها نمی‌شود، حقوق‌شان اینجا و آنجا پایمال می شود آنهم از سوی کسانی که در سازندگی نقشی بسا کمتر از این افراد و گروهها دارند، و سکوت مرگبار جامعه در دفاع از این سازندگان گمنام و مورد تجاوز قرار گرفته بسی دردناک است.

۱۷-قربانیان اصلی جنگها، خشونتها، تعصبات، و ناآگاهی شوربختانه همیشه مردم عادی هستند که گول وعده‌های پوچ سیاست‌مداران را می‌خورند و متاسفانه دیگران هم از گول خوردن آنها عبرت نمی گیرند و دیر یا زود به دام همان سیاست‌مداران یا مشابه آنها می‌افتند.

۱۸- همیشه مشاوره بگیریم به ویژه زمانی که فکر می کنیم نیازی به ان نداریم. هرگز نیمه کاره کاری را متوقف نکنیم ، ادامه دهیم هرچند دیگران ناامید باشند. هر روز ازخود و دیگران بپرسیم چگونه می توانیم بهتر بیندیشیم ، بهتر بگوییم، بهتر رفتار کنیم. مشاوره گرفتن، ادامه دادن، و درجستجوی بهتر شدن اضلاع سه گانه مثلث پیروزی و رشد در زندگی هستند.

۱۹- وقتی توافق بین دو تن یا دو کشور و یا بیشتر امکان پذیر است که زبان همدیگر را بفهمند و هدف همدیگر از مذاکره را درک کنند. در اختلاف بین رژیم اسلامی و ملت ایران مشکل همینجاست! زبان رژیم خشونت است و سرکوب و کشتار که ملت با چنین زبانی کاملا ناآشناست، و هدف رژیم هم تحمیل عقاید خود به همه آحاد ملت و یکسان‌سازی جامعه است که برای ملتی که در پی تنوع و کثرت گرایی است قابل درک نیست. اگر انصاف داشته باشیم باید بپذیریم که حکومت تمام راههای گذر از بن بستی که خود ایجاد کرده را بسته و شرایطی برجامعه حاکم کرده که راه هیچگونه توافقی وجود ندارد، و راه عبور از این بن بست تاریخی همانا چیزی نیست جز تغییر نظام و ساختار سیاسی کشور.

۲۰-همانطور که ما باور داریم اگاهی بخشی یک وظیفه ملی و انسانی است جنایتکاران هم باور دارند ارتکاب جنایت یک وظیفه و تکلیف برای آنان

است. اگر چنین باوری در کسی نباشد ممکن نیست مرتکب جنایت شود. باید راهی بیابیم که کسی جنایت کردن را تکلیف تلقی نکند.

~~~

هیچ محدودیتی بر ذهن انسان وجود ندارد، هیچ دیواری در اطراف روح انسان وجود ندارد، هیچ مانعی برای پیشرفت ما وجود ندارد، مگر آنهایی که خودمان برپا می‌کنیم.

—رونالد ریگان، ۴۰مین رئیس جمهوری ایالات متحده
~~~

سخن پایانی

گزیده های دیگری از واکنشها و نظریات خوانندگان گرامی:

از خود گذشتگي‌ات در آموزش داده‌های پیوسته آگاهي‌رساننده جاي ستایش دارد. بویژه فرنام دانشورانه جامعه شناس، استادي که همواره همسر و پدري پاسخگو و از خود گذشته‌اي هم بوده و هست.
سراسر نکات موشکافانه و آموزنده ات را بایست نه یکبار! بل چندین بار خواندن، اندیشیدن، و سپس با شماري از دیگراني که در بر گیرنده همه رده ها و لایه هاي جامعه هم هستند و بگونه اي «همگان فراگیر!» به رایزني گذاشت تا بدانگونه یک دیدگاه باز خورنده (Feedback) و همگاني را براي یک بر آورد و برنامه سرنوشت ساز پیاده نمود و نه تنها همگي در اختیار یک فرد ویژه و تک وتنها در بالا.
دستت را مي فشارم.
—دکتر اسفندیار اسکندری، شمارۀ ۴۶

به راهت ادامه بده؛ توده مردم را آموزش ده از جمله آناني که خود را گویي نخبه گان هم میدانند!.. آن شمار از نخبگاني که با داشتن پایان نامه هاي دانشگاهي پر نام و نشان و دهن پر کن!.. در پایان دید گاهشان در سوي گزینش شماري دستچین شده و از " ما بهتران " هم هستند! در حالیکه نکات تو سراسر روند ها و روش هاي زمیني؛ آموزشي‌اند که بایسته میدارد یک خانه تکاني بنیادي فرهنگي را!؟!.. تا زمینه اي فراهم شود براي سامان دادن؛ آماده سازی یک همایش و یک پیوند همگاني مردمي!
—دکتر اسفندیار اسکندری، شماره ۱

بدون تعارف مطالبی که می نویسید انقدر ارزشمند، تفکر برانگیز و آموزنده است که به وسعت و عظمت فکر، انساندوستي‌و ایران دوستی شما مرحبا می گویم، و اینده ایران را با وجود شما عزیزان بسیار روشن می بینم. بار دیگر یاداور می شوم ایران امروز ما به افرادی با افکار و مدیریت شما نیاز دارد.
—دکتر محمدرضا شهاب، شماره ۴۵

درود بر همت و تلاش بی پایان شما جهت انتقال تجارب و آگاهی هایی که حاصل

عمری مطالعه و بررسی و تحلیل و چشیدن سرد و گرم روزگاران عمرتان و کسب معرفت از محضر خانواده و بویژه جاوید نام پدر و آموزگار خود داشتید. ایکاش ما فقط خواننده این سطور نباشیم مطالبی که هر بند و جمله ی آن به غیر از زمان صرف شده برای نگارش آن ، آگاهی و شناختی اجتماعی، سیاسی، و فرهنگی بسیار متعالی به همراه تجربیات شخصی و اجتماعی و آکادمیک در آن نهفته شده است را بخوانیم، بفهمیم و کاربندیم تا از اسارت فکری بدر آییم و راهی را بسوی آزادی و عدالت و انسانیت بیابیم.

—دکتر محمود رضا پویه، شماره ۳۳

درود فراوان بر دکتر بی پروا عزیز و سپاس از تمام نکات و مطالب که واقعا باید بگم هر پست شما هر بارمانند یک کتاب ارزشمند است و مجموعه بسیار گرانبهایی میشه از اینهمه پراکنده گویی جمع آوری کردکه تدریس شود در آموزش و پرورش ایران در روزگار آزادی.

—آقای سعید دلشاد ثانی

این مطالب فی الواقع یک فرهنگ دایرکتوری علوم اجتماعی هر کشور دموکرات و مردمی که باید با روح آزادیخواهی با مقوله ای بنام حقوق بشر و سلاحی بنام آزادی برای نافرمانیهای مدنی صاحب توسعه اقتصاد و توسعه پایدار باشند است.
من بسهم خودم میاموزم، احترام میگذارم و تبعیت میکنم و برای جنابعالی و رهروان این مکتب بهترین آرزوها را دارم که با چنین نقشه راه به انسانی تابع قانون و برخوردار از عدالت برای زندگی در دنیای متمدنی که جبرا تابع فرامین و قوانین علمی خواهدبود زندگی کنند.

—آقای نادرقلی خلعت بری، شمارهٔ ۳۷

بسیار به نکات جالب و نافذی اشاره فرمودید که می تواند خیلی مفید واقع شود در اینکه مردم ایران در این تغییر و تحول خیلی چیزها یاد گرفته اند، بله درست است ولی نباید فراموش کنیم که مردم بابت ان تا به امروز قیمت گزافی پرداخت کرده اند.

—دکتر مسعود هارون مهدوی، شمارهٔ ۳۸

اگر توجه بشود کمکی است برای تسهیل راهکار مبارزه با نظام جنایتکار جمهوری اسلامی و حامیان آن که در پیش داریم.
—دکتر مسعود هارون مهدوی، شمارهٔ ۵۱

مثل همیشه به نکاتی اشاره فرمودید نه تنها بسیار اموزنده بلکه می تواند در مواقع لزوم بسیار مفید واقع شود.
—دکتر مسعود هارون مهدوی، شمارهٔ ۴۷

این سخنان «پراکنده‌گویی» نیست. کلید راهنما می باشد. به جمله جمله این نوشتار باید اندیشید.
—آقای مهندس مارک کارگر، شمارهٔ ۴۹

سپاس از نوشار های آموزنده و ژرف نگری شما در راستای آگاهی رسانی و فرهنگ سازی راستین.
—آقای الکس مرادی، شمارهٔ ۳۳

همان عبارت نخست برای بیان تمامی بیانیه کافی است که جهانی معنای نهفته دارد.
—آقای نادر صدیقی، شمارهٔ ۲۳

سازمان ملل وجود ندارد، سازمان دول است، سازمان دولتهاست و جمهوری اسلامی هم بازی را خوب بلد است. این ما «اپوزیسیون» هستیم که بعد از ۴۵ سال همواره تصور بر آن داریم که با شعار بجای شعور راه به جایی خواهیم برد.
—دکتر حسین لاجوردی، شمارهٔ ۳۲

بر مشکلات بنیادین جامعه ایرانی و بسیاری از سازمانهای سیاسی تاکید می ورزد و می افزاید به همین دلیل همینطور نظاره گر مانده ایم! و با این عبارت نظرش را به پایان می رساند، «سپاس از آگاهی رسانی و تلاش همیشگی تان.»
—دکتر سیاوش عبقری، شمارهٔ ۴۱

نکاتی که توجه به آنها به همگرایی گروه‌های اپوزیسیون می توانند کمک کنند.
—ندای جمهوری، شمارۀ ۳۱

چقدر عالی گفتید بخصوص در مورد خانواده بعنوان محور اساسی هر جامعه ای. از زحمات بی شایبه شما در جهت آموزش های ارزشمند و آگاهی بخشیدن جامعه سپاسگزارم. امیدوارم خیلی ها بخوانند و بیاموزند.
—دکتر شیرین آزاد

از نوشتار بسیار جالب، تاثیرآمیز، و دلنشین شما نهایت تشکر را دارم . امیدوارم ملت ستمدیده ایران پندهای شما را مورد عمل قرار داده مملکت را نجات دهند. در واکنش به مطلب دیگری آقای فخارزاده خطاب به دوستان فیسبوکی که ناامید، افسرده، وامیدی به آینده ندارند تاکید می کند این مطالب را به دقت بخوانید و عمل کنید. این نوشتارها بر اساس تحقیقات وسیع صورت گرفته و قابل تقدیر است و اینجانب بسیار لذت برده و آموزش می‌گیرم.
—آقای جواد فخارزاده زاده

با مطالب ارزنده خویش ما را آموزش می دهید و از اینکه وقت گرانبهای خود را برای نوشتن این مطالب نفیس صرف می کنید صمیمانه تشکر می کنم.
—زنده یاد دکتر اسماعیل طبیبی

از اینکه وقت می گذارید و این مطالب را برای یادآوری بیداری افکار پراکنده ما مردم که در روزمره گی افتاده و در دام «هر کسی از ظن خود شد یار من» گرفتار و قدرت فکر کردن درست از ما سلب شده، فقط یکپارچه احساسات و هیجان و تقلید و بس، جای امتناع و سپاس دارد.
—آقای حسین فروزین

از تفکرات فلسفی، اجتماعی، و راهکارهای هدفمندتان برای ساختمان جامعه ای قانونمند، و تفکرات انسانگرای شما بس لذت می برم، مثل همیشه شعاعی پر از منطق، سخنان نوو اندیشه های رهنمودی (شمارۀ ۲۶)، باز مانند همیشه نکاتی اموزنده با جملاتی نغز و چون همیشه دلچسب و بسیار لازم برای جامعه بلا دیده

ایران (شمارۀ ۱۴۲)، مردی خستگی ناپذیر و دوستی پایدار، نوشته هایت حرارتی دارند جان سوز، خردزا، با بیانی اموزنده برای عام و خاص، توفیق ات را در پاسداری ایران و اموزگاری مردم خواهانم (شمارۀ ۱۴۳) و بهترین واژه ها و سخنان منطقی و عقلایی (شمارۀ ۱۵۵).
—دکتر ابراهیم پیشه‌ور

آموزه های شما برای همه فصول زندگی و برای بدست آوردن بهترین ها.
—آقای نصیر نیاورانی

من از خواندن این جملات پر از معنا، مثبت، پر از عقل و شعور، و راهنمایی واقعا لذت می برم.
—خانم شهلا فرهودی

ضمن تشکر از مطالب ارزنده و پر محتوای شما، جنابعالی مشکلات را خوب تجزیه و تحلیل کرده اید،و به نقاط حساس توجه مخصوص کرده اید.
—آقای ماشااله مشعشعی

قدردانی

با سپاس از شما سروران گرامی و همچنین سپاس از دوستان و خوانندگانی چون دکتر محمدرضا شهاب، دکتر رضا گودرزی، خانم شهرزاد گودرزی، آقای تیرداد بایگان، مهندس مارک کارگر، خانم دکتر شهلا عبقری، دکتر سیاوش عبقری، خانم سمانه پویه، آقای علی کازرانی، آقای جلال آذری ، آقای فریدون فرهمند، آقای الکس مرادی و دوستان دیگری که پراکنده گوییهای هفتگی را در صفحات فیسبوکی خود پست و همچنین برای دوستانشان با روشهای متعدد ارسال می‌کردند.

از خانم لیوشا دانش، که با دقت ویژه ای هر هفته پراکنده‌گویی‌ها را در نشریهٔ اینترنتی نهضت مقاومت ملی ایران پست کرده و آقای عباس ایلالی نیز سپاسگزارم.

همچنین از جناب دکتر ابراهیم فرحبخشیان که پس از پخش پراکنده‌گویی‌ها در روزهای پنجشنبه و مطالب دیگری از من از طریق تلفن با واژه‌های انگیزه‌بخش مرا مورد لطف قرار دادند سپاس دارم.

لازم می‌بینم از دوستان و خوانندگان پراکنده‌گویی‌ها که در ایران زندگی می‌کنند و کسانی که در خارج از ایران ساکن هستند چون آقای عادلفر خلعت‌بری، خانم منصوره پیرنیا، خانم ماریه شاپوری، دکتر مسعود محققی، آقای حبیب نورمفیدی، آقای علی هنرور، دکتر نادر کی، مهندس بهروز غفاری، دکتر حسین ترابی، آقای کاوه باسمنجی، آقای فرامرز فهیمی، خانم فرشته کاملی، آقای احمد مداح، خانم باران بهاری، آقای پرویز مردانی، خانم‌ها زهرا و مریم برومند، آقای منوچهر محمدی، آقای علی فیروزی و دیگرانی که به هر دلیلی از قلم افتاده‌اند سپاس‌گزاری کنم. مسئولیت همه نارساییهای این کتاب را می پذیرم و منتظر نقدهای سازنده همه شما هستم.

ابراهیم بی پروا
دی ۱۴۰۳
دسامبر ۲۰۲۴

شرح حال مؤلف

دکتر ابراهیم بی‌پروا تحصیلات دانشگاهی خود را در رشته حقوق و علوم سیاسی در دانشگاه تهران، و در رشته‌های علوم سیاسی و جامعه‌شناسی در آمریکا به پایان رساند. رسالهٔ دکترای بی‌پروا دربارهٔ مهاجرت بین‌المللی با تأکید بر ایرانیان مهاجر در آمریکای شمالی است. وی ۲۵ سال در دانشگاه‌ها و کالج‌های آمریکا به تدریس علوم سیاسی، جامعه‌شناسی، تاریخ خاورمیانه، اصول روانشناسی و مبانی علم اقتصاد پرداخت، و در سمت‌های مدیریتی دانشگاه خدمت کرد. بی‌پروا همچنین مسئولیت و مدیریت پروژه‌های آموزشی در وزارت آموزش و پرورش پایتخت آمریکا را در کارنامهٔ خود دارد. بی‌پروا بیش از ۲۵ سال در بخش فارسی صدای آمریکا در سمت‌های مختلف از جمله سردبیری و مدیریت کار کرده و قانون اساسی آمریکا را ترجمه و زندگینامهٔ رؤسای جمهوری آمریکا را به فارسی تهیه و برای شنوندگان فارسی زبان برنامه‌های صدای آمریکا پخش کرده است. مؤلف کتاب «اندیشه‌های پراکنده» دو جلد کتاب دربارهٔ میراث ماندگار شاپور بختیار، آخرین نخست وزیر نظام مشروطه پادشاهی، گردآوری و منتشر کرده است و جلد سوم را در دست تهیه دارد. نویسنده همچنین مشغول پژوهش برای چند کتاب دیگر نیز هست، از جمله: «ایرانیان مهاجر: ریشه‌های مهاجرت و دستاوردها»، «فرهنگ سیاسی ایران»، و «ریشه‌یابی مرگ‌های مشکوک چهره‌های سرشناس دوران پادشاهی محمد رضا شاه.»

.